Ama-Deus
Heilen mit der heiligen Energie des Universums

Ama-Deus, die Liebe Gottes, ist eine der alten Techniken, um anderen auf körperlicher, geistiger, emotionaler und spiritueller Ebene Gutes zu tun. Hut ab vor Beth, die diese dringend benötigte Heiltechnik in die moderne Welt gebracht hat.

Norm Shealy, M.D., Ph.D.
Energiemedizin: Die Zukunft der Gesundheit

In einer schwierigen modernen Zeit gibt uns dieses Buch einen wichtigen Einblick in die Heiligkeit der Kultur der Guaraní, die nur die Liebe, die Menschen und das Land lieben. Wir täten gut daran, von ihnen zu lernen.

Molly Larkin – Autorin
Der Wind ist meine Mutter

Ama-Deus ist nicht nur die bemerkenswerte Geschichte unserer verborgenen Schätze, die tief im Amazonas und in den Kammern des Herzens gefunden wurden; es ist auch die Geschichte einer bemerkenswerten Frau und ihrer Suche, die Liebe ans Licht zu bringen. Beths Bericht und Erzählung von Ama-Deus ist ein großes Abenteuer, ein tiefes Geheimnis und eine weise Entdeckung des Selbst.

Denise Iwaniw, Heilige Pfeifenträgerin – Autorin
Das Mystische im Innern umarmen

Ama-Deus, ein wundervolles spirituelles Buch, beschreibt die Reise einer Energieheilmethode vom südamerikanischen Guaraní-Stamm und rund um den Globus bis hin zu ihrer Anwendung in einem medizinischen Umfeld. Die Energie und die Werkzeuge in diesem Buch öffnen Ihren Geist und Ihr Herz für ein größeres Verständnis der Liebe als endgültiges Ziel der Seele, aber auch als Teil Ihrer täglichen Praxis. Das Buch inspiriert Ihr Herz und erfüllt Ihren Geist mit dem größten Wunsch, die Liebe im tiefsten Sinne zu fühlen und zu kennen. Sehr empfehlenswert für Ihre Unterhaltung und Ihr Vergnügen.

Dra. Caron Goode, NCC Autorin
Kinder, die Gespenster sehen, führen sie durch die Angst

Liebe und die Verpflichtung, Gottes Wunsch für uns zu erkennen und ihm zu folgen, ist das gemeinsame Band, das Beth und Gerod zusammengebracht hat. Gerod betrachtet die Energie von Ama-Deus als hochrangig und liebevoll und fühlt sich geehrt, ihre ständige Verfügbarkeit für jeden Menschen zu unterstützen, der Wissen und Bewusstsein, Heilung und Liebe sucht. Dieses Buch ist eine wunderbare Zusammenstellung von Geschichte, Erzählungen, und den Möglichkeiten, die für alle bestehen.

Katharine Mackey – Autorin
Seelen-Bewusstsein: Die Botschaft eines Führers

Ama-Deus

Heilen mit der heiligen Energie des Universums

Elizabeth Cosmos, PhD

Ama Deus Energy Press
Lowell, MI

Copyright © 2015 Elizabeth Cosmos, PhD.

Alle Rechte vorbehalten. Kein Teil dieses Buches darf ohne schriftliche Zustimmung des Autors nachgedruckt, durch Fotokopie oder ähnliche Verfahren reproduziert oder unter Verwendung elektronischer Systeme, ohne schriftliche Genehmigung des Urheberrechtsinhabers gespeichert, verarbeitet, vervielfältigt oder verbreitet werden.

Ama Deus Energy Press
P.O. Box 93
Lowell, MI 49331
ama-deus-international.com

ISBN: 978-0-9987414-8-2 printed book
ISBN: 978-0-9987414-9-9 ebook

Library of Congress Kontrollnummer: 2012912919

Umschlaggestaltung von Beatrice Multhaupt

Ama-Deus® ist ein eingetragenes Warenzeichen, lizenziert von
The International Association of Ama-Deus, LLC

Dieses Buch wurde in den Vereinigten Staaten von Amerika gedruckt.

INHALTSANGABE

Danksagungen..vii
Einführung..ix

TEIL I
EIN JUNGER HEILER LIEGT IM STERBEN
1

Kapitel 1	Hilfe von einer unwahrscheinlichen Quelle....................... 9	
Kapitel 2	Was du für andere tust, bleibt für immer........................ 35	
Kapitel 3	Die Menschen des Waldes... 69	

TEIL II
EINE GESCHICHTE DER GUARANÍ
77

Kapitel 4	Aus Liebe zur Natur und all ihren Bewohnern................ 85	
Kapitel 5	Historische Aufzeichnungen über die Guaraní................ 91	
Kapitel 6	Die Welt als göttliche Seele betrachten 105	
Kapitel 7	Pajés sind Meister der göttlichen Wortseelen 121	
Kapitel 8	Gegenseitigkeit, Liebe und das Land, in dem es nichts Böses gibt.. 137	

TEIL III
AMA-DEUS UND HEILUNG
147

Kapitel 9	Öffnung zum heiligen Raum 159	
Kapitel 10	Liebe zum Zweck der Heilung...................................... 183	

TEIL IV
AMA-DEUS: VOM KLASSENZIMMER IN EIN KLINISCHES UMFELD
209

Kapitel 11	Das Wissen intakt halten.. 219	
Kapitel 12	Eine neue Reise in ein fremdes Land............................ 231	
Kapitel 13	Ama-Deus und die Verbindung zur Wissenschaft 255	

Epilog..269
Anmerkungen...273
Referenzen..275
Über Die Autorin..283

*An das ungeschaffene Licht und die Liebe
und an alle, die nach seinem Bild und Gleichnis tanzen.*

DANKSAGUNGEN

Man kann geben, ohne zu lieben, aber man kann nicht lieben, ohne zu geben.
-Amy Carmichael

Unverbindlichkeit und tiefe Dankbarkeit scheinen mir nicht auszureichen, um meine Dankbarkeit für all diejenigen zum Ausdruck zu bringen, die mir bei der Entstehung dieses Buches zur Seite standen - bitte wisst, dass ihr alle in meinem Herzen verankert seid.

Meinen Eltern John und Margaret Cosmos, meinem Stiefvater Alan Ryan und meinen Kindern Michael und Christopher bin ich sehr dankbar für ihre Geduld, ihre Unterstützung und ihr Verständnis.

An diejenigen, die mir so geduldig beim Schreiben geholfen haben - Christopher Cosmos, von Anfang bis Ende; David Stuursma, der erste große Anstoß; Patricia Duncan, die die Botschaft so klar erkannt und geholfen hat, das Manuskript zu formen; Stephen Buhner, Jean DeBruyn, Maricel Gaines, Margery Guest, Amber Guetebier, Bethany Rose Prosseda und Linda Sechrist für die Unterstützung auf dem Weg; Caron Goode, die mich meisterhaft durch die detaillierte und langwierige Zielgerade geführt hat. All jenen, die sich so großzügig bereit erklärt haben, diese Arbeit zu unterstützen: Lynn Andrews, Caron Goode, Denise Iwaniw, Molly Larkin, Katherine Mackey und Norm Shealy, die alle mit ihrer eigenen Arbeit sehr beschäftigt sind.

Denen, die in der Nähe standen: Alberto Aguas' Familie, Lynn Afendoulis, Rachel Attard, Lori Bruno, Gaiana Cherpes, Nancy Fox, Catherine Frerichs, Bruce Gregory, Mary Hanson, Amy Hass, Penny Hawkin, Diane Herbruck, Denise Iwaniw, Devra Ann Jacobs, Mary Jervis, Beatrice Multhaupt, John Murphy, Bob Nunley, Nancy O'Donahue, Sharon Pisacreta, Julie Ridenour, Karen Rosasco, Kyle Rozema, Ellen Satterlee, Stephen Schmidt, Familie Sprague, Linda Stansberry, Tom und Malley, Mary Elizabeth Wakefield und Berney Williams. Für Stokey, der nie von meiner Seite wich, viele Tage ohne seine normalen Spaziergänge und Abendessen bis spät in die Nacht, er ist ein wahrer Begleiter.

Für die recherchierten Beiträge bedanken wir uns bei den Mitarbeitern von Psychic News, London, Trevor Stockill, Ellen Fassio, der Familie Paul, Richard Reed, Marilyn Rossner, Rachel Salley, CeCe Stevens und Christian Vianna. Beatrice Multhaupt, Diogenes Ramires und Alvaro Tomaz waren für ihre Übersetzungen von unschätzbarem Wert, ebenso wie David Fix und Michael Lechner für ihre technische Unterstützung.

Mit Dank an Christina Schlupf für ihre Leidenschaft für Ama-Deus und ihre Ausdauer und Geduld bei der Übersetzung dieses Buches. Ein großes Dankeschön geht auch an Silke Schmidt, die diese Übersetzung übernommen hat, und an Mikel Lizarralde für die Empfehlung, an Alison Wade und Micheal Grossman, die für die finale Formatierung zur Rettung eilten. An Cindy Keith, für unser glückliches Zusammentreffen und dafür, dass sie sich für die inhaltliche Fertigstellung und den Feinschliff dieses Dokuments eingesetzt hat.

An Elder Arcimandrite Ephraim für die Erweiterung meines Verständnisses des Ungeschaffenen Lichts.

An alle Ausbilder und Praktizierenden von Ama-Deus, Eure Leidenschaft und Euer Herz für die Weitergabe dieser wunderschönen Methode auf der ganzen Welt ist inspirierend; und Eure Begeisterung für dieses Buch sowie für Ama-Deus hält mich aufrecht. An alle meine Freunde, die mir geholfen haben, indem sie mir Heilenergie geschickt haben, Geshe Rinchen Choygal, Nancy Fox, Denise Iwaniw, Pilar Fernandez-Santos, Cai Bristol; und an Alberto, der mir weiterhin ins Ohr flüstert, und an alle Engel und himmlischen Führer. Ich bin unendlich dankbar für die Menschen in meinem Leben, die mich geliebt haben, denn all diese Erfahrungen haben mich an einen Punkt gebracht, an dem ich geistig stark genug bin, um dieses Projekt abzuschließen. Vielen Dank, Christina Schlupf für deine Geduld, deinen Einsatz und Leidenschaft auf diesem Weg.

Schließlich, aber nicht zuletzt, bin ich den Guaraní und allen indigenen Völkern, die sich von Generation zu Generation deplatziert fühlen, so dankbar für ihr beispielhaftes Wissen in Bezug auf die Pflege und das Leben in Harmonie mit der Umwelt, und ich bin demütig angesichts der Opfer, zur Erhaltung der heiligen Möglichkeiten.

EINFÜHRUNG

Ama-Deus® ist eine Methode der Energieheilung, die seit Tausenden von Jahren von einem Stamm der Guaraní in Südamerika bewahrt wird. Alberto Costas Aguas, ein weltbekannter Energieheiler aus Brasilien, kehrte nach mehreren Jahren Exil in sein Heimatland zurück und fand sich bei diesem Guaraní-Stamm wieder. Die Guaraní erkannten in ihm den großen Heiler, den sie erwartet hatten, weihten ihn in ihre heiligen Wege ein und übertrugen ihm ihre uralte Weisheit.

Dies ist die Geschichte der Guaraní, die Jahrtausende lang an diesem Wissen festhielten, bis es an der Zeit war, die Welt daran teilhaben zu lassen, wie man mit Liebe heilt. Sowohl die Guaraní als auch Alberto glauben, dass alle Heilung in der Liebe liegt. Alberto Aguas, der sein Leben riskierte, um dieses Wissen zu bewahren, brachte es nach Nordamerika, wo meine Geschichte mit dieser alten Weisheit beginnt.

Dies ist eine Geschichte der Liebe und eine Geschichte meiner persönlichen Heilung, die mich zu einem größeren Verständnis der Liebe führte. 1989 traf ich Alberto und wurde zum ersten Mal in diese spirituelle Heilmethode eingeführt, die er Ama-Deus nannte. Im Laufe der folgenden dreiundzwanzig Jahre wurde ich Ausbilderin und Praktikerin von Ama-Deus, erforschte das Leben von Alberto, studierte die Geschichte der Guaraní, praktizierte Ama-Deus in einem klinischen Umfeld und erwarb einen Doktortitel, wobei ich Ama-Deus als Abschlussthema verwendete. Diese direkte Erfahrung mit Ama-Deus hat mir gezeigt, wie die Liebe uns von unseren Ängsten befreien und unser Wesen mit Frieden, Ausgeglichenheit und Harmonie erfüllen kann - der wahre Schatz für jeden Menschen, der heute in dieser Welt lebt.

Im Folgenden wird in vier Teilen eine fiktive Geschichte der Guaraní-Waldbewohner erzählt, wie sie zur Zeit Christi lebten. Ihre Reise zur Bewahrung dieser heiligen Erkenntnisse wird aufgezeichnet, bis die Welt endlich wieder bereit ist, diese Lehren zu erhalten. Ich habe diese Einblicke über das Leben in vergangenen Zeiten erträumt, und jeder einleitender Einblick schildert das Leben eines jungen Schamanen, Arapotiyu, der sich auf den Weg macht, die Harmonie für das Waldvolk zu bewahren.

Diese Geschichte von Arapotiyus Reise wiederholt sich in Albertos Reise Tausende von Jahren später mit dem gleichen Ziel, die Harmonie in der Welt zu bewahren und Liebe zu allen Suchenden zu bringen, die bereit sind, fündig zu werden.

Sie werden die Leidenschaft spüren, mit der Alberto und Arapotiyu sich um die Bewahrung dieses Wissens bemühten. Die Guaraní schützten diese heilige Weisheit, indem sie dieses Wissen mündlich von Generation zu Generation weitergaben, bis es an der Zeit war, es mit der Welt zu teilen. Diese Geschichte ist zu gleichen Teilen eine Erkundung des Geistes und des Universums durch Ama-Deus sowie eine Reise zum Verständnis der Liebe. Sie lädt den Verstand ein, tief aus dem Herzen zu atmen, und fordert jeden von uns auf, nach innen zu schauenund unsere Seele zu berühren.

Beth Cosmos
Juni, 2012

TEIL I
EIN JUNGER HEILER LIEGT IM STERBEN

Teil I: Ein Junger Heiler Liegt Im Sterben

◊   ◊   ◊   ◊   ◊

Im Land der Waldmenschen, im Dorf Takuaty, dem Ort des Bambus, senkte sich das große Licht des Tages. Mbaracambri regte sich in seiner Hängematte. Er spürte, wie sein Körper bebte; sein Herz hörte die ersten Töne und Worte eines Liedes. Er schaute zu seiner Frau Yyvkuaraua hinüber und sah, wie ihre Augen ihn anlächelten.

Während sie sich schweigend bewegte, räumte Yyvkuaraua die Kräuter weg, die sie aufbewahrte, und bereitete sich auf das nächtliche Gebet mit ihrem Mann vor. Mbaracambri stand auf und griff nach seinem Akangua'a, das an einer Querstange über seiner Hängematte hing. Der Akangua'a bildete eine wunderschöne Krone aus Federn auf seinem Kopf. Dieser zeremonielle Kopfschmuck war Teil eines heiligen Weges, zeigte aber auch seinen Status als Pajé an, als jemand mit der Weisheit vieler Lieder. Er griff in die Hängematte und holte seine Mbaraká, seine verehrte Rassel, und trat leise aus der strohbedeckten Behausung.

Als die Dunkelheit über den Wald hereinbrach, ging Mbaracambri zum Hügel der Vögel. Yyvkuaraua hob ein langes, mit Federn geschmücktes Bambusstück, ihre Takuá, auf, um zum Rhythmus des Gesangs zu schlagen, und ging mit ihrem Mann, wie sie es schon oft getan hatte. Der Mond und die hellen Sterne, die durch das Blätterdach des Waldes schienen, erlaubten es Mbaracambri, die anderen zu sehen, die sich versammelt hatten. Das war die Art der Waldbewohner.

Das Lied, das er beim Gehen in seinem Herzen spürte, weckte tiefe Gefühle der Dankbarkeit für das gute Leben, das der große himmlische Vater Ñande Ru seinem unverdorbenen Dorf bescherte. Er spürte das Gute in der Versammlung der Gemeinschaft, seiner Frau Yyvkuaraua, seines Sohnes Veraju, der Anzeichen von Männlichkeit zeigte, und seiner Tochter Kitu, die vor kurzem eine Zeremonie zum Eintritt in den Mondzyklus der Frauen abgeschlossen hatte. Mbaracambri lächelte, als er an den prophetischen Traum dachte, in dem die Geburt seines jüngsten Sohnes, Arapotiyu, angekündigt wurde. In dem Traum umgaben himmlische Wesen eine schöne Ahnin des Dorfes, die über große Heilfähigkeiten verfügte, und kündigten die Ankunft dieses Pajé an, der das Waldvolk weiterhin anführen würde.

Durch seinen Gesang während dieser besonderen Gebetsversammlung suchte Mbaracambri nach Erkenntnissen für das Dorf. Die Mutter-Vater-Schöpfung war ihre Führung, und die Kommunikation mit den *großen himmlischen Wesen war eine Quelle des Lebens für dieses Dorf der Waldmenschen. An einem Punkt auf dem Hügel der Vögel auf dem er seit vielen Maisernten gestanden hatte, schloss Mbaracambri die Augen und summte, während Yyvkuaraua den Rhythmus erzeugte, indem sie ihr Takuá auf den Boden schlug. Yyvkuaraua erzeugte eine erdige Schwingung, die von der Erde aufstieg und seinen ganzen Körper erfasste. Er konnte das Lied in seinem Herzen nicht mehr zurückhalten und hob seine Arme und sein Gesicht in den Sternenhimmel. Er schüttelte seine Mbaraká, die heilige Rassel, und sang ein uraltes Gebet.*

Die Frauen schlugen gemeinsam mit Yyvkuaraua auf ihre Takuás, und die Männer sangen mit Mbaracambri. Innerhalb weniger Minuten war der Wald erfüllt mit Gesang und dem Widerhall der Takuás-Schläge. Als Mbaracambri immer tiefer in sein Lied des Lobes und der Dankbarkeit eintauchte, trat der ältere Pajé des Dorfes, der in einen gefiederten Umhang gekleidet war, nach vorne, neigte den Kopf zurück und hob sein Gesicht zum Nachthimmel. Sein entrücktes Gesicht wandte sich dem pulsierenden Sternenvolk am Himmel zu und richtete seine Gesänge nach oben zu Ñande Ru, dem einen großen Wesen, und dann zu den vier heiligen Richtungen. Die Männer sangen mit lauter Stimme und in schnellerem Rhythmus, während der ältere Pajé in jede der vier Richtungen betete, wobei er sich zuerst an „Ñanderovai" in Richtung des aufgehenden Lichts wandte. Dieses Singen vieler Gebete an die himmlische Welt dauerte die ganze Dunkelheit hindurch an. Während der ältere Pajé die Gesänge leitete, verfiel Mbaracambri in einen ekstatischen Trancezustand. In Visionen sah und fühlte er, wie die Wortseelen, die Ayvú oder die Stimme des Großen Vaters, in seinem Herzen anschwollen. Die Gesänge schwebten durch die Dunkelheit, während Mbaracambri in seiner Trance blieb.

Die Zeremonie setzte sich durch die Dunkelheit hindurch fort und folgte dem nächtlichen Weg von Jesyju, dem Mond, durch das pulsierende Sternenvolk, bis Jesyjus klares Licht herabstieg, um auf den Aufstieg von Kuarahys vielen strömenden goldenen Lichtstrahlen zu treffen. Als die ersten goldenen Lichtstrahlen erschienen, hörten die Waldmenschen gemeinsam auf zu singen, und mit ausgestreckten Armen und nach oben erhobenen Gesichtern spürten sie, wie mächtige Energiestöße durch ihre Körper flossen.

In der aufgeladenen Stille standen Mbaracambri und der ältere Pajé gemeinsam vor der Gemeinschaft, dem aufsteigenden goldenen Licht zugewandt, und führten ihr Ritual zur Inanspruchnahme dieser kraftvollen Energie durch. Mit ausgestreckten Armen bewegte sich die Gemeinschaft in fließender Schönheit durch die Zeremonie der Jirojy. Mit gesenktem Kopf und gebeugten Knien bewegten sie anmutig ihre Arme, um die goldenen Strahlen feierlich zu ihren Körpern zu bringen. Vielen liefen vor lauter Ekstase Freudentränen über die goldglänzenden Gesichter.

Wenn die Gesänge und die anmutige gemeinsame Bewegung der Jirojy beendet waren, durchbrach häufig ein kleiner brauner Vogel, Irapuru, die Stille. Dieser Gesang war ein Zeichen dafür, dass der Große die Morgengebete und die Zeremonie hörte und empfing. Heute jedoch gab es keinen Gesang.

Wie bei jeder Gebetskommunikation auf dem Vogelberg in Mbaracambris Leben versammelten sich die Waldbewohner am Fuße des Hügels. Mbaracambri erzählte von den Visionen und den Ayvú, den Wortseelen, die zu ihm kamen. Der ältere Pajé hörte sich Mbaracambris Visionen aufmerksam an, bevor er Anweisungen für die täglichen Aktivitäten des Dorfes gab. Als die Männer den Vogelberg verließen, grüßten sie sich und unterhielten sich freundlich, um die heiligen Botschaften und Hinweise aus der himmlischen Welt mit frohem Herzen aufzunehmen.

Mbaracambri ging an die Seite des älteren Pajé und nahm ihn, wie es Brauch war, am Arm, um ihm den Hügel hinunter zu helfen. Ein Nachbar, Tangara, begrüßte den älteren Pajé und Mbaracambri und nahm den anderen Arm.

Dann sprach Tangara zu Mbaracambri: „Wir freuen uns alle, dass dein Sohn Veraju zum Mann wird."

Mbaracambri drückte sanft den Arm des älteren Pajé und antwortete: „Ja, es wärmt mir das Herz, wenn ich sehe, wie die Frauen das Essen und die Getränke vorbereiten, während wir alle darauf warten, dass Großvater Pajé die Seelen für die Feier anspricht. Wie geht es deiner schwangeren Frau, Tangara?"

„Du rührst mein Herz zur Sorge um sie. Aufgrund der schlechten Ernte des letzten Jahres und des sehr schlechten Zustands des Mais in diesem Jahr würde das zusätzliche Kind eine Belastung für das Dorf darstellen. Wie sollen wir mit unseren mageren Reserven und der Aussicht auf eine schlechte Ernte ein weiteres Kind ernähren? Ich bin besonders besorgt, weil ich das Lied der Irapuru heute Morgen nicht gehört habe."

Mbaracambri antwortete Tangara ruhig: „Mach dir keine Sorgen. Die himmlischen Wesen werden, wie schon in der Vergangenheit, für ein gutes Leben sorgen."

„Aber, Mbaracambri, ich mache mir große Sorgen, dass wir alle verhungern könnten."

Mit ruhiger Gelassenheit antwortete Mbaracambri: „Keine Angst, mein Freund, denn die Gemeinschaft und sicherlich auch meine Familie, werden unsere Vorräte teilen, denn das ist die gute Lebensweise unseres Volkes." Noch immer den Arm des Ältesten haltend, blieb er stehen und wandte sich an Tangara. „Noch wichtiger ist, dass unsere frühmorgendlichen Wortseelen und Visionen für den Tag uns auffordern, die magere Ernte fortzusetzen. Außerdem erhielt ich ein Zeichen, das kleine Schwein zu jagen und in der Gegend der schönen Blumen nach Honig zu suchen. Gib diesen Gefühlen nicht nach, mein Freund, sondern bete stärker zu den Göttern. Wir werden geführt und unser guter, wahrer Vater, Ñande Ru, wird uns nicht im Stich lassen."

Der ältere Pajé hörte geduldig zu und sagte mit voller, mitfühlender Stimme: „Tangara", er hielt kurz inne, *„ich freue mich sehr, dass du deine Gefühle mitgeteilt hast, die sicher auch andere im Dorf berührt haben, und so werden wir mit allen über die Anzeichen der schwindenden Harmonie, den Mangel an Mbiroy sprechen. Wir stehen an diesem schönen Ort, der durch unsere Wortgesänge bestimmt wird, diesem duftenden und lichtdurchfluteten Raum, der reich an Kommunikation mit Ñande Ru ist. Gebete zu den Göttern müssen an diesem Tag beständig sein, um das Licht um klares Verständnis für alle Waldmenschen zu bitten."*

Als er diese letzten Worte sagte, drehte er sich zu Mbaracambri um, der antwortete: „Ich höre dich, Großvater. Mit frohem Herzen werden Yvkuaraua und ich an diesem Tag, der uns von den Göttern geschenkt wurde, weiter singen und tanzen, wie du es vorschlägst. Tangara, wirst du dich uns anschließen?"

„Nein, mein Freund, ich werde die Jäger versammeln und den Tanz durchführen, um für das Schwein zu beten, das du in deinem Traum gesehen hast. Mein leerer Magen wird meine Jagdkünste verbessern. Ich treffe dich im Opy, dem Haus des Gebets, wenn das letzte Licht des großen Kuarahy ruht."

Der ältere Pajé lächelte, als er den beiden jüngeren Männern zuhörte. Dann sprach er in sanfter Freundlichkeit: „Das sind alles gute Taten, meine Söhne. Ich werde jetzt gehen und die schönen Worte mit unserem ganzen Volk teilen."

Tangara lächelte, hob die Arme in die Luft und ging davon, seine Worte hinter sich herziehend. „Ich bin bereit, Großvater, für eine gute Jagd!"

Der ältere Pajé lächelte und beobachtete Tangara, der in einen schnellen Trab verfiel, dann drehte er sich um und schlurfte langsam zu seiner Hängematte, wo er sich darauf freute, dem Dorf Anweisungen zu geben.

Mbaracambri fand seine Frau bereits bei der Maiszubereitung vor, während ihr Sohn Arapotiyu zusah. Als Arapotiyu seinen Vater sah, erhob er sich aus der Hocke. „Vater, ich werde jetzt gehen, um an der Seite von Großvater Pajé zu stehen."

„Das ist gut, Arapotiyu, hör gut zu und beobachte gut." Mbaracambri wandte sich an seine Frau: „Yvkuaraua, lass uns wenig essen, denn Großvater Pajé hat heute Tanz und Gesang angeordnet, und ich werde deine Hilfe brauchen."

Schon in jungen Jahren hatte Mbaracambri in seinen Träumen mehrere heilige Lieder empfangen. Je älter er wurde, desto schöner wurden die Lieder und die Klarheit der Visionen in seinen Träumen. Mbaracambri arbeitete an der Seite des alternden Großvaters Pajé, um das Dorf mit Visionen zu unterstützen, die er beim Beten erhielt. Großvater Pajé war ein großer Heiler; zusammen mit Mbaracambris Visionen ermöglichten sie den Waldbewohnern ein gutes, harmonisches Leben. Er wusste, warum der ältere Pajé ihn gebeten hatte, an diesem Tag zu singen und zu tanzen. Mbaracambri hatte in seinem Traum eine frühere Vision vom Tod des Ältesten. Großvater Pajé war nicht traurig, er war vielmehr voller Freude, weil er sich auf seinen Umzug in das Land ohne Übel vorbereitete, einen Ort des perfekten Gleichgewichts.

Arapotiyu kam und stellte sich neben Großvater Pajé, als dieser in seiner Hängematte lag. Der ältere Pajé sollte das Dorf in Aktivitäten unterweisen, die die Harmonie in ihrem Wald erhalten würden. Arapotiyu beobachtete und hörte zu, als die älteren Pajé die Aufgaben verteilten. Einige junge Männer und Frauen wurden zum Holzsammeln geschickt; andere holten den Honig; Männer versammelten sich zum Tanz vor der Jagd; Großmütter lehrten das Flechten von Hängematten; jüngere Frauen pflegten die Gärten. Im Gegenzug unterstützte das Dorf den Pajé, damit er die heilige Arbeit fortsetzen konnte, um die Lebensweise der Waldbewohner zu erhalten.

Der ältere Pajé wandte sich dann an den jungen Lehrling, um ihn zu beraten. Arapotiyu hatte in jungen Jahren in seinem Traum Lieder empfangen, die ihm den Weg zeigten, wie sein Vater und Großvater ein großer Pajé zu werden. Das war weder für Großvater Pajé noch für die Eltern neu, denn sie hatten die Zeichen für das Kommen dieser großen Seele schon in

Träumen gesehen. Die Gemeinschaft der Waldbewohner feierte das Glück, starke Vermittler zu den himmlischen Welten zu haben.

Währenddessen aß Mbaracambri in der Nähe seiner strohgedeckten Hütte seine magere Ration an Maniok und Mais auf. Er wusch sich das Gesicht mit einer großen Kanne Wasser. Dann spürte er blitzschnell die plötzliche Stille des Waldes. Er spannte sich an, und sofort vernahmen seine Ohren einen ungewöhnlichen Pfeifton. Eine Salve von Pfeilen prasselte nieder, und ein grässliches menschliches Geschrei durchzog die Luft. Mbaracambris ganzer Körper zitterte, als er erkannte, dass das Dorf angegriffen wurde. Er sprang auf, um Yyvkuaraua zu schützen, als mehrere Männer ihn daran hinderten.

Er stürzte nach vorne und rief auf den Knien zu dem großen Kriegerhäuptling, der gerade hinter seinen grimmigen Wächtern stand. Während er darauf wartete, dass der Häuptling reagierte, hörte Mbaracambri die Schreie seines Volkes, das von Pfeilen getroffen worden war. Schnell unterzog er die Gegend um sich herum einer Prüfung. Er sah den älteren Pajé verwundet in seiner Hängematte liegen.

Mit gebieterischer Stimme, die alle hören konnten, verkündete der Häuptling: „Ich bin Tupanchichù, der Anführer der Tupinambas an der Küste." Tupanchichù richtete seinen Blick auf Mbaracambri und forderte ihn mit einer Geste auf, sich zu erheben.

Als er sich erhob, fragte Mbaracambri den reich geschmückten Anführer: „Was bezweckt ihr mit eurem Angriff, da ihr überraschend kommt und nicht wie tapfere Krieger im Freien?"

Tupanchichù machte eine drohende Armbewegung, um Ruhe zu schaffen, und erklärte, während er seine Position hielt: „Die Küstenvölker sind seit mehreren Monden zusammengekommen, um über die Krankheit zu sprechen, die uns den Lebensatem nimmt und sich in unseren Dörfern ausbreitet. Bei diesen Treffen wurde eine große Vision geteilt, dass die Menschen es versäumt haben, Jesyju, den Mondgott, richtig zu ehren. Daher wurde auf Anraten vieler oberster Krieger erklärt, dass in drei Mondzyklen eine große Zeremonie zu Ehren und Lobpreisung von Jesyju stattfinden wird. Bei dieser Zeremonie soll gesungen, getanzt und geopfert werden. Das Wichtigste: Um den großen Jesyju zu besänftigen, werden wir ein Menschenopfer geben, denn so ist der Weg der Küstenbewohner."

Mbaracambris Augen wurden groß, denn es war in seinem Dorf der Waldmenschen nicht üblich, einer Seele das Leben zu nehmen. Nur Ñande Rú ruft eine himmlische Seele zu sich zurück. Er antwortete dem Kriegerhäuptling:

„*Tupanchichù, wie viel von unserem kleinen Gemeinschaftsvorrat an Maniok oder Enten könnten wir für diese große Zeremonie opfern?*"

Tupanchichù lächelte bedrohlich und antwortete auf Mbaracambris Angebot: „Ihr müsst verstehen, dass die Tiere, die ihr jagt, und der Mais, den ihr anbaut, zum Gebiet der Tupinamba gehören. All das gehört rechtmäßig uns. Vor einigen Jahren seid ihr in die Randgebiete unseres Gebiets vorgedrungen, und wir beobachten eure Schritte genau. Im Moment sind wir nicht an euren ma geren Nahrungsvorräten interessiert. Wir sind hier, um eurem Dorf eine große Ehre zu erweisen."

Tupanchichù breitete die Arme aus und sprach zum ganzen Dorf: „Überall in unseren Dörfern haben die Küstenbewohner von einem besonderen Pajé gehört, der in diesem Dorf der Waldmenschen geboren wurde." Er wandte sich dem Ältesten und dem jungen Lehrling zu und fuhr fort: „Dieses Dorf wird durch das Opfer dieses jungen Lehrlings eures älteren Pajé geehrt werden."

Mbaracambri suchte schnell den Bereich um den verwundeten älteren Pajé ab und sah, dass die Kriegerwachen Arapotiyu an den Armen hielten.

Tupanchichù wandte sich an Mbaracambri und sagte: „Wir werden deinen verehrten Sohn jetzt in unser Dorf bringen und mit dem Prozess beginnen, um ihn zu einem würdigen Opfer für die große Göttin Jesyju zu machen. Wir werden auch einige Frauen und Männer als Sklaven mitnehmen. Wenn ihr versucht, uns aufzuhalten, werden wir euch alle erschlagen. Wie ihr gehört habt, sind die Leute von Tupanchichù die gefürchtetsten Küstenkrieger, und diesen Status werden wir behalten. Nur weil ihr unsere Vorfahren weder getötet noch gegessen habt, werdet ihr heute verschont. Gebt uns keinen Grund, unsere Stärke zu zeigen." Tupanchichù wandte sich sofort ab, und Mbaracambri sah zu, wie der Kriegerhäuptling mit den Wächtern abreiste, die Arapotiyu festhielten.

Yvkuaraua und die anderen, die als Sklaven genommen worden waren, waren bereits im Wald verschwunden. Mbaracambri hielt den Atem an und fühlte schreckliche Verzweiflung, als Arapotiyu sich umdrehte und ihm in die Augen sah. Anstatt große Ehre zu empfinden, wie es in den Dorfbräuchen der Tupinambas an der Küste üblich ist, empfand Mbaracambri großen Schmerz in seinem Herzen und tiefe Trauer erfüllte sein Wesen, als er die flehenden Augen seines Sohnes las. Mbaracambri fiel auf beide Knie, als er dem Stöhnen des Verletzten lauschte. Er konnte nur zusehen, wie Arapotiyu aus dem Dorf gebracht wurde, um seine Reise zum Dorf der Küstenbewohner anzutreten.

KAPITEL 1

HILFE VON EINER UNWAHRSCHEINLICHEN QUELLE

Niemand hat ein Urheberrecht auf Gottes Liebe.
-Alberto Aguas

Es war Spätherbst, und in Michigan herrschte kaltes Wetter. Die meisten Blätter waren gefallen, und der Duft des Winters durchdrang den Boden. An diesem sonnigen Samstagmorgen brach ich 1989 früh auf, um zu einem spirituellen Wochenendworkshop zu fahren. Die Wegbeschreibung wies auf ein Haus auf dem Lande hin, was mir gemütlicher erschien als ein typischer, muffiger Konferenzraum. Zu dieser Zeit waren spirituelle Workshops ein beruhigender Gedanke, und die Suche nach Wissen dieser Art war nicht neu. Soweit ich mich zurückerinnern kann, gehörte es zu meiner Persönlichkeit, aktiv Fragen zu stellen und Antworten auf den Sinn des Lebens zu suchen.

Zu diesem Zeitpunkt in meinem Leben war meine Suche nach dem spirituellen Verständnis von größter Bedeutung. Innerhalb von drei Monaten hatte ich eine verletzende Scheidung durchlebt, meinen zweiten Sohn zur Welt gebracht, meinen Vater beerdigt, eine mehr als zehnjährige Führungsposition aufgegeben, meinen Hausstand in Bloomfield, New Mexico, zusammengepackt und war dann quer durchs Land gefahren. Als ich zu meinen familiären Wurzeln nach Michigan zurückkehrte und mich in einem alten Bauernhaus unweit meiner frisch verwitweten Mutter niederließ, setzte ich mein Leben langsam wieder zusammen, getrieben von der Suche nach spirituellen Antworten auf diese extreme Zeit der emotionalen Erschütterung.

In den vier Jahren vor diesem Workshop motivierten mich die Bedürfnisse meines Neugeborenen, meines dreijährigen Sohnes und meiner trauernden Mutter, jeden Tag aufzustehen und einen Fuß vor dem anderen zu setzen. Wenn ich an all diese Ereignisse der letzten Zeit zurück dachte – das häufige Aufblitzen der hässlichen Scheidung, der schnelle und frühe Tod meines Vaters und die Geburt meines zweiten Sohnes – dann entstand die feste Entschlossenheit, einen Weg zu finden, keine ähnlichen Situationen in mein Leben mehr zu manifestieren. Das schwere Gefühl in meinem Herzen, das von der Uneinigkeit herrührte, erinnerte mich daran, dass ich nicht im Gleichgewicht war. In diesem Moment des Verstehens, als ich auf den Knien laut betete, legte ich ein direktes und feierliches Gelübde vor Gott ab: „Ich werde dieses belastende Gefühl heilen. Ich werde Heilung finden, bevor ich irgendeine Art von neuer Beziehung eingehen werde. Ich werde einen Weg finden, mich aus diesem Gefühl der Niedergeschlagenheit zu befreien. Ich werde mich liebevoll um meine Kinder kümmern. Bitte zeige mir den Weg."

Ich habe den starken Wunsch, meine Kinder mit so viel bedingungsloser Liebe wie möglich zu erziehen. Sie sind das helle Licht in meinem Leben. Als ich dastand und die Kraft dieser mündlich gemachten Zusicherung spürte, ergriff mein Geist eine starke Entschlossenheit, einen Weg zur Heilung zu finden, um sowohl mir selbst als auch meinen Kindern gegenüber Verantwortung zu übernehmen.

Als ich an der angegebenen Adresse ankam, bog ich in eine lange, geschwungene Einfahrt ein, die von hohen Kiefern gesäumt war. Ich sah ein Haus mit Steildach und gewölbten Fenstern, das sich in die friedliche Atmosphäre eines bewaldeten Grundstücks einfügte. Ich parkte und stieg aus dem Auto. Ein starker, erdiger Kieferduft stieg mir in die Nase.

Am Eingang des Hauses öffnete sich die Tür zu einem Küchenbereich, in dem mehrere Personen in ein freundliches Gespräch vertieft waren, und eine Frau beugte sich über einen kleinen Anmeldetisch. Da ich neu angekommen war und nicht wusste, was ich tun sollte, stellte ich mich in die Schlange, bis ich an der Reihe war, mich einzutragen. Als ich mich eintrug, überkam mich ein Gefühl des Unbehagens.

Zum ersten Mal hatte ich mich nicht von einer guten Freundin leiten lassen und war vielmehr meiner eigenen Intuition gefolgt, um an diesem Workshop teilzunehmen. Sie hatte viel mehr Erfahrung mit dieser Art von Workshops. Während ich rasch den Raum absuchte und kein vertrautes Gesicht finden konnte, schwand meine unerschütterliche Gewissheit schnell. Wie konnte das sein? Ich dachte, ich kenne alle „New Ager" in der Stadt. Vielleicht war dieser Workshop nicht zu meinem höchsten Wohl. Ich hätte den kostenlosen Vortrag am Freitagabend besuchen sollen, um einen Vorgeschmack auf die Veranstaltungen am Wochenende zu bekommen.

Das Unbehagen erfasste meinen ganzen Körper. Ich zweifelte ernsthaft an meiner Intuition und stellte meine Beweggründe in Frage: Was tue ich hier? Ich könnte zu Hause sein und mit meinen Kindern spielen. Wer sind diese Leute? Alle schienen sich zu kennen. Nur ich kannte niemanden.

Ich betrachtete die verschiedenen Stühle und Kissen im Wohnzimmer, die in einem Halbkreis mit Blick auf die gewölbten Fenster angeordnet waren, und wählte strategisch einen Stuhl mit hoher Lehne in der Nähe des Fensters. So hatte ich einen Platz, der nicht mitten in der Sitzgruppe, sondern seitlich davon war. Der Dozent war leicht auszumachen, da er der einzige Mann im Raum war. Ich ging durch den Raum zu seinem Stuhl, und unsere Blicke trafen sich kurz; er begrüßte mich mit einem kurzen, warmen Lächeln. Ich setzte mich auf meinen Platz und beobachtete alle anderen Teilnehmer, während das Programm begann.

Der Dozent, gekleidet in einem dunkelblauen Seidenhemd im orientalischen Stil und einer schwarzen Hose, stand vor den hohen Fenstern, die einen Kiefernwald umrahmten. Auf einem runden Holztisch befanden sich seine persönlichen Notizen, eine einzelne brennende weiße Kerze, ein kleines Tonbandgerät und Kassetten. Während die Teilnehmer ihre Plätze einnahmen, klebte eine andere Frau ein großes Stück weißes Plastik an eines der Fenster, das als Schreibtafel diente. Vierzehn weitere Teilnehmer nahmen auf Stühlen oder Kissen im Halbkreis vor dem Tisch und dem Dozenten Platz. Nach einer kurzen Begrüßung durch den Gastgeber „Wir freuen uns sehr, Ihnen einen sehr begabten Alberto Aguas aus Brasilien vorstellen zu können", begann das Programm.

Alberto Aguas verschwendete keine Zeit und legte sofort los. „Danke, Cindy und JB, dass ich hier sein darf", sagte Alberto. „Es ist mir eine Ehre, hier bei euch zu sein." Er wandte sich der Plastikfolie zu, die an das Fenster geklebt war, schrieb und verkündete vorsichtig: „A-MA-DE-US ist Lateinisch für ‚Gott lieben'. Das ist der Name dieses Heilsystems. Und bitte entschuldigen Sie mein Englisch." Ich glaube nicht, dass sich jemand für seinen brasilianischen Akzent und sein gebrochenes Englisch interessierte, denn seine Stimme war angenehm voll. Ich entspannte mich.

Alberto sprach mit ungehemmter Leidenschaft und zeigte eine Autorität, die nur ein Mann besitzt, der ein zielgerichtetes Leben führt. Ihm zuzuhören war wie ein gesungenes Konzert, das in jahrelanger professioneller Theaterarbeit geschliffen wurde. Seine Stimme klang mit hellen, reichen Tönen voller Vielfalt und Farbe, und seine auffallend grünen Augen berührten jeden von uns wie die Berührung einer sanften Hand. Er war magnetisch – ästhetisch, intellektuell und spirituell attraktiv.

Ich schrieb die Worte Ama-Deus und die Bedeutung von Gott lieben auf ein Blatt Papier, als er kurz über seine Arbeit mit den Guaraní, einem indigenen Stamm in Südamerika, referierte. Er beschrieb die Einweihung in ihre heilige Heiltradition an den Ufern des Amazonas. Ich hielt inne mit meinen Notizen und hörte aufmerksam zu, als er sich aufrichtete und erklärte, langsam und sorgfältig jedes Wort laut aussprechend: „Ich werde jetzt beschreiben, was Ihr bei der Einweihung tun sollt. Jeder von euch wird einzeln an den Tisch kommen und von mir die Einweihung erhalten. Wenn sich jemand unwohl fühlt, ist es jetzt an der Zeit, zu gehen." Er hielt inne und sah sich im Raum um.

Wieder kroch das ungute Gefühl in meinen Körper und Geist zurück und verdrängte seine Stimme. Worauf hatte ich mich jetzt eingelassen? Ich hätte am Abend zuvor zu der kostenlosen Vorlesung gehen sollen. Dann hätte ich eine bessere Vorstellung davon gehabt, was mich erwarten würde. Ich erinnerte mich schnell daran, dass nichts passiert war, als ich die Reiki-Einweihung erhielt. Diese Einweihung war schmerzlos und brachte mich wirklich zum Kichern – nicht, dass ich respektlos sein wollte. Warum hatte ich das Gefühl, dass ich von diesem Ort weglaufen müsste? Ich schaute mich kurz im Raum um, um andere Gesichter zu sehen, aber niemand sprach oder machte Anstalten zu gehen. Ich schaute in Richtung der Tür. Zu gehen würde bedeuten, vor allen Leuten zu gehen und einen störenden Abgang zu machen.

Das Geplapper in meinem Kopf ging weiter, als sich die erste Person auf der anderen Seite des Raumes dem Tisch näherte. Wie konnte ich mich nur in eine solche Situation begeben? Na ja, es scheint ja allen gut zu gehen. Jetzt bin ich hier. Mir war heiß, panisch schloss ich die Augen und holte tief Luft, um die flatternde Angst in meinem Magen zu unterdrücken. Bis heute bin ich mir nicht sicher, woher ich die Kraft nahm, den Anweisungen zu folgen, als Alberto mich mit seinen Augen aufforderte, an den Tisch zu treten und die Einweihung zu empfangen.

Nachdem ich mich respektvoll vor den Tisch gestellt hatte, um die Einweihung, ein Gebetsritual von Alberto, zu empfangen und zu meinem Sicherheit gewährenden Stuhl zurückgekehrt war, breitete sich eine große Ruhe aus. War diese Ruhe eine Folge der Erleichterung darüber, dass das Ritual vorbei war, oder war tatsächlich etwas passiert? Die plötzliche Ruhe erlaubte meinem Körper, meinen Gefühlen und vor allem meinem Geist, sich zu entspannen. Wieder schloss ich die Augen und befand mich in einem ruhigen, friedlichen Zustand, bis die Musik für die Einweihungszeremonie aufhörte und Alberto sagte: „Diese Einweihung kann dir neue Ansichten, neue Erfahrungen und ein neues Leben geben." Ich öffnete die Augen, als er das Wort Leben mit seinem reichen brasilianischen Akzent aussprach, und in diesem Moment ging mir ein Licht auf. Mit neuem Elan nahm ich an dem Kurs teil und war für den Rest des Tages voll und ganz dabei.

Nach der Einweihung in der ersten Stunde des Kurses entfaltete sich eine Reise mit Alberto als unseren Führer. Mit Alberto, dem Mentor, der die Klasse durch diese uralte Weisheit begleitete, eröffnete sich eine neue Perspektive der Energieheilung. Als Alberto alle anleitete, wie man sich mit Ama-Deus verbindet, stellte sich ein angenehmes Gefühl ein – etwas sehr Vertrautes. Ama-Deus ist eine herzbasierte Heilmethode, die Handauflegen und heilige Symbole verwendet, und in der mündlichen Tradition der Guaraní bewahrt wurde. Nach einer solchen herzbasierten Methode, um Zugang zur göttlichen Liebe zu bekommen, hatte ich schon lange gesucht.

Durch sein begnadetes Verständnis der spirituellen Welt benutzte Alberto Schlüsselsätze und Zitate, um uns anzuspornen, uns selbst zu heilen, während wir die verschiedenen Anwendungen der heiligen

Symbole lernten. Er sagte solche Sätze wie: „Niemand hat ein Urheberrecht auf Gottes Liebe", oder „Nichts ist zu schwer für mich, es ist zu schwer für mein Ego", und „Du kannst nicht heilen, bevor du nicht zuerst liebst", und noch ein anderes: „Halte niemals deine Liebe zurück, das ist es, was dich zurückkommen lässt".

Ich war begeistert, als er auf das Herz und die Liebe zur Heilung hinwies. Es ist überflüssig zu erwähnen, dass ich nicht wollte, dass der Kurs zu Ende ging. Meine Intuition lag also doch nicht allzu weit daneben! Das Unbehagen zu Beginn des Kurses war nur die Angst vor der Veränderung gewesen. Die Erfahrung der Umwandlung von Unbehagen in Frieden bot mir die Gelegenheit zu begreifen und zu würdigen, dass die Liebe ein mächtiges Mittel zur Heilung ist.

Solange ich denken kann, habe ich versucht, die Liebe als solches zu verstehen. Ich bin nicht allein. Liebe bedeutet für so viele Menschen so viele Dinge. Für die einen ist sie eine Handlung, für die anderen ein Gefühl. Alberto sah die Liebe als die Verbindung zur Quelle aller Dinge. Der Name, den er dieser Verbindung gab, war Ama-Deus, was „Gott lieben" bedeutet. Das Wort Gott ist der beste Versuch der Menschheit, einer Realität einen Namen zu geben, die Worte nicht ausdrücken und der Verstand nicht erkennen kann. Im gleichen Atemzug ist zu sagen, dass Liebe und Gott nicht voneinander zu trennen sind. Es ist ein Fehler, zu fragen: „Was ist Liebe?" Die Liebe ist kein Was; richtiger gesagt, Liebe ist ein Wer. Die Liebe ist ein lebendiges, immerwährendes, unendliches Wesen. Die Liebe ist eine Kraft, die im Herzen erfahren wird. Albertos Geschenk von Ama-Deus öffnete mein Herz und führte mich auf einen Weg der Heilung.

Der Kurs dauerte das ganze Wochenende an und endete am frühen Sonntagabend mit einem leckeren Essen. Es gab vegetarische Lasagne. Während sich alle fröhlich beim Essen unterhielten, saß ich in stillem Staunen da, lachte über meine anfängliche Idee, vor dem Workshop zu fliehen, und war überglücklich, dass ich die Einweihung durchgezogen hatte. Die von meiner Erwartungshaltung ausgelöste Aufregung auf der Fahrt zum Workshop war genau richtig gewesen. Die gesamten zwei Tage waren atemberaubend.

In dieser kurzen Zeit war so viel geschehen. Ich war voller Ehrfurcht vor dem in mir erwachenden Wissen und spürte ein erweitertes Bewusstsein. Mehrmals während des Workshops warf Alberto mir einen Blick zu, um zu sehen, ob ich aufmerksam war. Wenn er mir auf diese schnelle und direkte Weise in die Augen blickte, war das sehr intensiv. Er überraschte mich, und ich war mir nicht sicher, warum er mich auswählte. Später erfuhr ich, dass dies kein Verweis war, sondern vielmehr seine Art zu lehren und dem, was gerade passiert war, Betonung zu verleihen. In den folgenden Kursen erfuhr ich, dass er die Gedanken der Schüler mit Leichtigkeit lesen konnte.

So reichte er beispielsweise am zweiten Unterrichtstag ein Bild von sich selbst herum, das jeder Teilnehmer betrachten konnte. Er lehrte weiter, während das Bild herumgereicht wurde. Ich kann mich nicht an den Grund für diese Handlung erinnern. Ich erinnere mich jedoch lebhaft an den Moment, als das kleine Schwarz-Weiß-Foto in meine Hände gelangte. Meine Augen und Hände erstarrten beim Betrachten und Halten des Fotos. Ich wurde sofort verlegen und fragte mich, ob andere mich beobachteten, aber meine innere Stimme sagte: „Entspann dich! Die Menschen, die sich hier im Raum befinden, sind an solche Merkwürdigkeiten gewöhnt." So schnell, wie dieses magnetische Gefühl vom Halten des Bildes gekommen war, setzte ein anderes Gefühl ein, das mich in das Foto eines kleinen, nicht mehr als fünf Jahre alten Jungen in einer Latzhose, der in der Nähe eines Baumes stand, hineinzog. Während ich mich auf das Foto konzentrierte, schossen mir Erlebnisse aus Albertos Kindheit durch den Kopf, und ich hörte, wie mein innerer Verstand mir erneut mitteilte: „Er ist sehr krank." Ich versuchte, meine Augen von dem Bild loszureißen, das sich so anfühlte, als würden zwei Magnete auseinandergezogen werden. Als es mir endlich gelang, reichte ich das Foto eilig an die Person zu meiner Rechten weiter und blickte gleichzeitig zu Alberto auf, der seinen Vortrag nicht unterbrach und es schaffte, mir schnell einen durchdringenden Blick zuzuwerfen, der mich in meinem Sitz zurücksinken ließ.

Mit niedergeschlagenen Augen verdrängte ich den überraschenden Gedanken, dass Alberto krank sein könnte, und meine Gedanken waren voller Fragen. Wie konnte dieser große Heiler, der so voller Leben war, krank sein? Und warum hat er dieses Bild herumgereicht? Warum war ich mir dessen so sehr bewusst? Ich unterbrach den Gedankenfluss abrupt, wandte mich wieder der Vorlesung zu und verwarf diese Episode mit dem Foto. Was sollte ich mit dieser Vorahnung anfangen? Ich lenkte meine Aufmerksamkeit wieder auf das Zuhören und wandte meine Gedanken dem Hören dieser wunderbaren heiligen Weisheit zu. Die substanziellen Informationen fügten Teile anderer energetischer Studien zusammen und verschafften mir spirituelle Klarheit für viele Erfahrungen in meinem Leben. Der Kurs war definitiv eine Belohnung für die spirituelle Wahrheit.

Beim Nachdenken über diese ganze Erfahrung in der ersten Klasse kommt mir oft der Film *Unheimliche Begegnungen der dritten Art* von Steven Spielberg in den Sinn. Richard Dreyfuss spielt darin die Rolle eines Kabelarbeiters, der einen Stromausfall untersucht und auf ein mysteriöses weißes Licht von oben stößt. Wie die Figur von Dreyfuss, der davon besessen ist, die Antwort auf sein Erlebnis zu finden, konnte ich nicht genug davon bekommen und fühlte mich von Ama-Deus besessen. Während ich Ama-Deus praktizierte, zog etwas so Berauschendes an allen Sinnen meines Körpers, meiner Gefühle und meines Geistes. Dies erstreckte sich auf jedes Detail. Ich musste zum Beispiel sofort die Musik finden, die Alberto im Unterricht verwendete, und steckte sie in den Micky-Maus-Kassettenspieler meiner Kinder, hörte sie ständig und nahm sie überallhin mit hin – von Zimmer zu Zimmer, im Auto oder beim Duschen. Sie brauchen nur meine beiden Söhne zu fragen. Sie werden sagen, dass sie im Wachzustand und im Schlaf von der Musik begleitet wurden. Albertos Worte nach der Einweihung: „Das kann dir neue Ansichten, neue Erfahrungen und ein neues Leben geben", waren für mich von großer Bedeutung. Zu diesem Zeitpunkt war mir noch nicht bewusst, wie viele neue Lebenserfahrungen und -ansichten mir bevorstehen würden.

Bei anderen Heilmethoden, die ich vor Ama-Deus praktiziert hatte, gab es keine greifbaren Gefühle von Wärme in meinen Händen oder ein Gefühl der Verbundenheit, wie ich es bei anderen Praktizierenden beobachtet oder von ihnen gehört hatte. Ich hatte jedoch starke und kraftvolle Erfahrungen mit Ama-Deus gemacht. Einige der ersten Wirkungen, die sich einstellten, waren körperlicher Natur.

In der Reiki-Praxis schlug ein mir nahestehender Mentor beispielsweise vor, sich vor dem Einschlafen die Hände aufzulegen, um im Schlaf Heilungsenergie zu empfangen. Da ich diesen Ratschlag sehr ernst nahm, schlief ich gewöhnlich mit sanft um den Hals gelegten Händen ein. Nachdem ich die Ama-Deus-Einweihung erhalten hatte, wurde ich durch dieses gewohnte Muster der Handhaltung unerbittlich aufgeweckt. Ein intensiver Stromstoß durchströmte meinen Körper, ich kann es nicht anders als einen Stromstoß beschreiben. Meine Hände fühlten sich an, als ob sie in einer Steckdose stecken würden. Bei klarem Verstand versuchte ich immer wieder, meine Hände zu entfernen, den Stromfluss zu unterbrechen und wieder einzuschlafen. Mehrere Monate lang versuchte ich mehrmals in der Nacht, meine Hände aus dieser Lage zu befreien.

Dieses starke Gefühl des Energieflusses trat auch bei der Arbeit mit anderen auf. Sobald ich die von Alberto gelehrten Schritte unternommen hatte, um mich mit diesem Heilsystem zu verbinden, hatte ich das Gefühl, dass eine starke Energiewelle in meinen Kopf eindrang, begleitet von einem Geräusch, das wie ein rauschender Wind klang. Diese fließende Energiewelle bewegte sich durch meine Kehle hinunter in den Brustbereich, manchmal so stark, dass ich nach Atem rang. Dieser Strom bewegte sich weiter von der Brust zu meinen Armen und schließlich durch meine Hände nach außen.

Wann immer ich einen fürsorglichen Gedanken hatte, um anderen zu helfen – sei es ein Bild der Natur, ein Tier oder ein Mensch -, floss die Energie von selbst. Beim Anzapfen von Ama-Deus hatte eindeutig etwas anderes die Kontrolle über den Energiefluss. Nachdem ich einen Baum oder einen Hund umarmte oder meine Hände auf eine Person gelegt hatte, begann dieser sprudelnde Fluss und endete dann von selbst. Dieses Ende war das Signal, meine Hände zurückzuziehen.

Alberto bot nach dem Ama-Deus-Wochenendkurs eine Woche lang Heilsitzungen an. Informationen über den Kurs und seine brillante Heilfähigkeit hatten sich schnell verbreitet. Der Ama-Deus-Workshop war bei seinem nächsten Besuch schnell ausgebucht, und noch mehrere Wochen nach seiner Abreise wurde darüber berichtet. Als sich diese Nachricht über Alberto und seine Heiltechnik in der Stadt verbreitete, waren die Menschen neugierig und wollten diese Heiltechnik selbst erleben. Begeistert davon, dieses neue spirituelle Werkzeug mit anderen zu teilen, kamen mehrere Menschen aus einem Kreis gleichgesinnter Freunde zu mir nach Hause, um über Ama-Deus zu erfahren.

Freunde und Freunde von Freunden kamen zu mir, um Ama-Deus-Sitzungen zu erleben. Die meisten kannten mich als skeptische, hinterfragende Reiki-Praktizierende. Die Menschen, die zu mir gekommen waren, verließen eine Heilsitzung nach der anderen mit dem sehnlichen Wunsch, den nächsten Kurs zu besuchen. Eine Heilsitzung begann damit, dass sich die Person auf eine Massageliege legte, und dann fragte ich, genau wie Alberto es anordnete: „Wofür möchtest du diese Heilung?"

Eine Freundin antwortete: „Ich habe diese quälenden Kopfschmerzen, die nicht verschwinden wollen."

„Okay, um zu beginnen, lege ich eine Hand auf deine Stirn und eine auf deinen Solarplexus. Es kann sein, dass ich während der Heilsitzung meine Hände von dieser Position aus bewege, um mit den anderen Energiepunkten oder Chakren zu arbeiten."

Nachdem meine Klienten mir mitgeteilt hatten, warum sie Heilung wollten, bat ich sie, die Augen zu schließen, sich zu entspannen und der Musik zu lauschen, während ich den Kassettenrekorder einschaltete. Die Musik begann – dieselbe Musik, die Alberto im Unterricht verwendete, der Soundtrack von *The Mission*. Die spirituelle Routine zur Anrufung der Energie begann mit einem tiefen, entspannenden und zentrierenden Atemzug, gefolgt von der Positionierung meiner Hände auf der Stirn und dem Solarplexus. Diese Handhaltung wurde deshalb gewählt, weil ich Alberto dabei beobachtet hatte. Sobald der Energiefluss einsetzte, änderte sich die Position der Hände und sie folgten den Stellen, an denen der Fluss weiterging. Die Energie gab den Händen die Richtung vor, und die Tränen flossen über mein Gesicht. Die Anwendung von Ama-Deus war ein so herrliches Gefühl. Immer wieder konnte ich von dieser Energie lernen.

Bei dieser speziellen Heilsitzung bewegten sich meine Hände nicht zum Kopf, obwohl die Person um Hilfe bei Kopfschmerzen bat. Nach der anfänglichen Positionierung und der Verbindung mit der Heilenergie tasteten meine Hände den Körper ab und bewegten sich dann dem Energiefluss entlang. Wenn sich der Fluss der Energie dramatisch verstärkte, ließen sich die Hände in diesem Bereich nieder, bis der Energiefluss aufhörte. Ich hatte nicht die Kontrolle, sondern war eher das Instrument, nicht der Musiker. Meine Hände kamen in der Bauchgegend zur Ruhe, wo der Energiefluss am stärksten war. Mit vollem Vertrauen in die allwissende Gegenwart der Energie und dem Wissen in meinem Herzen, dass alles perfekt war, blieb ich in dieser Position, bis kein Energiefluss und kein Geräusch mehr zu hören war. Als ich meine Hände sanft von ihrem Körper nahm und die Musik leiser stellte, kam sofort eine Reaktion.

„Wow, woher wusstest du, dass du das tun musstest?" Ich antwortete leise „Ich weiß es nicht, ich werde geleitet."

„Meine Kopfschmerzen sind weg." Dann erzählte sie von den komplizierten Problemen im Unterleibsbereich.

Ich hob meine Hände hoch in die Luft und sagte: „Es ist die Energie, nicht ich. Du kannst das auch tun. Melde dich einfach für den Kurs an. Der Lehrer kommt noch einmal." Dann ging ich zum Kamin und wärmte mich auf.

„Was machst du da?" fragte sie mit einem verwirrten Gesichtsausdruck, während sie auf der Kante des Heiltisches saß.

„Ich versuche, mich aufzuwärmen!"

Unmittelbar nach einer Sitzung drang die Kälte in meinen Körper ein. Normalerweise drehte ich, nachdem die zu behandelnde Person gegangen war, das Thermostat hoch und kuschelte mich mit einer Decke über einen warmen Ofen, um jedes bisschen Wärme einzufangen, das sich rings um meinen Körper befand.

Dies war nicht die einzige körperliche Erfahrung. Mein Nacken pulsierte sichtlich, nachdem ich die Energie angerufen und mich mit ihr verbunden hatte. Das Pulsieren war so stark, dass sich mein Nacken anfangs sehr schmerzhaft anfühlte. Das Tragen eines Rollkragenpullovers verdeckte diese ausgeprägte Bewegung. Mit der Zeit lernte ich, dass dieses körperliche Unbehagen der Versuch meines Körpers war, sich an diese höhere Energiefrequenz anzupassen. Nach drei Monaten, in denen ich jeden Tag Heilsitzungen gab, hatte ich mich schließlich an die einströmende Energie gewöhnt.

Sechs Monate lang kamen jeden Tag Leute zu den Sitzungen. Manchmal war es nur eine Person, an anderen Tagen standen drei vor meiner Tür. Die Dankbarkeit dafür, dass Ama-Deus in mein Leben getreten war und ich es mit anderen teilen konnte, überwog die körperlichen Nebenwirkungen. In den zahlreichen Sitzungen konnte ich viele Erfahrungen sammeln, doch nach mehreren täglichen Sitzungen ohne Pause brauchte ich eine Auszeit. Im Frühjahr packten die Kinder

Kapitel 1: Hilfe von einer unwahrscheinlichen Quelle

und ich den alten Kleinbus zusammen und fuhren nach Florida, um Zeit mit meiner Familie zu verbringen. Die Ruhe und der Fokus auf meine Kinder ermöglichten es mir, diese dramatische Wendung der Ereignisse zu verarbeiten. Nach den Sitzungen tat mir der Nacken nicht mehr weh, und es störte mich nicht mehr, mit den auf meinem Körper platzierten Händen zu schlafen. Dankbarkeit erfüllte mein Wesen, wenn ich an die Verpflichtung und das Gelöbnis zur Heilung dachte, und Frieden erfüllte mein Herz, weil ich dieses neue spirituelle Werkzeug gefunden hatte. Rückblickend habe ich während dieser kleinen Atempause nicht mehr in Frage gestellt, ob Ama-Deus real ist oder wie es funktioniert. Ich ging so sehr in Resonanz mit Ama-Deus, dass ich mich fühlte, als wäre ich nach Hause gekommen. Die starke friedliche Präsenz, die sich durch meinen Körper bewegte, gab mir Mut. Wieder und wieder die Ergebnisse zu sehen, war eine ständige Bestätigung. Das Zuhören und Spüren, wohin ich meine Hände legen sollte, beendete das Hinterfragen und neugieriges Beobachten übernahm die Oberhand. Ich beobachtete die wunderbaren Ergebnisse, die sich einstellten, und stellte nicht mehr in Frage, ob Energieheilung funktionierte, sondern wie sie funktionierte. Glaube und Überzeugung waren die ersten Schritte mit Reiki gewesen. Die nächsten Schritte waren die Erfahrungen mit Ama-Deus, die einer Gewissheit darüber Platz machten, dass Energieheilung real ist, egal welche Technik verwendet wird. Die wunderbaren Gefühle, die ich als Praktizierende erlebte, waren unbeschreiblich, und ich ertappte mich oft dabei, dass ich sagte: „Ich könnte das den ganzen Tag lang machen!"

Meine gute Freundin Kathy sah sich einige der Heilsitzungen an und sagte: „Beth, du musst in deinem Körper bleiben, du musst geerdet werden."

Ich antwortete freudig: „Oh, aber das fühlt sich so gut an." Die Gefühle der Energie, die durch meinen Körper strömten, waren sinnliche Erfahrungen, und ich kannte sie so gut wie mein eigenes Gesicht, so vertraut, so liebevoll und so unglaublich angenehm.

Die eigentliche Frage, die ich mir mein Leben lang gestellt hatte, war nicht nur, warum wir hier auf der Erde sind, sondern was die Liebe mit dieser irdischen Reise zu tun hat. Mein ganzes Leben lang suchte ich nach der Bedeutung der bedingungslosen, mitfühlenden Liebe und stand nun an einer Schwelle. Ama-Deus war ein Werkzeug, um eine neue Reise zu beginnen, die helfen sollte, diese Frage zu beantworten. Die ersten Sitzungen, in denen ich diese Herz basierte Heilmethode angewendet hatte, brachten mich vom Glauben an die bedingungslose Liebe zu einem Wissen über diese mitfühlende Liebe – und das aus direkter Erfahrung. Alberto hatte Recht; neue Möglichkeiten erwarteten jeden, der bereit war, eine Beziehung zu dieser Herz basierten Heilmethode aufzubauen – neue Erfahrungen, neue Sichtweisen und sicherlich auch neues Leben.

Der Zeitraum in meinem Leben, der die intensiven Lebenssituationen einer Scheidung und eines Todesfalls mit sich gebracht hatte, vermischt mit der Geburt meines zweiten Sohnes, brachte zwar sicherlich Traurigkeit mit sich, trieb mich aber vor allem dazu, mich noch mehr auf die Bedeutung der Liebe zu konzentrieren. Vier Jahre später, nachdem ich in meinem Leben am Scheideweg gestanden hatte, bin ich mit Ama-Deus bekannt geworden.

Das soll nicht heißen, dass ich in den vier Jahren vor Ama-Deus untätig war: Die anderen Kurse und Therapien, die ich in diesen vier Jahren auf der Suche nach spirituellem Wissen besucht habe, waren eine Vorbereitung auf diesen entscheidenden Moment mit Ama-Deus. Schlüsselpersonen, die in diese Übergangsphase der persönlichen Suche eintraten, statteten mich in der Tat mit einem breiteren spirituellen Verständnis aus und unterstützten meine ersten Schritte der Heilung maßgeblich. Diese ersten Schritte brachten dramatische Ergebnisse mit sich.

Die meiste Zeit meines Lebens war von großer Scheu vor dem Umgang mit Menschen überschattet gewesen. Vor der Verpflichtung zur Heilung und vor Ama-Deus hatte ich nicht die Fähigkeit, jemandem in die Augen zu sehen. Jetzt habe ich einen standhaften Blick. Früher konnte ich keine Nachricht auf einem Anrufbeantworter hinterlassen. Jetzt bin ich in der Lage, selbst mit den furchterregendsten Menschen mit wachsendem Vertrauen zu sprechen. Ein Großteil der Angst, die mich einst beherrschte, hat ihre Macht verloren. Meine unerschütterliche Absicht zu heilen, meine gezielte Suche und mein aktives Engagement während der vierjährigen Heilungsphase brachten mich an einen Punkt, an dem ich in der Lage war, Ama-Deus zu empfangen, nach vorne zu treten und die Einweihung zu empfangen. Mein Herz war berührt worden, und diese Öffnung des Herzens brachte neues Leben und die Bereitschaft, auf eine neue Weise zu heilen.

Alberto und seine Botschaft der Liebe öffneten mein Herz, um sie zu empfangen. Das völlige Vertrauen in dieses neue Abenteuer und die Bereitschaft, mich auf alles einzulassen, was das Leben zu bieten hatte, lässt sich am besten mit den Worten von T. S. Eliot aus den *Vier Quartetten* zusammenfassen: *Little Gidding*.

> Wir werden nicht aufhören zu forschen
> Und das Ende all unserer Forschungen wird sein,
> dort anzukommen, wo wir angefangen haben
> Und dann kennen wir den Ort zum ersten Mal.[1]

Ama-Deus ist so einfach in der Anwendung, so friedlich und sanft, so liebevoll. Wenn uns jemand liebt, werden sogar negative Dinge positiv. Wenn wir von Liebe umgeben sind, sehen wir die Welt aus einer anderen Perspektive. Ich war so begeistert von dem Wissen und den sich steigernden Erfahrungen, die ich in der ersten Stufe erlernt hatte, dass ich kaum glauben konnte, dass schon ein Jahr vergangen war, als ich voller Freude im Kurs zum Erlernen der zweiten Stufe saß. Mein überzeugter Enthusiasmus, den zweiten Kurs zu besuchen und mehr zu lernen, hatte eine Gruppe von Freunden zusammengebracht, die Albertos Kurs bis auf den letzten Platz füllten.

Sogar aus dem fernen Arizona waren Leute für den Kurs eingeflogen, um meinen neu entdeckten Schatz zu ehren. Keiner war enttäuscht, weder von der Klasse noch von den Heilungen durch Alberto. Das Wochenende war erfüllt von Freude und Lachen. Trotz der ansteckenden Freude, die in der Luft lag, nagte jedoch eine Sache an meinem Herzen. Etwas sehr Entscheidendes stimmte nicht mit ihm, und ein besorgtes Gefühl um seine Gesundheit stieg in mir auf, als ich ihn beim Unterrichten beobachtete.

Da ich mir keine Notizen machen musste, konnte ich die Informationen tiefer aufnehmen und seine Lehrmethoden aus nächster Nähe beobachten. Dieses ungute Gefühl wegen seines Gesundheitszustandes blieb während des gesamten Unterrichts bestehen.

In den Pausen ging er strategisch jeder Möglichkeit aus dem Weg, sich selbst in Frage bezüglich seiner Gesundheit zu stellen. Stattdessen gab es vor dem Unterricht und in den Pausen lustige und spielerische Gespräche.

„Hallo, Betty", sagte er mit lauter Stimme, als wir uns zum ersten Mal sahen, und wir umarmten uns herzlich. Das ganze Wochenende hindurch nannte er mich Betty. Zuerst dachte ich, er wüsste es nicht besser, und ich versuchte, ihn zu korrigieren. Als er mir in die Augen sah und seine tiefe Stimme erhob, sagte er: „Ich kenne deinen Namen, Bet! Aber es gibt doch eine vertrautere Art, Freunde anzusprechen, oder?" Meine erröteten Wangen verrieten, dass es mir peinlich war, ihn zu korrigieren. Dann erzählte er schüchtern, dass alle seine engen Freunde ihn „Alby" nennen. Mir wurde warm ums Herz bei seiner liebenswürdigen Art, und in privaten Gesprächen wurde er für mich zu „Alby".

Alberto hatte das Format gegenüber dem Vorjahr leicht verändert, um zwei Stufen Ama-Deus an einem Wochenende unterrichten zu können. Die erste Stufe wurde an einem Tag unterrichtet, und ich bemerkte, wie die Anweisungen im Vergleich zu meinem zweitägigen Workshop der ersten Stufe diesmal strukturiert waren. Am nächsten Tag wurde der gesamte Kurs der zweiten Stufe in dem Privathaus abgehalten, in dem im Jahr zuvor die erste Stufe zum ersten Mal unterrichtet worden war. Dieser zweite Kurs hatte für mich eine ganz andere Atmosphäre als der erste, denn die meisten Teilnehmer waren meine Freunde, und Alberto liebte es, ihnen eine besondere Aufmerksamkeit zu schenken. Alberto freute sich nicht nur über die große Zahl der Teilnehmer, sondern auch darüber, dass alle so sehr in den Kurs vertieft waren. Als Lehrer leitete Alberto den Unterricht wie ein Maestro, und alle folgten begeistert seiner Führung. Wenn er singen wollte, fingen alle an zu singen. Wenn er die Klasse in Meditation versetzte, war deren Tiefe und Reinheit erstaunlich. Alle waren engagiert, und Gelächter konnte spontan ausbrechen. Am Ende des Wochenendes unterhielten sich alle Schüler angeregt, umarmten sich und lächelten für Fotos. Einmal packte mich Alberto an der Schulter, drehte mich herum und umarmte mich fest, gerade als sich der Verschluss der Kamera verschloss. Ich bewahre dieses Foto in Ehren und habe es griffbereit auf meinem Schreibtisch. Dann entfernte er eine kleine Spange aus meinem Haar und klemmte sie zwischen seine Finger. Mit großen Augen und einem tiefen Kichern rief er wenige

Zentimeter vor meinem Gesicht: „Piranha!" Obwohl er mit Weisheit begabt war, hatte er immer noch das süße Herz eines Kindes.

Nach dem Wochenende war Alberto die Woche hindurch mit privaten Heilungen ausgebucht. Da ich zertifizierte Massagetherapeutin bin, haben wir vereinbart, dass ich ihn am Abend massieren würde. Das trug dazu bei, dass ich mich um sein Wohlergehen sorgte, denn ich sah über sein äußeres Erscheinungsbild hinweg und wusste, dass er sehr krank war. Meine Sorge ließ nach, als ich erfuhr, dass er nach dieser Unterrichtswoche nach Brasilien zurückkehren würde, um sich mehrere Monate zu erholen und die Guaraní zu besuchen.

Alberto hatte während eines Ama-Deus-Kurses nicht viel über die Guaraní erzählt. Alle Details, die im Unterricht über die Guaraní genannt wurden, bezogen sich hauptsächlich auf die ersten Schritte, die er bei der Einweihung erlebt hatte. Alberto war zögerlich, während des Kurses weiter über die Guaraní zu sprechen. Wenn die Teilnehmer Fragen stellten, brachte er sie einfach in den gegenwärtigen Moment zurück, in Dankbarkeit für das, was sie erhielten. Er verriet, dass der *Amazonas, das Königreich der Heilung*, ein eigener Vortrag war, den er gelegentlich hielt. Er schützte strengstens alle Details über den genauen Standort der Guaraní und entmutigte Außenstehende davor, diese sehr zerbrechliche und gefährdete Kultur zu erforschen.

Man wird nicht spiritueller, wenn man eine Zeit lang bei den Guaraní oder einer anderen indigenen Kultur lebt. Spirituelles Wachstum kommt aus dem Herzen. Die Menschen ließen sich von der Vorstellung eines Indianerstammes im Amazonasgebiet verzaubern, anstatt zu erkennen, wie wichtig es ist, sich auf das Geschenk zu konzentrieren, das sie in diesem Moment erhielten. Nämlich die Botschaft, für deren Bewahrung und Weitergabe an die westliche Welt Alberto sein Leben riskierte. Die Möglichkeit, während des Workshops zu heilen, war entscheidend und grundlegend für seine Mission im Leben, und Alberto nahm seine Aufgabe sehr ernst.

Später, als ich mir seine aufgezeichneten Vorträge anhörte und mich an unsere privaten Gespräche erinnerte, erfuhr ich mehr über die tiefgreifenden Erfahrungen, die Alberto mit den Guaraní gemacht hatte. Diese Informationen wiesen eindeutig darauf hin, dass seine gesamte Lebenserfahrung in den fünfziger Jahren in der Begegnung und Arbeit mit dieser indigenen Bevölkerungsgruppe gipfelte.

Viele Jahre lang war Alberto durch die Welt gereist und hatte Vorträge über die geistige Welt und geistige Heilungen gehalten. Er hatte einige der großen Heiler und Medien unserer Zeit gesehen und mit ihnen zusammengearbeitet. Als er jedoch den Guaraní begegnete, kehrte er nach Hause zurück und wusste sehr gut darüber Bescheid, wie sie dachten.

Über zehn Jahre lang arbeitete und lebte Alberto bei den Guaraní. Wie es sich für Gleichgesinnte gehört, konnten die Guaraní seine begnadeten Heilfähigkeiten erkennen. Noch wichtiger war jedoch, dass sie seine Fähigkeit zur und für die Liebe spürten. Infolgedessen teilten die Guaraní offen ihre spirituelle Herangehensweise zur Heilung mit ihm. Während er Seite an Seite mit dem Schamanen oder Pajé arbeitete, lernte Alberto, wie die Guaraní Kräuter verwendeten. Er beobachtete ihre Massagetechniken und die Ohrakupunktur, bei der Bambussprossen verwendet werden. Die wichtigste Erkenntnis für ihn war, dass die Guaraní eine heilige, alte mündliche Tradition zur Heilung aus dem Seelenbewusstsein heraus praktizierten. Die Guaraní beschlossen, Alberto in ihre heilige Tradition einzuweihen, nachdem er sich für ihre Lebensperspektive sensibilisiert hatte und ihre Ansichten über die Grundsätze der Heilung teilte.

Alberto hätte sich nie träumen lassen, dass er einmal anderen zeigen würde, wie man mit Heilenergie arbeitet, die ihm schon als kleines Kind in die Wiege gelegt wurde. Bei mehreren Gelegenheiten habe ich ihn dabei ertappt, wie er sagte, er hätte sich nie vorstellen können, Lehrer zu werden. Sicherlich hätte er auch nie gedacht, dass er einmal im Gefängnis landen würde. So groß war seine Sorge und Liebe für die Guaraní, dass er bei mehreren Gelegenheiten bei der brasilianischen Regierung gegen die Vernachlässigung des Volkes und die respektlose Einmischung von Landentwicklungsagenturen auf Guaraní-Land und den umliegenden Waldgebieten protestierte. Alberto riskierte seine Freiheit ohne Furcht, und er hat dafür teuer bezahlt. Wenn man in offener Kommunikation mit seinem Herzen steht, führt einen die Seele an Orte, die der Verstand nicht vorhersehen kann. Alberto hat sich entschieden, so zu leben.

Außerhalb des Unterrichts sprach Alberto in leidenschaftlichen Vorträgen über seine Liebe zu den Guaraní. Er erzählte von den heiligen Wegen dieses Volkes, das seine mündliche Tradition seit über sechstausend Jahren intakt hält, wie sie ihr ganzes Wissen bedingungslos mit ihm teilten, und wie er ohne Vorbehalte für ihre Rechte und ihr Land kämpfte. In den letzten zehn Jahren seines Lebens war er gereist, um weiterzugeben, was er von diesen spirituellen Menschen gelernt hatte. Liebe und Heilung waren die beherrschenden Themen in seinen Vorträgen. Die Guaraní und Alberto teilten die Ansicht, dass es ohne Liebe keine Heilung gibt. Alberto verstand ohne Zweifel, wie sein Leben für die Arbeit mit den Guaraní geformt und vorbereitet worden war, und das lässt sich am besten in seinen Vortragsnotizen zusammenfassen.

> Wir sind das Spiegelbild dessen, was wir denken, also lasst uns unseren Geist sorgfältig für diese neue Welt programmieren. Indem wir das tun, können wir gemeinsam, immer gemeinsam, diese Energie ausstrahlen, die reine kosmische Liebe ist, und jeder von uns wird ein Kanal für die heilende Energie sein. Mehr und mehr sehe ich mich nicht als Heiler voller Techniken und verschiedener Theorien, sondern als Geber der Liebe. Mehr und mehr entdecke ich, dass meine alten Gebete in der Heilung heute nichts anderes als Liebeserklärungen

sind. Mehr und mehr kann ich klar sehen und erfassen, dass ich kein Wundermensch bin, dass du und ich zusammen Wundermenschen sind, wir sind alle gleich in unserer Menschlichkeit. Mit dieser kosmischen Liebe werden wir alle die gleichen Möglichkeiten haben und folglich sind wir alle Heiler im Potential [sic].

Als das dritte Jahr anbrach und Alberto zum Unterricht kam, fand ich einen sehr gebrechlichen Mann vor. Als er das Klassenzimmer betrat und meinen besorgten Gesichtsausdruck sah, lächelte er einfach. Nicht das Lächeln uneingeschränkter Freude, sondern eines, das meinen Kummer anerkannte. Er wusste, was in meinem Kopf und meinem Herzen vorging. Er sah erschöpft aus. Er kam auf mich zu, legte seine Arme um mich und sprach mit sanfter Stimme. „Willst du dich dort hinsetzen?", fragte er und deutete auf den Stuhl in der Mitte der ersten Reihe. Wir wussten nicht, dass dies seine letzte Sitzung sein würde, in der er sein geliebtes Ama-Deus unterrichten würde.

Auch hier waren die meisten der zweiundvierzig Teilnehmer des Kurses Freunde. Ich war so sehr damit beschäftigt, ihm zu helfen, dass ich ihre Anwesenheit kaum wahrnahm. Ich blieb in einem aufmerksamen, empfänglichen Zustand für jedes mögliche Bedürfnis, das er im Unterricht haben könnte. Als ich in der Mitte des Raumes saß, spürte ich einen regelrechten Energieschub. In seinem geschwächten Zustand hatte Alberto nicht die Kraft, sich ganz auf die Energie einzulassen, ohne dass ihm jemand half. Als er den Unterricht begann, floss ein Energiestrom durch mich zu ihm. Er bat mich, mich auf einen Massagetisch zu legen, während er die verschiedenen heiligen Symbole demonstrierte. In den Pausen saßen wir still beieinander, während er eine zuvor zu Hause zubereitete Brühe trank. Die Leute waren ungewöhnlich still. Der Raum kam mir düster vor. Ihm war kalt. Ich habe mich nie gefragt, warum er sich so anstrengte oder was er für sich selbst tun konnte. Mein Herz war einfach in einer Warteschleife für die Bedürfnisse, die er haben könnte. Ich liebte es, ihm zu helfen, und im Gegenzug suchte er meine Teilhaberschaft.

In diesem und anderen Kursen holte mich Alberto immer wieder nach vorne, um die Heilmethode zu demonstrieren. Als Schüler und Freund blickte ich nicht weiter in die Zukunft als auf die wunderbare

Gelegenheit des Moments. Später erkannte ich, dass diese wunderschönen Trittsteine liebevoll auf meinen Lebensweg gelegt worden waren.

Er schaffte es nicht, die gesamte Woche der privaten Heilsitzungen durchzuhalten; er war zu schwach. Ich brachte ihm auf seine Bitte hin weiterhin das Essen und saß still da, während er aß. Unsere Gespräche drehten sich um einfache, alltägliche Dinge wie die neuesten Fortschritte zum Autismus und beiläufige Unterhaltungen über das Bedürfnis, seine Mutter zu besuchen. „Weißt du, eines Tages werden sie die Ursache für Autismus finden!" Ich hörte ihm halb zu und fragte mich, ob ich ihn darauf ansprechen sollte, was er tun würde, um sich selbst zu helfen.

Dann warf er schnell ein: „Ich muss meine Mutter sehen. Sie hat mit mir [telepathisch] gesprochen, und ich mache mir Sorgen um ihre Gesundheit. Ich würde sie gerne sehen, bevor sie stirbt."

„Spürst du, dass ihre Zeit nahe ist?" „Ja."

„Wirst du von hier aus nach Hause fahren?"

„Ich fahre an die Ostküste und beende meine Tour mit einem weiteren Kurs, bevor ich zu meiner Mutter fahre."

Nach diesem Wochenende unterrichtete Alberto keinen weiteren Kurs mehr. Alberto flog an die Ostküste und blieb im Haus eines vertrauten Freundes, wo er sich Zeit nahm, zu heilen und Kraft zu schöpfen. Unsere Freundschaft war so eng, dass wir neun Monate lang fast jeden Tag telefonierten, manchmal sogar mehrmals am Tag. Ich habe ihm auch Care-Pakete mit Keksen geschickt und lustige Zettel für ihn beigelegt.

In dieser Zeit entwickelte sich mein Studium der Energieheilung auf natürliche Weise weiter. Alberto war im Einklang mit dieser Expansionsphase und nahm Notiz von meinen wichtigen Entwicklungsschritten. Einer der Nebeneffekte war, dass sich eine starke telepathische Fähigkeit entwickelte, über die ich mit ihm kommunizieren konnte. Diese wurde verstärkt, nachdem er mich Ama-Deus mit einem bestimmten heiligen Symbol praktizieren ließ, das dabei unterstützt, zu einer anderen Person zu reisen. Für ihn war es selbstverständlich, telepathisch wahrzunehmen; für mich war es jedoch aufregend und das neueste Abenteuer im Umgang mit Ama-Deus.

Eines Abends, als ich ein Familienessen vorbereitete, hörte ich ihn in meinem Kopf, wie er mich nachdrücklich aufforderte, genau in dieser Minute zu üben. Wir scherzten in unseren Köpfen hin und her.

„Ich bin gerade dabei zu kochen und werde abgelenkt und nicht wirklich präsent sein für diese Erfahrung."

„Bitte, geh und mach es jetzt", erwiderte er energisch.

Schließlich gab ich nach, legte mich auf den Wohnzimmerboden und ging die Schritte durch. Ein großartiges Erlebnis stellte sich ein. Sofort hatte ich das Gefühl, durch einen Lichttunnel zu gehen, begleitet von einem sehr schnellen, trichterförmigen Geräusch, das mehrere Minuten anhielt, bevor es abrupt in einem Gefühl der Nähe zu Alberto endete. Ich konnte ihn atmen hören. „Sehr gut", antwortete er. Ich entspannte mich in diesem Moment. „Danke."

Er liebte es, Menschen über spirituelle Wege zu unterrichten, und er schätzte die Möglichkeit, Menschen bei der Heilung zu helfen.

Alberto strahlte Freude aus, wenn er Heilsitzungen gab. Er hatte eine gebende Seele. Jeder, der mit ihm zu tun hatte, konnte diesen schönen Charakterzug an ihm erkennen. Wenn ich die letzten Monate seines Lebens zusammenzufassen wollte, dann würde ich sagen, dass Alberto Aguas trotz seiner körperlichen Beschwerden nie das Ziel aus den Augen verlor, anderen zu helfen. Obwohl er müde war, nahm er Anrufe von Freunden entgegen, die ihn um Heilung baten. Ich erinnere mich noch genau an eines unserer Gespräche über das Anbieten von Heilungen in einer Zeit, in der er sich selbst ausruhen musste. Seine schöne, volle Stimme war müde, und er sprach leise und langsam: „Weißt du, [er nannte den Namen] rief an, und er bat mich, eine Heilung durchzuführen. Ich sagte ihm, ja, ich würde das tun. Aber weißt du, Betty, er hat nie nach meiner Gesundheit gefragt." Er hielt inne, und ich wartete auf seine nächsten Worte.

Schließlich brach ich das Schweigen und fragte vorsichtig: „Geht es dir gut?"

Er atmete tief durch und sagte: „Menschen sind anstrengend, aber das hier ist in Ordnung".

In unserer Beziehung war es mein Ziel, mich zurückzuhalten und nichts von ihm zu nehmen. Er hat schon so viel für andere gegeben; ich wollte keine zusätzliche Last sein. Aber ich konnte ihn nicht vom Geben abhalten.

Alberto war in der Welt als tiefgründiger Heiler bekannt, und oft war das alles, was sie sehen konnten. Die Menschen vergaßen einfach seine menschlichen Bedürfnisse. Ich beobachtete, wie die Menschen ihn mit ihren Bedürfnissen umringten – und mit einem tiefen Hunger nach dem, was er besaß, von ihm nahmen. Einige suchten Heilung, andere wollten einfach nur in der Nähe seiner Energie sein, und viele fühlten sich von seinem Status als Berühmtheit und seinem edlen Aussehen angezogen. Egal, wie unangenehm es war, er kam jedem entgegen, wenn er konnte. Das war seine Natur, und sie war wunderschön. Alberto suchte immer nach Gelegenheiten, Menschen bei der Heilung zu helfen, und er musste nicht lange suchen.

Alberto verstand sich nicht als Wundertäter. Er suchte nicht nach Wundern, aber das heißt nicht, dass er nicht über das Ergebnis und das Geheimnis seiner Arbeit staunte. Wenn ich mit Alberto zusammen war, hatte ich nie das Gefühl, dass er eine Show abzog oder eine falsche Fassade aufbaute. Vielmehr hielt er sich von Szenen fern, die die Aufmerksamkeit auf ihn lenkten. Er hatte großen Respekt vor spirituellen und energetischen Eigenschaften; er war nie überheblich oder hat übertrieben. Das musste er auch nicht. In seiner Sichtweise und in seinem Leben war die geistige Welt nicht übernatürlich oder wundersam; sie war so natürlich und normal wie das Atmen. Dennoch wurde ich mehrmals Zeuge seiner außergewöhnlichen Gaben in Bezug auf Heilung und Verspieltheit, die eindeutig in die Kategorie des Paranormalen zu fallen schienen.

Von all den schönen Erinnerungen und den vielen außergewöhnlichen Geschichten, die ich über meine Erlebnisse mit Alberto erzählen könnte, ist die Geschichte mit dem Rotkardinal die lustigste. Diese Geschichte ereignete sich während seines Genesungsaufenthalts an der Ostküste. Bei einem seiner Anrufe fragte er zu Beginn: „Wie geht es dir heute?"

Ich antwortete: „Wunderbar!"

„Wie wunderbar bist du? Jedes Mal, wenn ich anrufe, geht es dir immer wunderbar. Nur Schweine sind iiiiimmer wunderbar!"

Wir haben beide sehr gelacht. Selbst wenn in meinem Leben etwas passierte, scheute ich absichtlich davor zurück, ihn um Hilfe zu bitten, wenn er so erschöpft war. Ich wollte nur zuvorkommend sein und ihm etwas geben.

„Um wie viel Uhr wachst du morgen auf?"

„Ich bin mir nicht sicher." Das stimmte, denn die Kinder banden mich an unterschiedliche Zeitpläne.

„Such dir eine Zeit aus", sagte er.

„Okay, 6:30 Uhr."

Dann redete er über banale Dinge, ohne mir einen Hinweis darauf zu geben, warum er wissen wollte, wann ich wach bin. Er hatte nie eine feste Uhrzeit für seine Anrufe; sie kamen immer zu unterschiedlichen Tageszeiten, aber meistens irgendwann am Abend und sporadisch während des Tages. Deshalb dachte ich, er wolle herausfinden, wie früh er anrufen könne, und dachte nicht weiter über diese Bitte nach.

Am nächsten Morgen wurde ich durch ein lautes Kratzen an meinem Schlafzimmerfenster geweckt. Ich wohnte in einem alten Bauernhaus, und das Kopfende meines Bettes war bis an das Fenster im zweiten Stockwerk geschoben. Ein kleines hölzernes Kopfteil verdeckte den unteren Teil des Fensters. Als ich meinen Kopf aus dem Kissen hob, um über das Kopfteil hinauszuschauen, keuchte ich auf, als ich fast Nase an Nase mit einem leuchtend Rotkardinal stand, der sich an das Fenster klammerte. Ich hielt den Atem an und bewegte mich nicht. Er plapperte vor sich hin. Ich fing an zu zittern, da ich meinen Körper kontrollierte und kleine Atemzüge nahm. Die Zeit verging, nachdem dieses Geschöpf am Fenster erschienen war. Schließlich setzte ich mich im Bett auf und erwartete, dass dieses ungewöhnliche Verhalten aufhören würde. Der Rotkardinal verschwand nicht. Ganz langsam und vorsichtig näherte ich mich der Fensterscheibe, aber er ließ sich immer noch nicht stören. Ist er blind? Ich wurde mutig und legte meine Hand vorsichtig auf die Glasscheibe, aber der Rotkardinal blieb an der Scheibe hängen. Ich war, gelinde gesagt, verblüfft. Wie kann das sein? Schnell zog ich meine Hand vom Fenster zurück und sprang aus dem Bett. Ich erinnerte mich an das letzte Gespräch mit Alberto und warf einen schnellen Blick auf die Uhr. Die Uhr zeigte 6:33 Uhr an. Ich platzte vor Verwunderung laut heraus, „Alberto, was hast du vor? Oh, so ein Spaß!"

Ich freute mich über den Vorfall und sprang praktisch die Treppe hinunter, um das Frühstück für die Kinder vorzubereiten, als ich den Rotkardinal am Küchenfenster sitzen sah, was mein ohnehin schon großes Erstaunen noch verstärkte. Als ich so staunend am Fenster stand, kam mir der Gedanke, die Situation zu überprüfen. Also ging ich in einen anderen Teil des Hauses. In jedem Zimmer, das ich betrat, erschien der Rotkardinal am Fenster. Ich ging nach draußen, und er folgte mir über den Hof. Der letzte Test, der jede Skepsis ausräumen sollte, fand statt, als ich in den Wald ging. Er folgte mir, hüpfte von einem Baum zum nächsten und plapperte die ganze Zeit unablässig.

Natürlich habe ich nicht darauf gewartet, bis Alberto mich anrief. Ich rief ihn an. „Hallooooo", sagte er.

Halb im Scherz sagte ich zu ihm: „Was glaubst du, wer du bist, Merlin?" Er lachte und lachte. Ich war begeistert, dieses Gefühl der Nähe zu haben.

Der Rotkardinal blieb jeden Tag bei mir und weckte mich pünktlich um 6.30 Uhr, bis zehn Tage nachdem Alberto verstorben war. Es gab nur ein einziges Mal, dass er morgens nicht am Schlafzimmerfenster zu sehen war. Am Valentinstagmorgen fehlte das alltägliche Ritual des Wartens, Kratzens und Plapperns des Rotkardinals. An diesem Morgen kam nichts. Ich gebe zu, ich schmollte. Nachdem ich widerwillig aus dem Bett aufgestanden und ins Badezimmer gegangen war, saß er draußen auf der Stromleitung und schimpfte mich ausgiebig aus. Ich lachte erleichtert auf und war beruhigt zu wissen, dass er immer noch bei mir war.

Alberto nahm sich Zeit und widmete seine Aufmerksamkeit ganz bewusst dem Augenblick, und das zeigte sich. Er war fokussiert und im gegenwärtigen Moment, und dadurch konnte er sich mit den Menschen – und der Natur – auf einer persönlichen Ebene verbinden. Seine Intuition war verblüffend. Für manche war diese Fähigkeit beunruhigend oder unangenehm. Für Alberto war sie die Essenz des Menschseins. So groß Albertos Begabung auch war, Zugang zum mystischen Inneren des Universums zu finden, überstieg nichts seine Fähigkeit zu lieben.

Alberto hatte eine starke Vorahnung, dass seine Mutter dem Tod nahe war. Er fühlte sich stark genug, um die Reise nach Brasilien anzutreten. Er wusste, dass ich Bedenken wegen seiner Reise nach Brasilien hatte. Die verschiedenen Aufenthalte in brasilianischen Gefängnissen hatten seiner körperlichen Gesundheit geschadet. Schließlich kam der Anruf, dass er seine Reise arrangiert hatte.

„Ich werde nur meine Mutter besuchen, meine Wohnung und alle geschäftlichen Dinge in Brasilien auflösen. Dann werde ich zurückkommen, um mich zu erholen und ganzheitliche Methoden sowie das medizinische System hier in den Vereinigten Staaten zu nutzen." „Ich weiß, dass deine Lieblingsfarbe Pfirsich ist, wie die deiner Mutter. Ich werde immer ein Zimmer für dich bereit haben."

„Das ist schön."

Meine Kinder waren zu Besuch bei ihrem Vater, und ich war allein in dem alten Bauernhaus. Meine Aufmerksamkeit und meine Gebete waren unablässig bei ihm, damit seine Reise von Erfolg gekrönt sein würde. Kurz nach seiner Ankunft in Südamerika erkrankte er schwer und wurde ins Krankenhaus eingeliefert. Als ich seine verzweifelte Anwesenheit spürte, konnte ich weder essen noch arbeiten oder mein Haus verlassen. Ich griff auf all die Dinge zurück, die er mich mit Ama-Deus gelehrt hatte, und schickte Heilenergie.

Ich erinnere mich, dass Alberto in einer Unterrichtsstunde flehte: „Bitte, wenn ich im Sterben liege, bitte ich dich, mir dieses heilige Symbol zu schicken, um mir zu helfen. Das ist das Wichtigste auf der Welt, was du für mich tun kannst." Alberto sprach über die Verwendung eines bestimmten heiligen Symbols, das einer Person bei ihrem Übergang auf die andere Seite hilft. Als ich die deutliche Botschaft über die rapide Verschlechterung seines Gesundheitszustandes erhielt, fuhr ich fort, Ama-Deus zu aktivieren, indem ich das heilige Symbol für den Übergang verwendete.

Der erste Schritt war, meinen Geist zu klären und eine Kerze anzuzünden, um einen heiligen Raum zu schaffen. Ich hatte zahlreiche Erfahrungen mit diesem speziellen heiligen Symbol für den Übergang mit anderen Menschen, nicht aber mit jemandem, der mir nahestand. Die Erfahrung, sich auf dieser Ebene zu verbinden, um seiner Seele zu helfen, war gelinde gesagt erleuchtend. Am Nachmittag, als ich mir die Energie von Ama-Deus das erste Mal nutzbar machte, das Feld „anzapfte", waren mehrere Stunden vergangen. Doch war es mir nur wie wenige Minuten vorgekommen, als ich die Augen öffnete und die Dunkelheit wahrnahm. Ich verließ die Sitzung in einem solchen Zustand des Gefühls expansiver Liebe, dass mein Geist ruhig und in Frieden war. Dieses Gefühl gab mir eine Vorstellung davon, was er fühlen musste. Ich saß nicht nur stundenlang und sandte das heilige Symbol, um seiner Seele während des Übergangs zu helfen. Ich machte auch nach seinem Tod weiter, indem ich das heilige Symbol nutzte, um der Seele zu helfen, in Frieden zum Licht zu gehen. Während dieses letzten Prozesses hatte ich das unmittelbare Gefühl, dass er von der Herrlichkeit Gottes umgeben war.

Er konnte seine Familie nicht mehr sehen. Sie wussten nichts von seinem Tod, bis jemand sie anrief und sie darüber informierte.

Kapitel 1: Hilfe von einer unwahrscheinlichen Quelle

Die letzten Worte eines guten Freundes, der ihn kurz vor seinem Übergang begleitete, waren: „Ich bin Silber.... Ich gehe, bevor die Ehe vollendet ist".

Wie ich von Alby gelernt habe, der sich nie von mir verabschiedet hat: „Es gibt keine Abschiede, meine Liebe. Ich werde dich nicht verlassen." Stattdessen beendete er unser Gespräch immer mit... Ciao!

Als sich die Nachricht verbreitete, trauerte die Welt um den verstorbenen Alberto Aguas. Ich trauerte um meinen Freund, mein Herz und meinen Mentor.

KAPITEL 2

WAS DU FÜR ANDERE TUST, BLEIBT FÜR IMMER

Nichts ist zu schwer für mich – es ist zu schwer für mein Ego.
-Alberto Agua

Im Juli 1992, während des Sommers, war ich in einer mir unbekannten Welt verloren. Es fühlte sich sicher nicht wie die Erde an. Ich hatte seit fast drei Wochen nichts mehr gegessen. Von Alberto kamen Mitteilungen, die mich benommen und verloren machten, vor allem im Schlaf. Einmal wachte ich plötzlich auf, hielt das Telefon in der Hand und stellte fest, dass das Gespräch wirklich im Schlaf geführt wurde. Die Szenen waren so real, und ich war so klar im Kopf.

Wenn ich wach war, fühlte ich nur ein tiefes Loch in meiner Brust, als wäre mein Herz aus meinem Körper gerissen worden. Ich hatte keine anderen Gefühle und keinen Willen, etwas zu tun, zu denken oder zu fühlen. Ich war schlaff vor Trauer, emotional, geistig und körperlich.

Ich konnte einfach nur in dem alten Bauernhaus sitzen und das Nichts anstarren. Das war ein fremdes Gefühl für mich, da ich normalerweise ein Mensch mit großer Leidenschaft und viel Energie bin. Trotz dieser Realität spürte ich tief in meinem Innern ein Licht in sehr weiter Ferne. Dieses Bild gab mir das Gefühl zu verstehen, dass ich irgendwann zu mir selbst zurückkehren würde. Ich wusste nicht, wie ich damit umgehen sollte und wie lange dieser Zustand der Gefühlslosigkeit andauern würde. Besorgte Freunde kamen vorbei und boten ihr Mitgefühl an. Eines Tages erreichte mich ein Dutzend roter Rosen, die von einem dieser mitfühlenden Freunde geliefert wurden.

„Die sind von Alberto", sagte sie. Ich starrte sie ungläubig an. Woher wusste sie, dass das seine Lieblingsblumen waren? Auf meinen fragenden Blick antwortete sie: „Ich habe eine Nachricht im Traum bekommen." Dann schenkte mir eine andere Freundin, die keine Ahnung hatte, was in meinem Leben vor sich ging, ohne Grund einen kleinen handgeschnitzten Rotkardinal. Sie sagte: „Ich habe das gesehen und an dich gedacht und weiß nicht, warum."

Nach zwei Wochen bot eine andere besorgte Freundin etwas zu Essen an. Ich saß gerade auf dem Boden des kleinen Wohnzimmers, als Kathy den Raum betrat. Sie hatte ein wunderbares, vegetarisches Gericht zubereitet und stellte es vor mir auf den Boden, wobei sie mich sanft zu essen aufforderte. Mechanisch tat ich, was sie verlangte. Obwohl ich das wunderbare Essen weder spürte noch schmeckte, regte sich irgendwo in mir ein starkes Gefühl der Dankbarkeit für diese Freundschaft. Ein oder zwei Tage später kam eine andere Freundin namens Sally zu uns nach Hause. Sie betrat das Haus nicht, aber sie reichte mir ein Buch durch die halb geöffnete Fliegengittertür und sagte: „Ich dachte nur, du möchtest vielleicht mit mir zu dieser heiligen Person gehen. Ich habe ein Hotel reserviert. Die Leute, die mit mir fahren wollten, haben abgesagt, also ist noch Platz in meinem Auto und im Hotel frei. Das Buch handelt von dem Leben dieser heiligen Frau aus Indien. Lies es, und wenn du mitkommen möchtest, sag mir Bescheid."

Ich erinnere mich nicht daran, mit Sally gesprochen zu haben, sondern nur daran, wie ich sah, wie sie aus der Einfahrt fuhr. Dann betrachtete ich das Buch in meinen Händen, ging zur hinteren Seite des Bauernhauses in den Schatten einer großen Eiche und setzte mich auf die Stufe zur Hintertür. Schon auf den ersten Seiten tauchte ich in die Lebensgeschichte einer einzigartigen Frau ein, die geboren wurde, um der Welt zu dienen. Ihre frühe Kindheit war von enormen Entbehrungen geprägt. Ihr Name war *Mata Amritanandamayi*. Die Menschen nannten sie Ammachi, und in ihrer Gegenwart einfach Amma. Dieses Wort, Amma, war mir vertraut, und ich las das Wort ständig.

Amma war wohltuend und meiner Ama-Deus-Verbindung so vertraut, die mir in letzter Zeit ständig in den Sinn kam. Ich bewegte mich bis zur letzten Seite nicht von der hinteren Stufe. Zu diesem Zeitpunkt war es schon spät am Abend, und der Schatten des Baumes hatte sich in die Dunkelheit der Dämmerung verwandelt.

Am nächsten Morgen nahm ich nach einem kurzen Gespräch mit Sally die Einladung an, mit ihr nach Chicago zu fahren, um diese heilige Person zu sehen. Die Fahrt von Michigan nach Chicago war wie im Flug vergangen. Die erste Erinnerung an diese Reise war eine steile Auffahrt, die zu einem Hindu-Tempel auf einer kleinen Anhöhe in den Vororten von Chicago führte. Die Architektur des Tempels lenkte meine Aufmerksamkeit auf die vielen faszinierenden figürlichen Details. Beim Betreten des Tempels wurden wir durch Gerüche, Geräusche und Anblicke, die unsere Sinne erfüllten, in die Gegenwart einer anderen Kultur hineingezogen. Weder war westliche Kleidung vorherrschend, noch war die englische Sprache zu hören.

Ich verbrachte meine Zeit damit, das Protokoll zu beachten, um so die Tradition zu respektieren. Wir erfuhren, dass diese heilige Person bald ankommen würde. Mehrere hundert Menschen waren anwesend, um sie in der Halle unterhalb des Tempels zu empfangen. Vom Eingang in die Halle bildeten sich zwei Reihen von Menschen in Vorbereitung auf den Empfang des verehrten weiblichen Gurus. Plötzlich brach die Halle in Gesang aus, und Amma betrat mit einem breiten Lächeln die Halle inmitten der singenden Devotees, die sie mit Blumen überschütteten. Amma, gekleidet in einen hellen, lavendelfarbenen Sari, streckte beide Hände aus und berührte die vielen ausgestreckten Hände und Kinderköpfe, während sie schnell zum vorderen Teil der Halle ging.

Amma nahm vorne Platz und leitete alle Anwesenden zu andächtigen Liedern an. Nach einer Stunde des Singens stellten sich die Menschen vor Amma auf. Wir erfuhren, dass jede Person Amma begrüßen und ihre großzügige, besondere Umarmung erhalten konnte. Während ich in der Schlange hinter den anderen wartete, beobachtete ich, wie man sich verhalten und mit diesem Guru umgehen sollte, während sie die Menschen mit ihrer Gnade durch eine Umarmung segnete. Die Gottgeweihten, die sie umgaben, schoben die Menschen schnell hinein und dann wieder hinaus, so dass alle diese große Seele rechtzeitig persönlich berühren und mit ihr in Verbindung treten konnten.

Bestimmte Schlüsselmomente während dieser drei Tage sind mir besonders in Erinnerung geblieben. Der erste Moment war, als sie mich umarmte. Als ich mich ihr auf den Knien näherte, beugte sie sich vor und drückte mich fest an ihre Brust, während sie ein Gebet sang. Ich spürte, wie ihre Arme pulsierten, während sie sang und mich festhielt.

Nach der Umarmung drückte sie ihren Finger in etwas Sandelholzpaste, die sie auf mein drittes Auge in der Mitte meiner Stirn auftrug. Sie hielt meinen Kopf mit ihrer freien Hand, während ihr Finger die Paste auftrug. Mein Kopf kippte durch eine unsichtbare Kraft nach hinten, begleitet von dem Gefühl, dass etwas Warmes nach unten in die Länge meiner Wirbelsäule floss. Es war eine beruhigende Essenz, und ich spürte, wie die Anspannung in meinem Körper abfiel.

    Der normale Ablauf einer Umarmung mit Amma endete nach dieser Sandelholz Anwendung. Dann überreichte sie jedem Empfänger einen Schokoladenkuss, gemischt mit einer Handvoll gesegneter Blütenblätter. Dann wurde man eilig von ihren Helfern zur Seite gebeten, um den Weg für den nächsten Teilnehmer frei zu machen. Amma sagte jedoch etwas, und alle hielten inne, als sie ein zusätzliches Prozedere mit mir durchführte. Zuerst lehnte sie sich mit ausgestreckten Armen ein wenig zurück und hielt mich an den Schultern fest. Sie schaute um mich herum, neigte den Kopf zur Seite und sprach zärtlich in ihrer Muttersprache. Sie schaute mir in die Augen, und ich hatte kein Bewusstsein darüber, dass sie sprach, als ihre magnetische Präsenz aus ihren Augen strömte. Sie nahm eine ihrer Hände von meiner Schulter und strich mit einer wischenden Bewegung über den Bereich meines physischen Herzens. Sie wiederholte diese Wischbewegung mehrmals, umarmte mich erneut fest und drückte mir den Schokoladenkuss und die Blütenblätter in die Hand.

    Diese Erfahrung war sehr bewegend und weckte etwas Leben in mir. Hatte sie die Fähigkeit, meine gegenwärtige Lebenssituation zu sehen? Ich beobachtete, dass sie gelegentlich von ihrer normalen Umarmungsroutine abwich, um auf die Bedürfnisse anderer Personen einzugehen. Ich fühlte mich sehr gesegnet, Ammas Liebe auf diese besondere Weise erhalten zu haben. Diese liebevolle Umarmung und dieses gesegnete Gefühl brachten mich dazu, an meiner Umgebung teilzuhaben und linderten mein Gefühl, nicht mehr in Kontakt zu sein. Vielleicht war sie mein Licht am Ende des Tunnels. Ein Gefühl von neuer Kraft, das ich durch ihre Umarmung empfing, fühlte sich sehr einladend an.

    Meine neue Bereitschaft zur Teilnahme veranlasste, dass wir uns bei den Organisatoren nach weiteren Einzelheiten für die verschiedenen Zeremonien mit Amma erkundigten. Wir fanden heraus, dass es bestimmte Traditionen für die Teilnahme an Amma gibt, und alle waren so freundlich, uns anzuleiten und uns als erstmalige Teilnehmer besondere Aufmerksamkeit zu schenken. Es würde noch drei weitere Gelegenheiten für Umarmungen geben, eine Möglichkeit, ein Mantra direkt von ihr zu empfangen, und der letzte Abend würde mit einer Puja-Zeremonie enden. Wir waren hocherfreut von all diesen Möglichkeiten zu hören, auch wenn wir nicht wussten, was diese Zeremonien beinhalteten. Außerdem freute sich Sally darüber, dass sich in mir eine neue Lebendigkeit zeigen konnte.

Umgeben von einer neuen Sprache und neuen Bräuchen versuchten wir, uns zu bewegen und uns in die Menge zu integrieren, während Amma stundenlang saß und Einzelpersonen und Familien empfing, bis sie jeden gesehen hatte. Dies war der zweite unvergessliche Moment. Diejenigen, die bereits eine Umarmung erhalten hatten, saßen um sie herum auf dem Boden oder auf Stühlen, die weiter hinten in der Halle aufgestellt waren. Einige sangen, andere rezitierten inbrünstig ein Mantra, und wieder andere schauten Amma einfach zu.

Sally und ich gesellten uns zu den Beobachtern im vorderen Bereich. Ich nahm alle Details auf, wie die Gottgeweihten mit den Menschenmassen umgingen, die um eine Umarmung baten. Es gab alle möglichen Situationen. Einige Menschen hatten besondere Bedürfnisse, wie z. B. Rollstühle, und wurden von der linken Seite in die Empfangsreihe eingewoben. Ganze Familien mussten in einer großen Gruppenumarmung untergebracht werden. Dann bemerkte ich eine zweite Reihe von Menschen, die rechts von Amma auf dem Boden saßen. Während sie die Menschen in der Reihe vor ihr umarmte, sprach sie auch mit den Menschen an ihrer rechten Seite. Ich beugte mich zu einer Frau in einem wunderschönen grün-goldenen Sari, die mit gekreuzten Beinen neben mir auf dem Boden saß, und fragte in einem halb geflüsterten Ton: „Was macht diese zweite Reihe von Menschen?"

Sie antwortete mit einem warmen Lächeln. „Oh, das ist der Moment, in dem Amma mit dir über die Frage sprechen wird, die du hast."

„Wirklich?"

„Oh, ja. Sie umarmt all die Leute, die in der Schlange stehen, und zwischendurch oder sogar während der Umarmungen beantwortet sie Fragen an die Leute am Rande."

„Aber ich kann die Sprache nicht sprechen."

„Kein Grund zur Sorge. Siehst du den Swami neben ihr?" Ich folgte ihrem Blick und entdeckte einen großen Mann in safranfarbenen Gewändern, der etwas hinter Amma stand und von einer Menschenmenge umringt war: „Er übersetzt die Fragen, die du auf eine Karte für Amma geschrieben hast."

„Ah, ich verstehe, ich danke Ihnen vielmals." Ich schaukelte aus dem Schneidersitz zurück und zog meine Beine fest um meine Brust.

„Sei nicht nervös bei deinem ersten Mal, Amma ist so wunderbar!"

„Okay." Ich lächelte in ihre tiefbraunen Augen, die meine Besorgnis erkannten.

Ich warf Sally mit einem Schulterzucken meinen Blick zu und stellte mich ohne nachzudenken in die Schlange der Fragesteller, die mit nur drei Personen vor mir kurz war. Die respektvolle Haltung ist es, sich zu setzen um nicht auf der gleichen Ebene wie der Guru zu sein. Ich schrieb meine Frage auf eine Karte und bat Amma um ihre Gedanken zum Tod meines lieben Freundes und Lehrers Alberto. Sicherlich hatte sie etwas gesehen, als sie meine Herzgegend abwischte. Ich ging auf meinen Knien nach vorne in die Position des Zweiten in der Reihe und beobachtete die Person vor mir, die ein direktes Gespräch mit Amma führte, während der Swami nach meiner Karte griff. Als die Person vor mir ging und ich meine Position näher bei Amma einnahm, passierte alles sehr schnell. Der Swami übersetzte meinen Zettel, während Amma nach vorne griff, um einen Mann zu umarmen. Sie hielt abrupt inne, unterbrach die Übersetzung des Swamis und drehte sich zu mir um, um mir ihre volle Aufmerksamkeit zu schenken. Ihre Augen blickten in meine, während sie schnell sprach. Die Person in ihren Armen war für einen Moment wie vom Erdboden verschluckt, als sie sich dicht an mein Gesicht herabbeugte. In diesem Moment zu ihrer Gegenwart aufzuschauen, war überwältigend, und ich schaute zu Swami, um Hilfe bei der Übersetzung zu bekommen.

Als Amma geendet hatte, sah mich der Swami an und antwortete: „Sie sagt, dass du seine Lehren weitergeben sollst!" Swamijis Intonation von „Du" schien eine Frage zu sein, als er mich ansah. Ich schaute Amma an, um eine weitere Klarstellung zu erhalten, aber sie war wieder ganz bei dem Mann, den sie umarmte. Es war klar, dass sie meine Frage vollständig beantwortet hatte. Ich schaute zurück zum Swami, und er hob die Augenbrauen, neigte den Kopf ein wenig zur Seite und gab mir meine Karte zurück. Ammas Helfer brachten mich zum Seitenrand und ich kroch auf meinen Knien weg, bis ich respektvoll aus dem Weg gehen konnte.

Diese Antwort verwirrte mich, denn ich hatte erwartet, etwas darüber zu hören, dass Albertos Seele befreit wurde, oder eine tröstende Botschaft von ihm, oder vielleicht ein paar Worte über mein Herz, mit dem sie während meiner Umarmung so sorgfältig gearbeitet hatte. Ich fühlte mich wie betäubt und verwirrt von dieser Information und quetschte mich wieder zwischen der Frau in dem schönen Sari und Sally auf den Boden. Beide waren freudig mit all den Menschen beschäftigt, die Bhajans sangen. Eine Zeit lang hörte ich den Liedern zu und beobachtete einfach die verzückten Szenen, in denen Amma weiterhin alle empfing. Ich verweilte bei Ammas Botschaft und erlaubte der Musik und dem Gesang, mich zu umhüllen, während Amma ihre Segnungen fortsetzte. Die Übersetzung von Ammas Botschaft konnte auf ein anderes Mal warten. Ich schloss meine Augen, ließ mich auf den Gesang ein und wiegte mich im Takt der Musik – ein höchst angenehmes Gefühl.

Amma beendete die Aktivitäten des Tages einige Stunden später am frühen Abend. Sie verließ die Halle für die Nacht und kehrte am Morgen zurück, um die gesamte Veranstaltung am nächsten Tag zu wiederholen. Als sie ging, sangen alle in einer wunderbaren Abschiedszeremonie. Wir wollten den Tempel nicht verlassen, denn ihre Anwesenheit schien noch in der Luft zu liegen.

Als Sally vorschlug, zum Hotel aufzubrechen, zögerte ich tatsächlich, das Tempelgelände zu verlassen. Also setzten wir uns auf einen Bordstein auf dem Parkplatz, verdauten die Ereignisse des Tages und teilten unsere Gefühle der Ehrfurcht. Es wurde dunkel und wir schliefen im Auto. Während der drei Tage, die Amma dort war, verließen wir das Grundstück nicht. Am letzten Abend fand eine Puja statt, eine zeremonielle Opfergabe, die bis spät in die Nacht dauerte. Außerdem bot die Veranstaltung die Möglichkeit, ein Mantra zu empfangen. Wir blieben und nahmen an beiden Veranstaltungen teil.

Nach einem kurzen, erholsamen Schlaf im Hotel fuhren Sally und ich am frühen Morgen nach Hause. Wir waren wie benommen und erstaunt über unsere großartigen Begegnungen. Unsere vierstündige

Rückfahrt war mühelos, voller Gespräche und ich richtete meine Worte der Dankbarkeit an Sally, dass sie diese Gelegenheit zu mir gebracht hatte. Das Wochenende mit Amma hat mich aus meiner tiefen Traurigkeit herausgeholt, sodass ich mein Herz wieder spüren konnte.

Je weiter wir uns jedoch vom Tempel entfernten, desto mehr wurde mir bewusst, dass mein Herz schwer wurde. Ich war hocherfreut, mir dieser direkten Erfahrung bewusst zu sein. Mein ganzes Wesen verstand diesen Moment als einen Prozess. Ammas heilende Liebe inspirierte mich und richtete mich auf, um weitergehen zu können. Als ich über diese Erfahrung nachdachte, wurde mir klar, wie leicht Menschen sich an einen Guru binden, sobald sie in der Energie einer fortgeschrittenen Seele sich befinden. Man hat die Wahl, entweder in seiner Energie zu bleiben, keinen Schmerz zu fühlen und sich nicht zu verändern, oder aber sein Leben in dem Wissen fortzusetzen, dass man durch diese Erfahrung spirituell wachsen und im Leben vorankommen kann. Die Absicht dieses Gurus war es nicht, uns festzuhalten, sondern uns die Unterstützung zu geben, uns auf eine selbstbestimmte Weise zu heilen.

Außerdem waren wir offensichtlich fasziniert von der Wendung der Ereignisse, und ich war so dankbar für Sally, die es mir überhaupt ermöglicht hatte, an diesem Ereignis teilzunehmen. Wahrlich, es gibt eine göttliche Führung. Das Gefühl der Liebe und die Ähnlichkeit mit Albertos Ama-Deus Energie war sehr tröstlich, sogar die Ähnlichkeit in den Worten Amma und Ama-Deus. Wie Albertos Zitate der Liebe wird auch Amma oft zitiert, da sie als die Verkörperung der Liebe angesehen wird, wie z.B. im Folgenden: „Gottesverwirklichung ist nichts anderes als die Fähigkeit und Weite des Herzens, alles gleichermaßen zu lieben."

Heute kommen Tausende von Menschen, um Amma zu sehen, und sie sitzt tagelang, bis sie alle gesehen hat. In der Gegenwart der liebevollen Amma zu sein, schien mehr als ein Zufall zu sein; es war ein Geschenk des Himmels.

Dieses wunderbare Geschenk der Liebe aus dem Universum half mir, mein von Trauer erfülltes Herz zu heilen, mich aufzurichten und meine Beziehung zur Ama-Deus Heilmethode neu zu fokussieren. Dieses Fundament mit Ama-Deus half mir, mich an meine Erfahrungen mit dieser Heilmethode zu erinnern, wie zum Beispiel an Albertos Worte: „Nichts ist zu schwer für mich; es ist zu schwer für mein Ego." Die jüngste Erfahrung mit Amma hat mir das mit Sicherheit gezeigt: mein Ego hatte Schmerzen, nicht meine Seele. Gestärkt durch Ammas liebevolle Gegenwart kehrte ich mit neuer Motivation nach Hause zurück, um meine Aufmerksamkeit auf Ama-Deus zu richten.

Für den Moment war es höchste Priorität, Vertrauen zu lernen und in meiner Beziehung zu Ama-Deus geerdet zu bleiben. Mein größtes Geschenk wurde das Festhalten an Ama-Deus, was Alberto so lieb und mir so vertraut war. In dieser Phase der Erneuerung zwang mich Ammas Botschaft über das Lehren, alles, was ich in den vergangenen drei Jahren gelernt hatte, noch einmal zu überdenken. Insbesondere Albertos Anerkennen meiner Fortschritte, die sich in seinen letzten sieben Monaten ereignet hatten.

Mir wurde klar, dass ich alle Kurse besucht hatte, die Alberto in den drei Jahren, in denen er nach Michigan kam, gehalten hatte. Ich hatte die heiligen Symbole immer und immer wieder in meinem täglichen Leben und in der Praxis mit anderen angewendet. Ich hatte alle Geschichten gehört und kannte alle seine Meditationen auswendig. Diese heilige mündliche Tradition hatte sich in mein Herz eingeprägt, und ich konnte sie mündlich abrufen. Nach mehreren Monaten ehrfürchtigen Nachdenkens und achtsamer Absicht akzeptierte ich nun meine persönliche Mission, diese heilige Heilmethode weiterzugeben – in genau der Art und Weise, wie Alberto es mir beigebracht hatte – mit Respekt, Integrität und Liebe.

Jeder von uns schafft sich Wege in seinem Leben. Manchmal haben wir das Gefühl, als seien die Trittsteine unseres Lebens bereits vorgefertigt, landschaftlich gestaltet und nur auf unsere Schritte wartend. Mal ist es so, als ob der Boden nass und rutschig sei und sich immer weiter nach oben neigt. Zentimeter für Zentimeter mühen wir uns ab. Immer, wenn wir zurückblicken, hat unser Weg aber einen Sinn und ein Ziel. Sie sind einzigartig und in unseren Seelen eingeprägt. Ich wusste damals noch nicht, dass all die Kurse und Heilsitzungen von und mit Alberto mich für diese tiefgreifende Entscheidung rüsten sollten. Ich war allen dankbar, die ihre Sorge und Liebe während meiner schweren Zeit mit mir teilten, und Amma, die mich wieder auf den richtigen Weg brachte.

Die Vergangenheit erhellt immer die Gegenwart

Neben der präzisen Vermittlung der heiligen Weisheit für die Amadeus Kurse hatte ich auch das Bedürfnis, Albertos Vergangenheit zu rekonstruieren. Die Menschen waren neugierig auf Albertos persönliche Vergangenheit, und nach seinem Tod hatte ich das Bedürfnis, das Vermächtnis seines Lebenswerks zu erforschen. Da sich die meisten unserer Gespräche um spirituelle Arbeit und aktuelle Ereignisse drehten, wusste ich nur wenig über sein früheres Leben. Obwohl er einem das Gefühl vermittelte, dass man in seinem Leben wichtig war, so war Alberto doch ein sehr privater Mensch. So begann meine Suche nach allen Informationen über ihn, in seinen persönlichen Akten und in Gesprächen mit den vielen Menschen, die Alberto kannten.

Beim Durchblättern seiner persönlichen Unterlagen fand ich eine Werbeanzeige, die in den zahlreichen Auflistungen von Albertos Medienberichten auf ein Buch hinwies. Meine unmittelbare Reaktion war, in der örtlichen Bibliothek einen Suchauftrag einzuleiten. Ich hatte großes Glück. Eine kleine Bibliothek, dreißig Minuten von meinem Wohnort entfernt, hatte *Psychic Healers* in ihrem Regal! Ich reservierte das Buch und fuhr sofort los, um es zu holen. Ich ging zum Schalter und nannte der Mitarbeiterin meinen Namen, um das reservierte Buch auszuleihen. Sie griff nach dem Buch in einem hinteren Regal. Als sie mir das Buch aushändigte, warf sie einen Blick auf den Einband und fragte dann erschrocken: „Worum geht es hier? Geistige Heiler!"

„Äh, ja, das ist es", antwortete ich und spürte einen kleinen Stich der Intoleranz und hoffte, das Prozedere des Ausleihens schnell hinter mich bringen zu können.

„Nun, wir brauchen dieses Buch sicher nicht mehr!"

Ich hielt den Atem an, nicht zu wissend, was sie tun würde, und sah zu, wie sie einen großen Stempel hervorholte und das Buch, in großer schwarzer Tinte, als zurückgezogen markierte. Dann ging sie mit dem Buch in der Hand zum Zettelkatalog hinüber. Noch immer nicht wissend, was vor sich ging, folgte ich der Frau, drehte mich um und lächelte meinem Freund, der mich begleitete, erfreut zu. Die Bibliothekarin wandte sich vom Katalogschrank ab und drückte mir das Buch und die Karte in die Hand. Sie schob uns zur Tür hinaus, während ich versuchte zu fragen, ob ich etwas bezahlen müsse. Mit einem breiten Grinsen im Gesicht stand ich in der abendlichen Dunkelheit vor dem

Gebäude. Als ich den Parkplatz überquerte und zum Auto ging, rief ich vor Freude: „Danke, Universum!"

Ich war begeistert, das Buch in meinem Besitz zu haben, und ich durfte es behalten! Als ich jedoch später zu Hause den Inhalt durchsuchte, musste ich zu meinem Entsetzen feststellen, dass das Kapitel über Alberto fehlte. Dies war eine frühere Ausgabe. Was waren also meine nächsten Schritte? Aus Gesprächen mit Alberto erinnerte ich mich, dass die Mutter des Autors im Mittleren Westen lebte, und suchte in den Gelben Seiten nach. Der kürzlich verstorbene Autor, David St. Clair, war ein enger Freund Albertos gewesen. St. Clair hatte ihm geholfen, in den frühen siebziger Jahren in die Vereinigten Staaten zu kommen und mit spirituellen Vorträgen und einer Karriere als Heiler zu beginnen.

Nach weiteren Nachforschungen fand ich heraus, dass St. Clairs Mutter tatsächlich in der Nähe meines Wohnorts lebte. Der Anruf bei Ruth St. Clair erwies sich als ein erfreuliches Ereignis. Sie freute sich über den Anruf, war aber traurig zu hören, dass Alberto verstorben war. Ruth St. Clair war sehr liebenswürdig, und wir hatten ein wunderbares Gespräch.

„Es tut mir leid, diese Nachricht zu hören", sagte Ruth. „Du weißt, dass David gestorben ist?"

„Ja, Alberto hat mir das erzählt."

„Ich erinnere mich an so viele lustige Geschichten von Alberto, während er hier im Haus wohnte. Einmal beschloss er, einen Gesundheitstrip zu machen. Er ernährte sich ausschließlich von Früchten und lief jeden Morgen lange Strecken. Eines Morgens machten David und ich uns große Sorgen um ihn, weil er einen so seltsamen Hautton hatte. Aber er versicherte uns, dass alles in Ordnung sei und dass nichts passiert sei.

„Ich wusste, dass er gerne Dauerlauf machte, aber nicht, dass er sich ausschließlich von Obst ernährte. Ich kannte nur seine Vorliebe für Gourmetgerichte, und er kochte gerne."

„Oh, ja, das auch. Woher, wenn ich fragen darf, kennen Sie Alberto?" Ich gab ihr eine kurze Zusammenfassung über Ama-Deus und meine Absicht, die Lehren fortzusetzen.

„Ich habe hier ein Taschenbuch von David, das das Kapitel über Alberto enthält. Ich schicke es Ihnen zu. Ich möchte, dass Sie dieses letzte Exemplar bekommen."

„Oh, wunderbar, das ist so nett von Ihnen, Ruth. Es war schwierig, ein Exemplar dieser Ausgabe zu finden. Ich bin wirklich begeistert, dass Sie bereit sind, sich von dem Buch zu trennen! Ich würde es nach dem Lesen gerne zurückgeben."

„Oh, das ist nicht nötig." Sie zögerte einen Moment und erzählte dann: „Alberto wird in einem früheren Buch von David erwähnt, allerdings nicht namentlich. Das gibt einen Hinweis darauf, wie sie sich kennengelernt haben, als David für das *Time Magazine* in Südamerika unterwegs war."

„Sie meinen *Drum and Candle*?"

„Ja, mal sehen, ob ich noch ein Exemplar davon habe. Dieses Buch gibt eine interessante Perspektive des brasilianischen Volkes zum Thema Heilung." „Das wäre sehr hilfreich. Nochmals vielen Dank, und bleiben Sie bitte in Kontakt. Sie sind nicht weit weg. Vielleicht können wir uns mal auf eine Tasse Tee treffen, irgendwann in naher Zukunft."

„Oh, das wäre schön. Wenn Sie weitere Fragen haben, zögern Sie bitte nicht, mich anzurufen. Ich bin nicht sicher, ob ich Ihnen helfen kann, aber ich würde es versuchen. Lassen Sie mich auch wissen, sobald Sie das Paket erhalten haben."

Kurz darauf hielt ich zwei Bücher von David St. Clair in den Händen, die mit Informationen über Alberto gefüllt waren. Die meisten Informationen waren mir von früheren Gesprächen mit Alberto vertraut, doch die sorgfältigen Details über seinen familiären Hintergrund füllten die Lücken – genau das, was ich wollte. Ein Kapitel in *Psychic Healers* handelte von Albertos Familienhintergrund. Auch in St. Clairs erstem Buch, *Drum and Candle*, wies ein kleiner, aber bemerkenswerter Absatz auf den Beginn ihrer Freundschaft hin. Ruth hatte Recht. Dieser Abschnitt gab auch mehr Einblick in die brasilianische Kultur und wie Alberto in die Vereinigten Staaten kam.

Ich erfuhr, dass St. Clair diesem „ungewöhnlichen" jungen Mann Ende der sechziger Jahre zum ersten Mal begegnete, als er in Rio de Janeiro lebte und sein Buch Drum and Candle schrieb. St. Clair wurde Alberto durch eine der bekanntesten Schauspielerinnen des Landes vorgestellt. Alberto öffnete St. Clair die Türen für seine Arbeit, indem er ihn mit den wichtigsten brasilianischen Medien bekannt machte. In *Drum and Candle* erklärte St. Clair: „Ohne sein Know-how und seinen Ruf auf dem Gebiet der Hellseherei in Brasilien hätte ich niemals die persönlichen Erfahrungen gemacht und die fantastischen Zeremonien gesehen, die ich erlebt habe."[2]

Am Ende des Buches wird Alberto nicht mit seinem Namen genannt, sondern als „Schauspielerfreund" bezeichnet: „Dann kam ein befreundeter Schauspieler aus einer anderen Stadt, um ein paar Tage mit mir zu verbringen. Er sollte eine Seifenoper fürs Fernsehen drehen und die Dreharbeiten zu einem Spielfilm beenden. Er ist ein guter Mensch und ein guter Schauspieler."[3]

Alberto kam zum Abendessen, um ihn vor einem Fluch zu warnen, der auf ihm lastete, und drängte ihn, etwas zu unternehmen, bevor die Katastrophe eintrat. St. Clair hatte keine Ahnung, dass Alberto ein Heiler war, als er ihn zum Essen einlud. Er kannte ihn nur als Schauspieler. „Er ist auch ein Spiritist. Dieses Detail kannte ich nicht."[4] St. Clair zögerte zunächst zu glauben, dass er sich in Gefahr befand, auch wenn er über die hellseherische und spiritistische Bewegung in Brasilien schrieb.

Alberto kam jedoch direkt auf den Punkt dieses Besuchs, nachdem er Informationen von einem bekannten Medium erhalten hatte, das ihm einen Fluch beschrieben hatte, der auf St. Clair lastete. Dieser Fluch blockierte alle Wege oder Orte, auf oder an denen St. Clair Informationen erhalten konnte. Er hörte auf Albertos Warnung und nahm sie ernst. St. Clair sagte, dass sein amerikanisch geprägter Verstand solche Möglichkeiten nicht in Betracht zog; sein brasilianisch geprägter Verstand sagte ihm jedoch, dass es den Fluch in Wirklichkeit gab. In *Drum and Candle* werden die Einzelheiten der Auflösung dieser Situation überzeugend geschildert, so dass St. Clair sein Leben wieder in die Hand nehmen, seine Gesundheit wiedererlangen und Südamerika unversehrt verlassen konnte.

Dieses intensive Szenario begründete eine enge Freundschaft zwischen Alberto und St. Clair und half mir zu verstehen, wie Alberto von Brasilien in die Vereinigten Staaten gekommen war. Aus Albertos persönlichen Aufzeichnungen und Gesprächen mit seinen Freunden wissen wir, dass er Brasilien Anfang der siebziger Jahre überstürzt verließ. Alberto hatte sich mit einer Gruppe einflussreicher Leute, die sich gegen das damalige Militärregime stellten, so sehr verbündet, dass ihm befohlen wurde, das Land zu verlassen, da sonst sein Leben in Gefahr war. Alberto verließ Brasilien mit nichts als seinem Koffer und reiste mit Hilfe von St. Clair in die Vereinigten Staaten ein. In einem persönlichen Tonband, das Alberto an einen guten Freund schickte, beschrieb er seine Gefühle beim Verlassen seines Landes.

> Ich habe mein Land verloren, meine Stellung, meine Identität, mein ganzes Geld. Ich musste von neuem lernen, dass ich nicht reich bin oder zweiunddreißig Diener oder eine Limousine zu meinen Diensten habe oder über unbegrenzte Mittel verfüge. Ich kann nicht erste Klasse fliegen oder mich selbst verwöhnen. Ich wurde von der Regierung geistig und körperlich mit Elektroschocks gefoltert, und sie haben versucht, mich zu entführen, um mich zu töten, selbst als ich in San Francisco war. Ich nehme das alles mit Humor und bin froh, dass ich meine Arbeit hier machen kann. Ich bin sehr beschäftigt, und es gibt extreme Höhen bei dieser Arbeit, und es gibt Tiefen. Es ist in Ordnung, die Tiefs zu spüren, denn es gibt immer auch Hochs [sic].

In den Vereinigten Staaten beherbergte St. Clair Alberto zunächst in Kalifornien und führte ihn in die Welt des Übersinnlichen ein. Neben seiner Tätigkeit als Autor war St. Clair in der Welt der geistigen Heilung sehr aktiv und bekleidete ein Amt in der *California Society for Psychical Research*. Dieses Engagement trug dazu bei, Alberto als Heiler in den Vereinigten Staaten zu etablieren, und führte ihn schließlich auch zu Vortragsreisen nach Europa. Alberto drängte St. Clair, sein Buch neu zu veröffentlichen und ein Kapitel über ihn in Psychic Healers aufzunehmen. Schließlich willigte St. Clair ein und schrieb eine zweite Auflage, in die Albertos Geschichte eingefügt wurde. Dies trug mit Sicherheit dazu bei, Albertos Ruhm zu verbreiten.

Das Kapitel von St. Clair sind die einzigen bekannten schriftlichen Hintergrundinformationen zu Alberto. Als seine Reputation immer mehr anstieg, trugen zahlreiche Zeitungsartikel und Fernsehinterviews zur Authentizität von St. Clairs Buchkapitel bei. Diese Berichte lassen sich quer durch die Vereinigten Staaten und Europa finden, überall wo er Vorträge über die geistige Welt und Heilung hielt. Wo immer er auftauchte, waren die Vortragssäle voll, denn sein Ruf als hervorragender Heiler eilte ihm voraus.

Außerdem bot St. Clairs Buch aufgrund der direkten Kommunikation mit und der Überprüfung durch Alberto die Gewähr für Genauigkeit. Er wollte unbedingt, dass St. Clair sein Buch neu auflegt und ein Kapitel über ihn hinzufügt, weil er wollte, dass es die Welt erfährt. Wir erfahren in diesem Kapitel etwas über Albertos reiches Erbe und können besser verstehen, wie er vorging und warum er sich gerne in den elitärsten Kreisen bewegte, sei es in Hollywood, London oder bei Grafen auf dem europäischen Festland. Vor allem aber gibt uns St. Clair einen lebendigen Einblick in die Grundlagen seiner Heilmission, die sich an Menschen aller Schichten und in unterschiedlichsten Situationen richtete. Das Wissen um seine Wurzeln und seine frühe Kindheit hilft, die Schritte zu verstehen, die er unternahm und die seine späteren Jahre prägten. Werfen wir einen Blick auf seinen persönlichen Hintergrund, den wir hauptsächlich von *Psychic Healers* und aus einigen Vorträgen übernommen haben.

In Vorträgen beschrieb Alberto seine Mutter und seinen Großvater mütterlicherseits.

Er sprach mit großer Liebe von seiner Mutter. Er erzählte, wie sie ihn als sehr junges Kind mit in ein Espiritus Zentrum in São Paulo nahm, wo sie Heilungen durchführten und ihn manchmal daran teilnehmen ließen. Er beschrieb seine Mutter als eine Frau, die einem Doktor der Psychologie ähnelte. Sie stammte aus einer wohlhabenden Familie im Norden Brasiliens. Ihr Vater war Chirurg und Direktor eines der größten Krankenhäuser in der Gegend. Albertos Großvater mütterlicherseits interessierte sich ebenfalls für Heiltechniken und bezog bei seinen Techniken das Wissen über Kräuter ein, das er von benachbarten indigenen Völkern erlernte. Schon in jungen Jahren wurde Alberto mit seiner Lebensaufgabe als Heiler der dritten Generation konfrontiert.

Alberto erzählte, dass seine Eltern ihm Liebe und Spiritualität gelehrt hatten. Während er sprach, schloss er die Augen und beschrieb so liebevoll verschiedene persönliche Erlebnisse mit seinen Eltern. So nahm ihn sein Vater Octavio beispielsweise nachts mit nach draußen, zeigte ihm die Sterne und erzählte ihm Geschichten. Alberto wurde sehr emotional, wenn er von seinen Eltern sprach, und sagte am Ende: „Meine Mutter sah aus wie Susan Hayward, und mein Vater sah aus wie Clark Gable." [5] Jeder konnte seine intensiven Gefühle bemerken und nachempfinden, wenn er von ihnen sprach.

Kapitel 2: Was du für andere tust, bleibt für immer

Die Beziehung seiner Eltern war eine augenblickliche Liebesaffäre. In späteren Jahren änderte sich dies jedoch, was für Alberto eine emotionale Erschütterung war. Seine Mutter verbitterte, weil die Beziehung nicht mehr friedlich war. Sein Vater verließ die Familie für lange Zeit, sie blieben jedoch verheiratet. Alberto zog es vor, von den schönen Zeiten zu sprechen, die ihn stolz auf sein Erbe machten.

Albertos Großvater väterlicherseits war Graf und Minister von Carlos I., König von Portugal gewesen. Als der König gestürzt wurde, verfolgten Revolutionäre die Familie. Sein Großvater väterlicherseits setzte Albertos Vater und seine Geschwister auf ein Schiff und schickte sie nach Brasilien, in den an Kautschuk reichen Bundesstaat Para. Mariquinhas war mit achtzehn Jahren die älteste Schwester und wurde zur einzigen Stütze für ihre zwei jüngeren Brüder und eine Schwester, da die Geschwister ihre Eltern nie wieder sahen. Nach einem Aufenthalt bei einem wohlhabenden Onkel in Para richtete sich Mariquinhas schnell ein eigenes Haus und ein Bankkonto ein. „Sie war eine Schönheit, die es verstand, Männer in ihrer Gegenwart in Verlegenheit zu bringen."[6] Alberto erinnerte sich daran, in ihrer Villa gewesen zu sein, als Kisten mit Waren aus der ganzen Welt eintrafen, und wurde Zeuge ihrer verschwenderischen Lebensweise. Alberto beschrieb seine Tante Mariquinhas wie die Figur in *Die tolle Tante* und *Reisen mit meiner Tante*.[7]

Mariquinhas wurde in diesem neuen Land autark, sie hatte Unternehmen und Immobilien am Meer, war in Produktion und Import tätig. Sie sprach mehrere Sprachen fließend, lud viele Leute zu extravaganten Parties ein, reiste ausgiebig und kam sogar einmal nach Hollywood, um in mehreren Stummfilmen mitzuspielen; nichts war für sie zu gut und sie genoss das Leben in vollen Zügen; sie hatte aber auch ein wachsames und schützendes Auge auf ihre jüngeren Geschwister und suchte sogar eine Braut für Albertos Vater Octavio. Als Octavio die Braut seiner Wahl vorstellte, lehnte Mariquinhas diese entschieden ab und behauptete, er würde unter seiner Würde heiraten. Das muss ein Trick gewesen sein, denn Mariquinhas war von der Herkunft von Albertos von Mutter schwer beeindruckt. Was sie am meisten beunruhigte, war der politische Druck, der auf die Familie der Braut ausgeübt wurde. Schließlich beruhigte sie sich und billigte die Ehe. Sie finanzierte Octavio mehrere Fabriken und Geschäfte.

Albertos Mutter Idalía war mit dem brasilianischen Kaiser verwandt und viele seiner Tanten und Onkel sind auf dem königlichen Friedhof begraben.[8] Einer von Idalías Brüdern wollte unbedingt Politiker werden und das Volk gegen die Zentralregierung aufhetzen. Schließlich wurde er von Soldaten gefangen genommen und aufs Meer gebracht, von wo er nicht mehr zurückkehrte. Bald nach diesem Ereignis übte die Regierung Druck auf den Rest der Familie aus. Die Steuern wurden erhöht, Freunde mieden sie aus Angst um ihr eigenes Leben. Dieser Druck führte dazu, dass Idalías Vater seine Stelle im Krankenhaus verlor.

Idalías Vater, Dr. Joaquim Felipe da Costa, fand schließlich Arbeit als Betriebsarzt außerhalb von São Paulo bei einer Gruppe von Engländern, die eine Eisenbahnlinie bauten. Idalía half, Geld zu verdienen, indem sie in der Grundschule in São Paulo unterrichtete, die zwei Stunden mit dem Zug entfernt war. Auf einer dieser Fahrten hatte sie einen Mann bemerkt, der sie über das Spiegelbild eines anderen Fensters ansah. An der nächsten Haltestelle stieg sie aus und er auch. Nachdem er sich ihr vorgestellt hatte, schenkte Octavio Idalía eine Kette, die er um den Hals trug. Zehn Tage später heirateten sie. Alberto erzählte, dass sein Vater ein kluger Geschäftsmann war und den Wert der Unternehmen, in die seine Schwester Mariquinhas für ihn investierte, sehr schnell steigern konnte. Alberto beschrieb sein Leben als ein Leben im Überfluss, mit Dienstmädchen, Gärtnern, schicken Autos und den allerbesten Schulen. Doch in den späten Sechzigern trieben skrupellose Geschäftspartner und Missmanagement seinen Vater an den Rand des Bankrotts.[9] Ob er nun von seiner Tante Mariquinhas, den vielen Medien und Berühmtheiten, die ihr Haus mit Besuchen beehrt hatten, oder von beidem beeinflusst wurde, ist nicht klar. Jedenfalls wurde Alberto von der Welt des Films angezogen. Irgendwann in den späten Sechzigern wurde Alberto ein erfolgreicher Schauspieler, der in zwei bekannten Fernsehfilmen mitspielte: 1968 *Libertinas* (Die Zügellosen), unter der Regie von João Callegaro und Antonio Lima; und *O Terceiro Pecado* (Die dritte Sünde), unter der Regie von Sergio Britto. Er gewann den Preis der brasilianischen Filmindustrie, das Äquivalent zu den Oscars der amerikanischen Filmindustrie, drei Jahre in Folge.

Sein reiches und opulentes Leben hielt ihn nicht davon ab, nach der Wahrheit zu suchen und seine Meinung zu vertreten. Alberto muss etwas vom Onkel mütterlicherseits gehabt haben, denn er beteiligte sich auch an Aktivitäten, die gegen die Regierungspartei gerichtet waren. Alberto musste sich schnell aus dem Blickfeld der brasilianischen Militärdiktatur und aus der schlechten wirtschaftlichen Lage befreien, die wegen seiner Verbindungen zur Opposition bestand. Wie wir bereits wissen, war die Freundschaft mit St. Clair Albertos Eintrittskarte in die Vereinigten Staaten.

In den Vereinigten Staaten angekommen, ließ sich Alberto bei St. Clair in San Francisco nieder. Er lernte Englisch und nahm seine Heilkünste wieder auf. Bald darauf bat ein metaphysisches Buchgeschäft Alberto, einen Vortrag über brasilianischen Spiritismus zu halten. Der Erfolg dieses Vortrags öffnete die Tür zu privaten Heilsitzungen. Sein Ruf als Heiler verbreitete sich schnell, und er wurde mehrere Wochen im Voraus für Termine gebucht. Die Menschen riefen zu jeder Tages- und Nachtzeit an und baten um Hilfe. St. Clair widmet Alberto in seinem überarbeiteten Buch ein eigenes Kapitel, in dem er die Tiefe von Albertos Heilfähigkeiten wunderbar detailliert beschreibt. Die Details zeigen nicht nur Albertos natürliche Fähigkeit zu heilen, sondern auch seine Liebe zu den Menschen und seine Leidenschaft für seine Mission.

Dieser schnelle Erfolg führte Alberto mit Hilfe von St. Clair nach Europa, der Interviews mit *Psychic News* in London arrangiert hatte, mit der Absicht, Sponsoren zu finden, die Alberto im Ausland aufnehmen wollten. Zu dieser Zeit, 1978, teilte auch Don Galloway, ein Medium aus England, die Bühne mit Alberto in den Vereinigten Staaten bei einem Vortrag an der Midwest Spiritual Frontier. Galloway erkannte Albertos starke Heilfähigkeiten und seine charismatische Persönlichkeit.

Wie in den Londoner Psychic News berichtet: „Alberto Aguas wird in London und einigen anderen Städten [in Großbritannien] sein, dank der Freundlichkeit und Voraussicht eines der bekanntesten Medien unseres Landes, Don Galloway. Er war im April in den USA und teilte sich die Plattform mit Alberto bei der Spiritual Fellowship Assembly. Er hörte Albertos Vortrag, sah, wie er die heilenden Energien kanalisierte, und beobachtete die Ergebnisse.[10]

Bald ließ Galloway Alberto seinen vollen Terminkalender so umstellen, dass er sechs Wochen in und um London verbringen konnte. In Deutschland, Österreich, der Schweiz, Dänemark und Schweden erschienen weiterhin Artikel über ihn. Er hatte mehrere Fernsehauftritte, erschien in Dokumentarfilmen und sprach in Radiosendungen. Ärzte aus der ganzen Welt riefen ihn an, um seinen Rat einzuholen.

Alberto baute aufgrund seiner bekannten Fähigkeit zu heilen ein riesiges Netzwerk auf. Manchmal fuhr er mehrere Kilometer weit, um jemandem zu helfen. Auf die Frage, warum er sich so verausgabe, antwortete er:

> Die Menschen brauchen mich. Wir bewegen uns auf eine seltsame Zeit zu, eine Zeit der großen Unruhe und Verwirrung. Die Menschen müssen wissen, dass die materielle Welt nicht die einzige Welt ist. Sie müssen in der Dunkelheit Hoffnung haben. Wenn ich nur ein kleines Licht sein kann, um ihnen die Angst vor der Dunkelheit zu nehmen, werde ich es tun. Die Zeit ist gekommen, in der wir alle in der geistigen Welt vortreten und bereit sein müssen, zu helfen.[11]

Mit diesen Hintergrundinformationen und unzähligen Geschichten wurde ein reichhaltiges Bild seiner privaten Welt gesponnen. Ganz sicher liebte Alberto das Leben, so wie seine geliebte Tante Mariquinhas. Und doch war er immer ein Vertreter der Wahrheit. Wie wir alle hatte er den starken menschlichen Wunsch, eine Familie zu gründen und Kinder aufzuziehen. Doch er widmete sein Leben in erster Linie der Hilfe für andere.

Sein Leben der Hilfe anderer zu widmen, begann er schon als kleines Kind von fünf Jahren. Während seine Eltern und sein Großvater verreist waren, wurde er schwer krank und wurde ins Krankenhaus gebracht. In einem Interview in einer Londoner Zeitung beschreibt er das Ereignis:

> Ich war stark dehydriert und drei Tage lang bewusstlos. Später wachte ich auf und der ganze Raum schien kaffeefarben zu sein. Es war braun und düster. Dann sah ich vor mir ein kleines goldenes Licht, das sich auf und ab bewegte. Ich bemerkte, dass es 1:00 Uhr nachts war. Das Nächste, woran ich mich erinnere, ist das Morgenlicht, das durch die Vorhänge fiel. Die Uhr zeigte 6:00 Uhr morgens an. Fünf Stunden waren vergangen. Ich fand meine Hände auf meinem Kopf und meinem Solarplexus. Es ging mir gut. Ich sprang aus dem Bett und ging nach Hause.[12]

Kurz nach seiner Ankunft zu Hause, wurde eine Freundin seiner Mutter, die zu Besuch war, von Migräneanfällen geplagt. Alberto sagte zuversichtlich, dass er ihr helfen könne. Als er der Frau die Hände auflegte und ihr erzählte, was ihm im Krankenhaus widerfahren war, war die Frau erstaunt und verkündete, dass ihre Schmerzen verschwunden waren. Diese Behandlungen war der Anfang. Danach begleitete er seine Mutter zum Heilzentrum. Als er wuchs, wuchs auch seine Heilfähigkeit.

Albertos Heilfähigkeit war außergewöhnlich. Das war sein Anspruch auf Ruhm. Mehr als eine Idee oder ein Glaube, nahm er seine geistige Natur in Besitz und lebte in ihr. In seinen Notizen, Vorträgen und Interviews beschrieb er immer wieder, wie er sich selbst während einer Heilsitzung sehen konnte. Im Zustand der Trance erhob sich Alberto, löste sich von der Begrenztheit seines Körpers und beobachtete die metaphysischen Interaktionen.

Es folgt seine Beschreibung:

> Zuerst wird mir für einen kurzen Augenblick schwindlig. Mein Herz beginnt sehr schnell zu klopfen. Dann kommt ein Gefühl der Lethargie. Dann bin ich nicht in meinem Körper. Ich bin oben an der Decke. Ich habe meinen physischen Körper verlassen und sehe mich selbst bei der Arbeit. Ich sehe mich selbst, wie ich meine rechte Hand auf den Solarplexus des Patienten, die linke auf die Stirn lege. Ich glaube, dass alle Heiler mit der gleichen Energie arbeiten. Es ist die Energie Gottes, die alle nutzen können.[13]

Berichte über große Hitze, Ruhe und geistige Entspannung dominierten die Berichte über die Erfahrungen seiner Sitzungen, während derer viele Klienten einschliefen und über wundersame Heilungen berichteten. Auch Berichte über den Geruch von Kampfer während einer Heilsitzung wurden dokumentiert.

Wunder sind zufällig, und obwohl seine Heilmethode in den Augen vieler der Logik widersprach, war die Beziehung, die er zur Energie hatte, nicht zufällig. Er sagte: „Diese Heilkraft ist überall um mich herum. Sie ist eine Intelligenz, die immer da ist. Sie ist nicht da, weil ich will, dass sie da ist. Sie ist einfach da." Immer wieder betonte er, dass es keine Wunder gibt, und er befürwortete, dass die Menschen bei ihren medizinischen Beratern in Behandlung bleiben sollten.

Er wusste, dass er zuerst als spirituelles Wesen existierte, und von dieser Realität ausgehend verstand er seine Aufgabe in der materiellen Welt als spirituell und als Gebender der Liebe. „Ich denke gerne, dass ich in hundert Jahren dazu beigetragen haben werde, den Weg für große Dinge in der Heilung zu ebnen." [14]

Alles auf einem Blick

In vielen Fällen überwiesen die Mediziner, die Albertos Erfolgsquote kannten, Patienten an ihn. Wenn ein Mensch Heilung brauchte, gab es aus seiner Sicht keine Konkurrenz zu Ärzten und Wissenschaftlern, denn er glaubte, dass „Liebe und Heilung aus vielen Quellen kommen können. Ich habe viele Menschen, die einmal zu mir kommen, und sie werden geheilt. Andere kommen sechsmal, und sie werden nicht geheilt. Ich schicke sie zu anderen Heilern, so wie andere Menschen die Patienten zu mir schicken, wenn sie nicht helfen können. Meistens kann ich aber helfen." [15]

Es gab auch Wissenschaftler, die Alberto und andere Heiler wie ihn als Betrüger bezeichneten. Angesichts Tausender dokumentierter Heilungen, die seine Arbeit unterstützen, war dies ungerechtfertigt, und Alberto hat nie versucht, sich der wissenschaftlichen Überprüfung zu entziehen – ganz im Gegenteil. Er sagte: „Wenn Wissenschaftler zu mir kämen und zugeben, dass sie noch nicht über die richtigen Mittel verfügen, aber aufgeschlossen genug wären, um zu sehen, was passiert, würde ich mit ihnen zusammenarbeiten. Sie würden ein wenig geben, und ich würde ein wenig geben, und möglicherweise könnte aus dieser Untersuchung etwas entstehen." [16]

Die monatelange Lektüre von Albertos Notizen, Vorträgen und Zeitungsinterviews sowie die Erinnerung an persönliche Gespräche erinnerten mich immer wieder an sein tiefsitzendes Gefühl der Verpflichtung, die Gültigkeit der Energieheilung zu beweisen oder zu demonstrieren. Können oder müssen wir mit Sicherheit wissen, dass unsere Gesundheit – unsere geistige, körperliche, emotionale und spirituelle Gesundheit – vollständig von der Liebe abhängt, von dieser Intelligenz, die seine Heilsitzungen umgibt? Wenn es wahr ist, dann müssen wir es wissen. Um vor allem den westlich geprägten Verstand zu erreichen, muss die Wahrheit in einem Rahmen präsentiert werden, der akzeptiert wird, um die Glaubenssysteme der Menschen zu beeinflussen. In der westlichen Medizin ist man verpflichtet, nach Beweisen zu suchen, um Heilbehandlungen zu unterstützen, und nichts ist wahr, solange es nicht in einen wissenschaftlichen Rahmen gestellt wird.

Der ständige Strom von Fragen von Wahrheitssuchenden und Vorwürfen von Mainstream-Wissenschaftlern, die auf deren Engstirnigkeit schließen ließen, trieben Alberto zweifellos dazu, Forscher zu suchen, die bereit waren, Energieheilung mit den Mitteln wissenschaftlicher Methoden zu erforschen. Es gibt ein paar Berichte, dass Alberto an einer Studie an der Universität von Kent beteiligt war. Die Durchführung dieser Studie im Vereinigten Königreich war das, was seinem Traum am nächsten kam. Hier ist die Geschichte.

Unter seinen Nachlässen fand ich Fotos mit passenden Dias, auf denen verschwommene Kugeln und unscharfe längliche Formen zu sehen waren, die nicht identifizierbare Personen umgaben. Das Datum auf ihnen lautete 1979. Zwischen den Fotos befanden sich handschriftliche Notizen mit einem unterstrichenen Namen: Walter Kilner, *St. Thomas Hospital*, London. Ich schlug Kilner nach und dachte, dass er und Alberto sich unterhalten haben müssen. In der Tat gab es einen Dr. Walter Kilner – die *British Professional Medical Association* antwortete auf meine Korrespondenz. Allerdings war er 1920 im Alter von dreiundsiebzig Jahren gestorben.

Mit diesen neuen Informationen waren meine Nachforschungen noch nicht abgeschlossen. Welches Interesse hatte er an diesem Arzt gehabt? Kilners Buch und mehrere schriftliche Arbeiten weisen auf Albertos Interesse hin. Dr. Kilner führte einige der frühesten fotografischen Untersuchungen durch, bei denen Bilder des menschlichen Energiefeldes aufgenommen wurden.

Woher stammen also diese Bilder in Albertos Akte? Und was bewiesen sie, wenn sie überhaupt etwas bewiesen? Ich suchte weiter und fand etwas in einem Bündel von *Life Spectrum* Newslettern. Eine Fotokopie auf der Titelseite stimmte mit den Bildern in Albertos Akte überein, und die Überschrift lautete „*Elektronische Offenbarungen in der Heilung*". In dem Artikel wurde behauptet, dass es sich bei den Bildern um einzelne Dias aus einem Video handelte, das Alberto bei einer Heilung im Vereinigten Königreich zeigte, und dass die technischen

Details noch analysiert würden. Unter den Bildern im Newsletter wurde ein Elektronikingenieur namens Trevor Stockill als Urheber genannt.

Ich war ekstatisch. Was war auf dem Video zu sehen? Und wo befand es sich? Ist jemals etwas dabei herausgekommen? Ich hatte das Gefühl, dass es etwas Wichtiges war.

Ich konnte es nicht loslassen. Visuelle Beweise sind ein so mächtiges Instrument. Stellen Sie sich einen Arzt vor, der ohne Röntgenbilder die Notwendigkeit einer Operation erklärt. Wenn Alberto eine verlässliche Methode gefunden hatte, um das Vorhandensein von heilungsspezifischer Energie visuell zu demonstrieren, wollte ich nicht nur die Details wissen, sondern hatte auch tolle Ideen, wie ich sie reproduzieren könnte! Die Fotos, auf denen Energielinien auf einem liegenden Körper abgebildet waren, die ich in seinen persönlichen Aufzeichnungen gefunden hatte, waren eindeutige Anfänge, die zeigten, dass in seinen Heilsitzungen etwas Bedeutendes stattfand. Es bestand kein Zweifel daran, dass Trevor Stockill die Details erklären können würde, und ich fokussierte mich darauf, seinen Aufenthaltsort ausfindig zu machen.

Als ich bei der Suche nach Personen sein Adressbuch verwendete, hatte ich bisher wenig Glück gehabt, da sein Tod bereits zwölf Jahre her war. Das Adressbuch zu benutzen, um Trevor zu finden, war also ganz unten auf meiner Liste. Menschen zogen um, starben, änderten ihre Adressen und wechselten von Festnetz- zu Mobiltelefonen; all das erschwerte die Suche. Nachdem mehreren erfolglosen Versuchen, Trevor Stockill auf eigene Faust ausfindig zu machen, beauftragte ich einen Privatdetektiv, der ihn innerhalb einer Woche in Großbritannien aufspürte. Nachdem ich die Adresse aus dem Bericht des Detektivs entnommen hatte, überkam mich der Drang, das alte Adressbuch zu überprüfen. Und tatsächlich, die Adresse war dort verzeichnet. Der Akt des Geldausgebens hat etwas an sich, das Menschen plötzlich intuitiv werden lässt. Manchmal lächelt das Glück, manchmal zuckt es mit den Schultern. Ich bin mir ziemlich sicher, dass ich Alberto habe lachen hören.

Zunächst war Trevor etwas zurückhaltend, was den Grund meines Interesses betraf. Wie könnte ich ihm das verdenken, nachdem der erste Kontakt zwischen uns durch einen Privatdetektiv hergestellt worden war? Nach einigen Telefongesprächen war er mit einem Treffen einverstanden. Meine Aufregung wuchs wegen der Aussicht, der Wahrheit hinter den

Fotos näher zu kommen. Mein Sohn willigte ein, mich zu begleiten, und so wurden sofort Flüge nach London gebucht. Vor zehn Jahren, als ich angefangen hatte, Ama-Deus zu praktizieren, hätte ich nie gedacht, dass ich mich auf eine solche Mission begeben würde.

Ich saß mit meinem Sohn in einer frischen Frühlingsbrise auf den Stufen des British Museum in London und wartete auf jemanden, mit dem ich nur am Telefon gesprochen hatte. Trevor kam mit seiner Tochter, und wir hatten vereinbart, uns um 10:00 Uhr auf den Stufen des Museums zu treffen, und es war jetzt zehn Minuten nach. Ich zog meinen Schal enger um meinen Hals und sah Christopher an.

„Vielleicht sollten wir versuchen, sie anzurufen?" „Lassen wir ihnen noch ein paar Minuten Zeit."

Ich schaute in jedes Gesicht der Menschen, die an mir vorbeiliefen. Ich fragte mich, welcher von ihnen Trevor war, und ich dachte nicht daran, wie seltsam es war, dreitausend Kilometer zu fliegen, nur um mit einem völligen Fremden zu Mittag zu essen. Meine Intuition war zu stark und überlagerte jegliches seltsame Gefühl, das eine solche Aktion mit sich brachte. Plötzlich tauchte eine junge Frau aus der Menge auf und fing meinen suchenden Blick auf. Sie hielt den Blickkontakt und lächelte, als sie sich den Stufen näherte.

„Beth?"

„Ja?" Sie war schön, groß und schlank, mit anmutigen, gleichmäßigen Bewegungen. Ihr freundliches Gesicht ließ mich sofort entspannen. Sie strahlte Wärme und Freundlichkeit aus und schien genau die Art von Person zu sein, die Alberto als enge Freundin haben würde.

„Ich bin Julia, die Tochter von Trevor." „Und das ist mein Sohn, Christopher."

Julia tauschte mit Christopher ein paar Höflichkeiten aus und fuhr fort: „Es gibt eine kleine Planänderung. Dad kommt von außerhalb der Stadt und wird in Kürze hier eintreffen. Er hat sich verspätet und bat mich, Sie zu finden und einen Treffpunkt auszumachen."

„Christopher und ich haben ein spezielles Restaurant in der Nähe gefunden, von dem wir dachten, dass es ein guter Ort für ein Treffen wäre."

„Das klingt wunderbar. Lassen Sie mich meinen Vater anrufen und ihm die Einzelheiten mitteilen."

Einen Häuserblock vom Museum entfernt betraten wir zu dritt ein kleines griechisches Restaurant, in dem es nach Oregano und anderen aromatischen Gewürzen roch. Wir waren früh dran mit dem Mittagessen und hatten das Restaurant für uns allein. Als wir uns auf unseren Plätzen niederließen, öffnete sich die Tür, und ich sah auf, weil ich mir sicher war, dass es Trevor war. Julia stand auf und begrüßte ihren Vater mit einer herzlichen Umarmung und einem Kuss auf die Wange, als er sich zu uns an den Tisch setzte. Er war ein großer, breitschultriger Mann mit sanfter Miene und trug einen dunklen Geschäftsanzug. Julia stellte uns vor, und nach der förmlichen Begrüßung brachte der Kellner, der „Opah" sang, Brot und einen großen Teller mit Saganaki, frittiertem, in Zitronensaft getränktem Käse. Als der Kellner den Käseteller anzündete, wurden wir alle sofort von einem Blitz aus Licht und Hitze getroffen. Er stellte den Käseteller auf den Tisch und wir griffen alle mit Begeisterung nach einer Portion. Trevor, der mir direkt gegenübersaß, blickte nach unten und fingerte an seiner Gabel herum. Er schien mehr auf das Sprechen als auf das Essen der Vorspeise konzentriert zu sein. Er blickte auf, sah mir in die Augen und kam direkt zur Sache.

Das Erste, was er zu mir sagte, werde ich nie vergessen. Er begann: „Ich habe sehr gezögert, mich mit Ihnen zu treffen, wie Sie wahrscheinlich bei unseren Telefongesprächen gemerkt haben. Meine Frau war diejenige, die eine starke Verbindung zu Alberto hatte. Sie ist nun verstorben. Seit Albertos Tod haben viele Menschen versucht, mich zu kontaktieren, um irgendeinen Teil seines Lebens für sich zu beanspruchen. Ich habe sie alle höflich ignoriert. Ich weiß nicht, warum ich Ihren Anruf erwiderte oder warum ich einem Treffen zustimmte. Ich hatte einfach das Gefühl, dass es richtig war."

Ich war von jedem seiner Worte gefesselt, und mein Inneres entspannte sich, als ich hörte, dass es sich richtig anfühlte. „Ich war auch ein bisschen unruhig." Ich lachte etwas von der Anspannung weg und wandte mich an meinen Sohn: „Deshalb habe ich Christopher mitgebracht! Und ja, ich habe Ihr Zögern am Telefon gespürt. Aber ich hatte das dringende Bedürfnis, mich mit Ihnen zu treffen." Ich zögerte eine Sekunde, bevor ich sagte: „Es tut mir leid, das mit Ihrer Frau zu hören, Trevor."

„Es war schwierig für mich, aber jetzt geht es mir besser." Seinem Tonfall und seiner Körpersprache nach zu urteilen, wollte er das Gespräch über dieses Thema dabei belassen.

Ich wandte mich meiner Tasche zu und holte eine Mappe heraus. „Hier sind die Fotos und Dias aus Albertos Notizen. Trevors Gesichtsausdruck veränderte sich völlig. Seine Augen weiteten sich vor Freude, als er nach den Fotos griff.

Aufgeregt begann er zu erklären. „Ah, ja, sehen Sie, hier sind die Energielinien, und hier ist die Kugel. Das sind Aufnahmen aus dem Film. Ich hätte sehr gerne eine Kopie davon."

Ich antwortete mit Begeisterung: „Natürlich! Trevor, ich bin Ihnen so dankbar für Ihre Zeit und diese Gelegenheit, mit Ihnen zu sprechen. Ich habe das Gefühl, dass ich das tun muss, dass Alberto das wollen würde. Es ist wichtig, dass diese Informationen weitergegeben werden."

Er hielt einen Moment inne, sah mir tief in die Augen und sagte: „Ich werde Ihnen die Originalbänder zeigen. Ich musste die alten Betamax-Bänder durchsuchen, die betreffenden Stellen finden und auf CD überspielen. Die Qualität hat etwas gelitten, aber die Bilder sind auf jeden Fall alle da." Trevor kramte in seiner Aktentasche herum und förderte CDs in Plastikhüllen zutage.

Endlich lag der Beweis vor mir. Ich konnte meinen Augen kaum trauen. „Oh je! Bitte erzählen Sie mir alles über diese Geschichte und lassen Sie uns mit Wein und Essen feiern. Ich hoffe, Sie mögen griechisches Essen."

Gemeinsam antworteten Trevor und Julia: „Oh, wir lieben griechisches Essen! Dies ist ein schöner Ort, um sich kennenzulernen." Die ganze Spannung des ersten Kennenlernens war wie weggeblasen. Christopher und ich lächelten uns an, als wir unsere Entscheidung für das griechische Restaurant und für die wunderbare Begegnung bestätigten. Die Vorspeise war schnell vertilgt, und wir bestellten unser Mittagessen. Die gemeinsame Zeit verging viel zu schnell, da wir die Gesellschaft der anderen sehr genossen und uns über Gemeinsamkeiten in unseren Familien austauschten.

Ich verstand Trevors Gründe für sein Zögern, sich mit uns zu treffen besser, nachdem er seinen Hintergrund der Situation erklärt hatte. Seine Beziehung zu Alberto war mehr als nur beruflich; sie waren befreundet. Alberto hatte Trevor und seine Frau Ruth viele Male für mehrere Wochen am Stück besucht. Ruth hatte eine Leidenschaft für das Okkulte. Sie öffnete ihr Haus für Alberto während seiner Tournee in England und half ihm bei der Terminplanung für Heilsitzungen.

Das Haus der Stockills wurde zu einem Zufluchtsort für Alberto, und seine Anwesenheit dort hinterließ bleibende Eindrücke. Aus seinen Beschreibungen ging klar hervor, dass Alberto sich in ihrem Haus wohlgefühlt hatte, und mit seiner verspielten Art die Herzen der Stockills erobert hatte, vor allem das ihrer kleinen Tochter Julia, oder wie Alberto sie nannte, Bananas." Julia ist zwar kein Kind mehr, hat aber immer noch lebhafte, farbenfrohe Erinnerungen an Alberto.

Mit einem Lachen in ihrer Stimme erzählte sie mir von einer ihrer ersten Erinnerungen. „Vom ersten Tag an, als ich ihn kennenlernte, habe ich Alberto vergöttert. Ich schlich um das Haus und beobachtete jeden seiner Schritte. Für mich war er geheimnisvoll und wunderbar. Alberto hat immer mitgespielt. Ich stelle mir immer noch vor, wie er ein wunderschönes magisches Gewand trägt, aber ich glaube, das sind nur die fantasievollen Erinnerungen eines Kindes. Eines Morgens schlich ich mich so leise wie möglich zu Albertos Schlafzimmertür und spähte durch das Schlüsselloch, um ihn auszuspionieren. Da starrte mich einen sehr großer Augapfel an. ‚Ich sehe dich, Bananas!', hörte ich ihn sagen, und dann rannte ich schreiend und lachend den Flur entlang. Ich tat so, als ob es mir nicht gefiele, aber ich fand es großartig, dass er mich Bananas nannte."

Während eines von Albertos Aufenthalten bei den Stockills brachte Trevor für ein laufendes Projekt eine Spezialausrüstung in sein Arbeitszimmer mit. Aus einem schweren großen Koffer nahm er eine Videokamera, Sensoren, Kabel und verschiedene Objektive zur Aufzeichnung von Infrarot Wärmeenergie heraus und baute sie zusammen. Alberto schaute mit Neugier und ungeteiltem Interesse zu und löcherte Trevor mit Fragen. Während Trevor die Funktionen der Kamera beschrieb, dachte Alberto über ihr Potenzial nach: „Wenn dieses Gerät energetische Informationen aufzeichnet und misst, die die meisten Menschen nicht sehen können, frage ich mich, wie das im Vergleich zu den Dingen aussieht, die ich sehe? Könntest du mich während einer Heilung aufnehmen? Ich würde gerne sehen, ob die Kamera dasselbe sieht wie ich."

An diesem Abend richteten die beiden Männer einen Raum mit der Kamera und einem Tisch ein, und Ruth, die geheilt und aufgenommen werden sollte, wartete hinter den Kulissen. Die Versuche, mit dem Gerät an diesem Abend eine Aufnahme zu machen, die die Heilung zeigen

Kapitel 2: Was du für andere tust, bleibt für immer

würde, blieben erfolglos. Alles funktionierte so, wie es sollte, und Trevor hatte zahlreiche Einstellungen an den Geräten vorgenommen, damit die Aufnahmen gelingen würden. Alberto war enttäuscht. So lange war ein großer Teil seiner Identität etwas, das die meisten Menschen nicht sehen oder nicht sofort zuordnen konnten. Er war mit einer nicht greifbaren Beziehung von großer Bedeutung begabt, und er hatte große Hoffnungen, diese Beziehung und das unglaublich Gute, das sie bewirken kann, besser weitergeben zu können, wenn andere sich irgendwie damit identifizieren könnten.

Eine Woche verging, und der Gedanke, eine Heilung zu filmen, ließ Alberto nicht mehr los. Irgendetwas in ihm drängte ihn, es noch einmal zu versuchen. Er sprach die Angelegenheit erneut bei Trevor an. Ein öffentlicher Vortrag und eine Heilsitzung waren in der Stansted Hall des Arthur Findlay College nordwestlich von London geplant, und Alberto, der sich von der Möglichkeit eines öffentlichen Misserfolgs nicht abschrecken ließ, bat Trevor, die Ausrüstung noch einmal aufzubauen.

„Es wird nicht funktionieren", sagte Trevor, der sich sicher war, dass er beim ersten Mal alles versucht hatte, was in seiner Möglichkeit stand.

Alberto grinste und legte seine Hand auf Trevors Schulter. „Dieses Mal wird es anders sein", sagte er.

Im staatlichen und geräumigen Sitzungssaal von Stansted Hall saß Alberto in der Dunkelheit, seine Hände schwebten über einer Frau, die vor ihm auf einem Massagetisch lag. Schwere Vorhänge bedeckten die Fenster, um den Schein der nächtlichen Straßenlaternen zu verbergen. Die einzigen Lichtquellen waren kleine Knöpfe an der Elektronik der Kameraausrüstung und eine Stereoanlage in der Ecke. Das anwesende Publikum saß regungslos da, ihre Pupillen wegen der Dunkelheit vollständig geweitet, ihre Ohren erfassten jede Klangfarbe, jeden leise spielenden Ton, der die Luft um sie herum erfüllte. Zuerst erklang *Albinonis Adagio in g-Moll*, dann die ätherische *Spectrum Suite* von Stephen Halpern. Die Elektrizität der Vorfreude berührte jeden Einzelnen wie ein Schauer.

Kurz zuvor, als das Licht noch an gewesen war, hatte Trevor die Plastikverpackung von einem brandneuen Videoband entfernt. Er legte es in die Kamera und den Rekorder ein. Alberto hatte den Anwesenden kurz erklärt, dass die Heilung aufgezeichnet und bei gedämpftem Licht durchgeführt werden würde, aber dass sie sich ansonsten nicht von den Heilungen unterscheiden würde, die er anderen anbot.

„Ich bitte Sie, still zu sein und Ihre Gedanken auf einen einzigen Punkt der Liebe zu konzentrieren", sagte Alberto. Mit ruhigen, gleichmäßigen Schritten ging er zur Stereoanlage und stellte die Musik an. Dann setzte er sich neben die Frau, schaute ihr in die Augen und lächelte sie liebevoll an. Er schloss die Augen, legte den Kopf leicht zurück und atmete tief durch die Nase ein. Sein Gesichtsausdruck drückte pure Ruhe und Gelassenheit aus.

„Bitte schalten Sie das Licht aus", sagte er. Als er seine Hände über die Frau hob, verließ die sichtbare Schwingung des Lichts den Raum. Minuten vergingen im Halbdunkel. Die Anwesenden waren jetzt entspannt. Unabhängig von ihrer Fähigkeit, sehen zu können, spürten alle die Energie der Heilung und der Liebe im Raum. Sie war schon immer da gewesen, nur jetzt bestätigten ihre Herzen ihre Anwesenheit.

Trevor konzentrierte sich ganz auf den optischen Sucher der Kamera. Alle paar Minuten wandte er ein Auge in Richtung Alberto, verwirrt und betend, dass das, was er durch das modifizierte Objektiv sah, auf dem Videoband aufgezeichnet wurde.

Nach fünfundzwanzig Minuten holte Alberto tief Luft und sagte ruhig: „So, das war's. Du kannst das Licht wieder anmachen." Er ging zur Stereoanlage, schaltete sie aus und ging dann auf die Frau zu. Er legte ihr die Hand auf die Schulter und sagte sanft: „Bitte bleiben Sie so lange liegen, wie Sie möchten, und wenn Sie bereit sind, können Sie sich aufsetzen." Sie nickte zustimmend.

Während Trevor das Videoband zurückspulte und einen Fernsehmonitor in der Mitte des Raumes aufstellte, schob Alberto den Massagetisch zur Seite. „Dieser Tisch hat mehr Kilometer auf dem Buckel als die meisten der draußen geparkten Autos, wage ich zu behaupten. Aber ich glaube nicht, dass auf ihm jemals eine Massage stattgefunden hat." Alberto lachte laut auf, wie er es oft mit seinem, ihm eigenen Humor tat. Der Geist seines Lachens war äußerst ansteckend. „Ich versuche immer, es einen Heiltisch zu nennen, aber ich bekomme nur verständnislose Blicke. Keiner weiß, was ein Heiltisch ist. Wie Sie wissen, gab es noch nie einen Heiltisch, denn Heilen ist eine gruselige Sache. Wir müssen das Bewusstsein aller Menschen ändern. Hauen wir ihnen auf die Finger. Jeder kauft sich einen Massagetisch und sagt, dass er zum Heilen da ist! Irgendwann werden sie sicher die Bezeichnung ändern." Aus dem Publikum kam anerkennendes Gelächter.

Trevor und Alberto saßen nebeneinander, etwas abseits, aber in der Nähe des Monitors. Das Licht wurde wieder gedimmt, und die Aufzeichnung der Sitzung wurde abgespielt. Während der ersten Minute zeigte der Bildschirm einen hellen Weißton; die Lichter des Raums waren zu diesem Zeitpunkt noch an und überlagerten die Empfindlichkeit des Kameraobjektivs. Aus den winzigen Lautsprechern des Monitors ertönten die aufgenommenen Klänge der heiteren Musik. Und dann sagte Albertos Stimme: „Bitte schalten Sie das Licht aus."

Der Bildschirm war fast vollständig schwarz. Kaum sichtbar errötete die Silhouette zweier menschlicher Gestalten in einem zarten Grau. Minuten vergingen. Nichts. Die sanfte Melodie des Adagios in g-Moll spielte weiter, ohne dass sie durch irgendeine visuelle Veränderung unterbrochen wurde. Und dann, bei Minute sechs auf dem Band, erschien eine Anomalie. Zunächst kaum wahrnehmbar, schwebte eine kleine kreisförmige orangefarbene Form über den Händen, die Alberto gehörten. Im Laufe der Zeit leuchtete die Form mit zunehmender Intensität und Schärfe, und um den orangefarbenen Kreis herum erschien eine separate, deutliche Aura.

„Oh mein, oh mein Gott", flüsterte Alberto. Er war nicht die einzige erstaunte Stimme. Im ganzen Raum ging ein Raunen umher wie ein Stromschlag durch einen stromführenden Draht. Der orangefarbene Ball oder die Kugel bewegte sich plötzlich im Zickzack auf dem Bildschirm und blieb dann stehen.

Trevor wandte sich an Alberto und sagte: „Das war mein Fehler. Ich dachte, ich könnte versuchen, das Bild schärfer zu bekommen, und habe die Kamera versehentlich gerüttelt. Schärfer konnte ich es nicht machen."

„Oh, das ist wunderbar", sagte Alberto.

Um den Körper der Frau schimmerten sanft farbige Linien. Allmählich wurde dieser Lichtvorhang heller und pulsierte. Er schien lebendig. Die Helligkeit und Färbung der Linien veränderte sich und bewegte sich in Wellen mit den Tönen und Rhythmen der Musik im Hintergrund. Aus dem Publikum waren keuchende Laute zu hören. Es war wunderschön und atemberaubend zu beobachten.

Alberto beugte sich näher zu Trevor und sagte: „Siehst du, wie sich die Farben verändern und in den verschiedenen Bereichen stärker werden? Die Energie hat sich genau so bewegt! Die Farben haben eine Bedeutung."

Am linken Rand des Fernsehbildschirms erschienen Ströme aus weißem Licht. Innerhalb der Rinnsale funkelten und wirbelten hellere Lichttropfen und traten in den Vorhang aus Regenbogenfarben ein, der die Frau umgab. Obwohl der genaue Eintrittspunkt nicht bestimmt werden konnte, war es für jeden klar, dass die größte Lichtmenge auf den Bauchbereich der Frau gerichtet war. Die Energieströme hielten diesen Zustand für fast zehn Minuten aufrecht, bevor sie sich auflösten.

Alle waren erstaunt über diese physische Demonstration. Der Saal brach in freudige Begeisterung aus. Die atemberaubende Vorführung der energiegeladenen Linien markierte einen historischen Moment für alle Anwesenden.

Weder Trevor noch Alberto zogen bereitwillig irgendwelche eindeutigen Schlussfolgerungen aus der Aufnahme, außer einer: Es waren weitere Studien erforderlich! Das Video wurde ein weiteres Mal vor einem Publikum in den Vereinigten Staaten gezeigt. Die Reaktion des Publikums war, wie auch im Vereinigten Königreich, überwältigend. Es war keine leichte Entscheidung, aber Trevor und Alberto entschieden sich dagegen, das Video jemals wieder in einem öffentlichen Forum zu zeigen.

Bei einem weiteren Besuch in London hatte ich das Privileg, die aufgezeichnete Sitzung in Trevors anspruchsvollem Heimbüro zu überprüfen. Während wir den Computerbildschirm betrachteten, stellte ich Fragen.

„Warum haben Sie beide gezögert?"

„Damals war die Absicht, Zugang zu dieser Art der Arbeit zu bekommen, weder spirituell noch wissenschaftlich motiviert. Wir hatten nicht die richtigen Verbindungen in diese Fachbereiche. Das Einzige, was wir erreicht hätten, wäre Popularität gewesen, und das war nicht unser Ziel. Eine Explosion der Bekanntheit wäre verheerend für die Arbeit gewesen, die Alberto auf seine eigene, ruhige Art und Weise geleistet hat."

„Huuuh!" warf ich ein und richtete den Blick wieder auf den Monitor: „Schau! Das ist dasselbe Bild wie auf dem Foto, die Kugel aus orange-goldenem Licht."

„Ja, das ist sie."

„Trevor, wissen Sie, dass Alberto in einem Artikel in einer Londoner Zeitung das Bild einer goldenen Kugel beschrieben hat, die er sah, als er sich im Alter von fünf Jahren zum ersten Mal selbst heilte? Vielleicht ist es diese orange-goldene Kugel, die auf diesem Film zu sehen ist, auf die er sich bezog. Wow, das ist erstaunlich!"

Diese dunstige goldene Kugel war ein belebtes Bild auf dem Bildschirm, während Trevor weitererzählte und mich durch den Rest des Films führte. Die ursprüngliche Betamax Aufnahme wurde sorgfältig restauriert und digitalisiert, aber aufgrund des Alters des Films und des Übergangs von einem weniger aufschlussreichen Low-Tech-Format gab es keine gute Möglichkeit, schlüssige Daten abzuleiten. Ob mit oder ohne Beweise, Trevor war immer noch der Meinung, dass die Bilder der energetischen Linien ein direktes Ergebnis von Albertos Heilung waren. Die Diskussionen drehten sich um die Idee, diese Studie zu wiederholen, da die Technologie für die Bildgebung verbessert worden war. Bei der Durchsicht der Daten konnte ich feststellen, dass der Entdeckergeist in Trevors wissenschaftlichem Denken jedes Mal wieder aufflammte, wenn er an diesen Tag zurückdachte. Er hatte mit einem sicheren Scheitern gerechnet; stattdessen bewegte er sich auf der Grenze zwischen Wissenschaft und Unerklärlichem.

In den Jahren nach der Aufzeichnung der Heilung sprachen diejenigen, die das Glück hatten, dabei gewesen zu sein, immer wieder von dem bedeutsamen Ereignis. Ich hörte von Menschen in den Vereinigten Staaten, die bei der Aufführung in den Vereinigten Staaten anwesend waren, und auch von denen, die bei der ersten Aufführung in England dabei waren. Einige Monate nach dieser Reise erhielt ich einen unerwarteten Anruf von einem ausländischen Studenten. Dieser Student erzählte von einem Handbuch seines Onkels, das sich auf einer Veranstaltung in einer Einrichtung im Nahen Osten bezog. Das Handbuch wurde per Post verschickt.

Als ich sie las, stellte ich fest, dass sich derzeit Moiz Hussain, ein Professor des *Institute of Mind Sciences* und der *Reiki Spiritual Foundation* aus Pakistan in Stansted Hall befand. Professor Hussain schrieb über die Aufzeichnung der Heilsitzung in akademischer Ausführlichkeit in seinem Lehrbuch, um die wissenschaftliche Untersuchung der

Energieheilung für seine Studenten zu unterstützen. Ich bin nicht sicher, ob Alberto jemals von dieser Referenz wusste.

Obwohl Albertos Traum, die Energieheilung zu validieren, nur in kleinen Schritten vorankam, wurde er durch das wachsende Interesse von Forschern weltweit in diesem Bereich ermutigt. Heute gibt es mehrere wissenschaftliche Untersuchungen zur Darstellung menschlicher Energiefelder mit ermutigenden Ergebnissen. Harry Oldfield, einer dieser Forscher, erklärte sich bereit, mich bei einem späteren Besuch in London zu treffen, um Albertos Fotos durch sein Bildgebungsgerät zu senden. Als Harry das vergrößerte Bild sah, rief er sofort aus: „Oh mein Gott, Sie müssen diese Fotos an einem sehr sicheren Ort aufbewahren. Ich würde sie nicht einmal der Königin überlassen!" Wieder einmal machte ein geistig gesinnter Wissenschaftler die Bedeutung der Fotos deutlich. Alberto hätte Oldfields Kommentar sicher gefallen.

Nachdem ich mich mit der Geschichte hinter den Fotos und Dias der Energieströme befasst hatte, bestand der nächste Schritt darin, die verbleibenden Akten, die mit Vorträgen und Präsentationen über Ama-Deus Heilung vollgestopft waren, zu sichten. Albertos Leben hatte darin bestanden, die weltweiten Konferenzen der hellseherischen Kreise zu bereisen, die für seine Art der Arbeit offen waren. Er wurde immer wieder gebeten, Vorträge zu halten, einen Heilkreis zu leiten und Heilsitzungen abzuhalten. Dies tat er überall auf der Welt.

Nach mehreren Jahren im Exil sehnte sich Alberto danach, in sein Heimatland zurückzukehren. Der Wechsel innerhalb der brasilianischen Regierung eröffnete Alberto die Möglichkeit, zu seinen Wurzeln zurückzukehren. Seine Akten und sein Reiseplan wiesen auf eine abrupte Wendung hin, die sich bei seiner Rückkehr nach Brasilien ereignete. Plötzlich unternahm er eine Reise nach Brasilien und kam nach kurzer Zeit mit einem speziellen Guaraní Stamm in Verbindung. Er organisierte sich so, dass er die Hälfte des Jahres in Brasilien verbrachte und die andere Hälfte auf Reisen in Nordamerika war. Er entwickelte Ama-Deus und bereiste mit seinen Kursen nur die Vereinigten Staaten und Kanada.

Da er nicht mehr jedes Jahr Vorträge in Nordamerika und Europa hielt, lebte er die Hälfte des Jahres in Brasilien. Während der anderen Hälfte wandelte er weiterhin auf seinen gewohnten Wegen. Seine Vorlesungen änderten sich jedoch und beinhalteten nun auch seine neuen Erfahrungen bei der Begegnung, dem Studium und der Arbeit mit den Guaraní aus dem Amazonasgebiet. Aufgezeichnete Vorträge sowie seine persönlichen, in portugiesischer Sprache verfassten Vortragsnotizen mit dem Titel *Das Amazonas Königreich der Heilung* sind klare, wunderbar beschreibende und bewegende Berichte über seine Reise mit den Guaraní. In diesen frühen Vorträgen spricht er von einer Heilmethode, die er Ama-Deus nannte und die er von diesen wunderbaren Menschen lernte. In der kurzen Zeit, die er zum Lernen und Weitergeben der Methode hatte, konnte Alberto Ama-Deus nur in Nordamerika lehren.

Meine eigenen Nachforschungen bei den Guaraní erbrachten erstaunliche Beweise für ihre spirituelle Natur, ihre Lebensweise. So konnte ich die plötzliche Veränderung in Albertos Leben noch besser verstehen und warum er so viel Zeit mit den Guaraní verbringen wollte. Die Verbindung schien vorherbestimmt zu sein – die Guaraní wussten, dass er kommen würde. Seine letzte große Aufgabe war es, für die Menschenrechte eines indigenen Volkes einzutreten, das ihre Lebensweise zu verlieren drohte. Noch wichtiger ist, dass Alberto, bevor er aus dem Leben schied, mit Unterstützung der Guaraní ein altes Heilsystem bewahrte – ein wertvolles Stück heiliger Weisheit. Ich glaube, das war seine größte Leistung und sein größtes Geschenk an die Welt.

KAPITEL 3

DIE MENSCHEN DES WALDES

*Wahrer Glaube ist echtes Leben; Leben mit der ganzen
Seele, mit all seiner Güte und Rechtschaffenheit*
-Albert Einstein

Bevor die Europäer ihnen diesen Namen gaben, nannten sich die Guaraní einfach „Ava", was Männer bedeutet. Alberto benutzte den von den Europäern gegebenen Namen Guaraní, was „Volk des Waldes" bedeutet. Er erklärte, dass die Guaraní zu den ältesten indigenen Völkern der Welt gezählt werden können und schätzte ihre Kulturgeschichte auf mehr als sechstausend Jahre.[17]

Mein erster Eindruck von diesem Volk war entstanden, als ich Alberto im Unterricht zuhörte. Man konnte sich ein einfaches Volk vorstellen, das ein sehr spirituelles Leben führte und bereit war, seine heiligen Bräuche mit einem Weißen zu teilen. Weitere Einzelheiten über Albertos Erlebnisse fand ich in seinen persönlichen handschriftlichen Notizen auf Englisch und einigen in seiner Muttersprache Portugiesisch.

Alberto beschrieb ausführlich die Lebensweise der Guaraní und seine Erfahrungen mit dem Pajé-Schamanen. Die Guaraní empfingen ihn mit bedingungsloser Liebe, stellten nie etwas in Frage, gaben und teilten immer. Er sprach davon, dass sie ein zutiefst spirituelles Volk sind, das Ehrfurcht vor jeder Art von Leben hat. Alberto sagte: „Die Flüsse, die Vegetation, die Bäume, die Berge und die Sterne werden alle als ihr Zuhause betrachtet. Alles ist bedingungslos Geist und Seele." [18]Diese bedingungslose Liebe zu allem Leben ist es, die ihr spirituelles Gleichgewicht aufrechterhält; sie verleiht ein gesundes irdisches Leben und Seelenfrieden.

Kapitel 3: Die Menschen des Waldes

Er wies nachdrücklich auf die Ehrfurcht und den Respekt hin, der allen Kindern entgegengebracht wird, da sie als wiedergeborene Seelen angesehen werden.

„Die Reinkarnation ist grundlegend für das Leben und die Existenz des Stammes." [19] Kinder haben bei den Guaraní einen sehr hohen Stellenwert. Alberto schloss sich dieser Lebensauffassung voll und ganz an und erzählte gerne von der Beziehung der Guaraní zu ihren Kindern.

Mein Erstgeborener hat diese Perspektive auf die Reinkarnation nur Stunden nach dem Tod meines Vaters zum Leben erweckt. In den letzten drei Lebensmonaten meines Vaters lebten meine beiden Söhne und ich mit meinen Eltern unter einem Dach. Zwischen meinem Vater und meinem dreijährigen Sohn Michael entwickelte sich eine besondere Bindung. Es war unheimlich, wie die beiden die Gedanken des jeweils anderen zu ergänzen wussten. Als mein Vater im Krankenhaus lag und kurz vor dem Übergang stand, sorgte ich dafür, dass ein Freund der Familie bei Michael übernachtete. Michael schlief, während meine Mutter und ich mit meinem zwei Monate alten Sohn ins Krankenhaus fuhren, wo wir bis zum Tod meines Vaters bleiben wollten.

Als wir um fünf Uhr morgens nach Hause kamen, waren alle Familienmitglieder anwesend und unterhielten sich, was Michael aufweckte. Ich ging schnell in sein Zimmer, nahm ihn in die Arme und hielt ihn fest, während ich zurück ins Familienzimmer ging, wo alle versammelt waren. Auf dem Weg dorthin wählte ich vorsichtig die Worte, um mit ihm über den Tod seines Großvaters zu sprechen. Wir hatten uns auf diesen Moment vorbereitet, indem wir einige Kinderbücher gelesen hatten, in denen der Verlust eines Großelternteils geschildert wurde. Als mein Vater schwächer wurde, verstand Michael, wie die Geschichten, die wir gelesen hatten, mit dem Gesundheitszustand seines Großvaters zusammenhingen. Ich nahm meinen Sohn fest in den Arm und sagte: „Michael, dein Großvater ist gestorben."

Sofort wurde er wütend und schrie: „Du hast mich nicht mitgenommen. Du hast mich nicht zu ihm gebracht! Ich musste mich verabschieden, Mama!"

„Oh, Michael, es tut mir so leid, dass ich dir dabei nicht helfen konnte." Er drückte meinen Hals fest an sich und weinte. In Gedanken überlegte ich, wie ich seine Seele besänftigen und eine angemessene Antwort finden könnte.

Er hob den Kopf, berührte mein Gesicht mit beiden Händen, zögerte den Bruchteil einer Sekunde und sprach dann voller Vertrauen mit zarter, aufrichtiger Stimme: „Mach dir keine Sorgen, Mama, Opa wird wiedergeboren werden."

Ich blieb stehen, schaute ihm tief in die Augen und fragte mich, woher dieser Gedanke kam, und antwortete schließlich: „Ja, Michael, Großvater wird wiedergeboren werden."

Meine Mutter antwortete auf diese kleine Interaktion: „Aus den Mündern von Kindern". Von diesem Zeitpunkt an betrachtete Michael die gesamte Beerdigung wie ein Fest. Er liebte es, mit all den Menschen zusammen zu sein und über seinen Großvater zu sprechen.

Dies war nur einer von vielen bedeutsamen Momenten, in denen mich meine Kinder daran erinnerten, wie weise und aufmerksam sie sein können. Als Alberto meine Kinder zum ersten Mal traf, richtete er sich auf und sagte in einem ehrfürchtigen Ton: „Hmm, zwei sehr alte Seelen." Ich versuche, diese Tatsache bei der Geburt und Erziehung meiner Kinder im Hinterkopf zu behalten, denn ich weiß, dass ich nur die Betreuerin für diese wunderschönen Seelen bin.

In meiner Rolle als liebevolle Kinderbetreuerin war ich fasziniert davon, wie die Guaraní aus einer seelischen Perspektive mit ihren Kindern umgingen. Laut Alberto haben die Eltern ihren Kindern beigebracht, dass das Zuhause nicht an der Tür endet; die Erde, die Bäume, die Vegetation, die Vögel, die Tiere, die Seen, die Flüsse, die Meere – all das ist eine Fortsetzung des Zuhauses. Mehrere Guaraní Familien schliefen und versammelten sich als eine Familieneinheit unter einer hölzernen Behausung mit Palmenstrohdächern. In diesem Gebäude brannte immer ein Feuer. Als ich die Guaraní schließlich selbst besuchte, hörte ich selten ein weinendes Kind. Es ist in ihrer Gemeinschaftskultur üblich, dass Kinder nicht viel weinen.

Die Guaraní lehren die Kinder die Meditation, da man davon ausgeht, dass sie, wie alle anderen auch, die Fähigkeit haben, mit heilenden Energien zu arbeiten. Einige Kinder singen, um eine anerkannte natürliche Fähigkeit zu entwickeln und Pajés oder Schamanen zu werden. Die Kinder, die sich zum Pajé ausbilden lassen, lernen von den älteren Frauen, die sich auf die Bewahrung des Wissens über das Pflanzenreich spezialisiert haben, etwas über Heilpflanzen. Beispiele für diese Pflanzen sind die *Crues-Rebe*, die der Leber hilft, die *Pipi* bei

Erkältung und Grippe, die *Carqueja* zur Unterstützung des Magens und die rosa Blume (Pau d'Arco) bei Krebs.[20] Andere Pflanzen werden für Konservierungsmittel, Kompressen und Tees verwendet, da das brasilianische Amazonasbecken hunderttausende Arten beherbergt, die aufgrund ihrer medizinischen Eigenschaften heilende Wirkung haben.

Der Pajé ist der geistige Führer der Guaraní Gemeinschaft. In seiner Ausbildung lernt er, ruhig und freundlich mit den Menschen umzugehen – er ist nicht wie ein Diktator oder Richter. Durch diese Ausbildung lernt er, „andere Formen von Kulturen, Regierungen und den weißen Mann zu respektieren".[21]

Das Gebetshaus hat die gleiche Bauweise wie ihre Häuser und dient als Ort, an dem sich die gesamte Gemeinschaft jeden Abend bedingungslos trifft. Alberto erzählte von den nächtlichen Versammlungen und wie fasziniert die Menschen waren, als sie sich auf die Sterne und den Mond konzentrierten.

Das Gebetshaus der Guaraní ist das spirituelle Zentrum des Dorfes und der Lebensmittelpunkt der Menschen. Als Alberto bei den Guaraní lebte, versammelte er sich jeden Abend mit dem ganzen Dorf, um zu beten, zu meditieren und Heilungen durchzuführen. Die Frauen bereiteten zwei Getränke zu. Das eine war ein süßes Getränk für das soziale Gedenken namens *Kangui*, das andere, *Kanguijy*, ist bitter und wird nur vom Pajé bei der Heilung verwendet. Die Männer benutzen Instrumente, die ähnlich wie Gitarren aussehen und spielen sie wie Geigen. Von großer Bedeutung für die Waldbewohner ist der Glaube, dass die Musik ihnen bei der Meditation hilft – die Musik hält sie nahe bei Gott, bei der Quelle der Heilung.

Das Singen heiliger Lieder vermittelt den Guaraní ein Gefühl der Verbundenheit mit der Geisterwelt. Alle im Dorf singen, wenn sich der Pajé in Trance versetzt. Der Pajé beginnt jede Abendzeremonie, indem er seine Pfeife anzündet und viel Rauch erzeugt. Er singt, tanzt und skandiert, während alle Anwesenden ihn beim Singen heiliger Lieder unterstützen.

Alberto bemerkte, dass er beim Singen der Lieder eine eindeutige körperliche Schwingung gespürt hatte, eine unerklärliche Empfindung, die im Körper über das normale Hören hinaus spürbar war. Wenn die Verbindung gefühlt oder körperlich wahrgenommen werden konnte und eine Schwingung entstanden war, begann der Pajé mit den

Heilungszeremonien. Er wurde dann zum *Ñande Ru* – dem Guaraní-Begriff für die heiligste Form des „Vaterseins". Alberto bemerkte auch, dass der Pajé viel lauwarmes Wasser trank und während seiner Arbeit wiederholt das Wort *Ñandéva* sagte oder betete. Ñandéva ist ein Guaraní Wort für den Aspekt der Liebe Gottes (es bedeutet wörtlich „das ganze Volk") und ist ein wesentlicher Bestandteil des Heilungsprozesses der Guaraní.

Nachdem er zweieinhalb Jahre bei ihnen gelebt und ihr Vertrauen gewonnen hatte, erlaubten sie ihm schließlich die Teilnahme an den Zeremonien und gewährten ihm freien Zugang zum *Opy*. Alberto hatte die Ehre, an der Seite des Pajé zu sein und ihn bei der Heilung zu beobachten und mit ihm zu arbeiten. Alberto erzählte am Ende eines Heilungsrituals, wie der verzauberte Pajé als Ñande Ru ihn ehrte und im Innersten seines Herzens berührte, indem er ihn Ñandéva – die Liebe Gottes – nannte.

Die Guaraní glauben nicht an Krankheit; sie sehen alles als Geist und glauben, dass äußere Kräfte ein Ungleichgewicht verursachen. Wenn die äußere Kraft oder der unerwünschte Geist oder die Energie entfernt wird, werden die Auswirkungen auf den physischen, emotionalen und mentalen Zustand einer Person aufgehoben und das Gleichgewicht wiederhergestellt.

Viele Menschen von außerhalb des Dorfes kamen zur Heilung; einige blieben einundzwanzig Tage lang. Sowohl die Pajé als auch die Menschen, die zur Heilung kamen, hielten spezielle Diäten ein. Die Guaraní kannten das Konzept der Meridiane und verwendeten Bambussprossen im Ohrläppchen als Methode zur Akupunktur. Während des einundzwanzigtägigen Heilungsaufenthalts brachten die Gemeindemitglieder liebevoll heiliges Wasser aus dem Amazonas, boten spezielle Nahrungsmittel zur Unterstützung des Heilungsprozesses und Massagen an, auch Akupunkturbehandlungen, Informationen, die sie in ihren Träumen erhalten hatten und das Ñandéva – alles teilten sie bedingungslos.

Zu der Zeit, als Alberto mit den Guaraní zusammenarbeitete, waren die sozialen Auswirkungen, die durch den Verlust ihres Landes entstanden waren, ein Hauptanliegen des Volkes. Er beobachtete oft, dass die Stammesmitglieder ärgerlich und traurig wurden, weil „die Weißen ihnen immer etwas wegnehmen wollten. Und sie brachten immer absichtlich oder unabsichtlich Krankheiten mit."[22] Alberto sorgte sich um die jüngere Generation und die psychologischen Auswirkungen, die die Abholzung und der buchstäbliche Verlust ihrer Heimat auf sie haben würden. Alberto war so besorgt um ihr Wohlergehen, dass er Psychologen ins Dorf kommen ließ, um ihnen bei der Bewältigung der Situation zu helfen. Dies geschah in einer Zeit, in der sich die Guaraní-Jugendlichen aufgrund des Drucks, der in einer Kultur entsteht, die ihre Identität verliert und mit der Umsiedlung und dem Verlust ihres Landes konfrontiert ist, sich das Leben nahmen, indem sie sich aufhängten.

Während einer dieser sehr beschwerlichen Zeiten im Dorf näherte sich Alberto einer verzauberten Frau, die die Fähigkeit hatte, in den Traumzustand sehen zu können. Als er sich dieser Frau unter Tränen näherte, schüttete er der Träumerin sein Herz aus. Sie antwortete ihm: „Wenn du deine eigene Realität erschaffst, brauchst du dir keine Sorgen zu machen."

Alberto erklärte seinen Zuhörern später leidenschaftlich: „Hier war jemand, der die Zerstörung seiner Heimat und seiner Kultur mit ansah und dennoch ein klares Verständnis von allem und ein großes spirituelles Bewusstsein hatte."

Alberto wurde ein motivierter Aktivist für die Rechte der Guaraní und trat Organisationen wie der *Stiftung zur Rettung der Regenwälder*, Greenpeace und *Amnesty International* bei. Die offen gegen die Regierung gerichteten Demonstrationen und der Kampf für die Guaraní brachten Alberto mehrmals in brasilianische Gefängnisse. Die Zusammenstöße mit den brasilianischen Regierungstruppen brachten Haftstrafen und schwere Folterungen mit sich. Eine Foltermethode waren Elektroschocks, die zu körperlichen Verletzungen führten, eine andere war die absichtliche Ansteckung mit Krankheiten wie Cholera. Die Polizei beschlagnahmte alle Aufzeichnungen Albertos, die sein Wissen über Kräuter und alles Material beinhalteten, das mit seinen Erfahrungen mit den Guaraní zu tun hatte. Diese unmenschliche Behandlung und die verheerenden Krankheiten, die er sich in den brasilianischen Gefängnissen zugezogen hatte, führten zu einem gesundheitlichen Zusammenbruch, was ihn jedoch nicht von seiner Entschlossenheit abhielt, den Guaraní helfen zu wollen. In Albertos Vorträgen war seine Leidenschaft, die Guaraní und ihre Heimat zu retten, deutlich zu erkennen und offenbarte einen Einblick in seine wunderbare Beziehung zu diesem Volk. Alberto verriet nicht, wo dieses besondere Volk wohnte. Die Suche nach indigenen Völkern im Amazonasgebiet, die der Weltöffentlichkeit nicht bekannt sind, erreichte schnell die Berichterstattung verschiedener Medien.

Der Umgang mit den Eingeborenen ist von öffentlichem Interesse, Alberto hätte niemals zugelassen, dieses öffentliche Interesse zu unterstützen.

Alberto wies auf die Gefahren hin, die mit den Kontakten zu den Ureinwohnern verbunden sind. Es sei die physische Umgebung zu berücksichtigen, und der Kampf der Eingeborenen mit der Regierung um ihr Land war in den frühen achtziger Jahren intensiv. Ich fand dieses Zitat in einem aufgezeichneten Vortrag, in dem Alberto diesen Kampf in gebrochenem Englisch erklärte:

> Ich werde dieses Jahr auf meiner Tour eine Pause einlegen, [was bedeutet, dass er seine Reisen ändern würde], um Zeit mit dem Stamm zu verbringen, für den ich eine Patenschaft übernommen habe. Natürlich bin ich kein Indianer… Ich wurde nicht im Dschungel des Amazonas geboren. Sie sind sehr wählerisch. Sie mögen es nicht, den weißen Mann zu unterrichten, weil sie denken, dass der weiße Mann nur kommt, um von ihnen zu nehmen, niemals, um zu geben oder zu entzweien [teilen]. Und die Möglichkeit, dass ich mit ihnen in Kontakt treten konnte, entstand nur durch einen Zufall. Mein Onkel und mein Cousin schweben in Lebensgefahr, wenn man sie für die Außenwelt exponiert[sic].[23]

Einmal, als Alberto das Volk und den Dschungel verließ, berührte ihn der Kazike am Herzen und sagte einfach: „Vergiss das Ñandéva nicht." Der Kazike erzählte Alberto einmal, dass sie bereit wären, alle ihre Heilmittel, Kräuter und Ñandéva zu teilen. Ihr einziger Wunsch war es, ihr Land behalten zu können – ein Geschenk des großen Vaters Ñande Ru für die Waldbewohner, um ein spirituelles Leben zu führen.

Obwohl die Regierung während seiner Inhaftierung Albertos Aufzeichnungen und alle irdischen Besitztümer, die mit den Guaraní zu tun hatten, beschlagnahmt hatte, konnten sie ihm seine Initiation am Ufer des Amazonas nicht nehmen. Er trug ihre heiligen Heilmethoden fest in seinem Herzen. Der leidenschaftliche Alberto lehrte ihre

Kapitel 3: Die Menschen des Waldes

Heilmethode aus Respekt vor den Guaraní, die ihn aufforderten, die Liebe, den Ñandéva, mit der Welt zu teilen. Die Heilmethode Ama-Deus ist ein Geschenk der Guaraní und ein Opfer von Alberto Aguas, um eine alte heilige mündliche Tradition zu bewahren.

Bevor ich auf weitere Beschreibungen von Albertos Lehre der Ama-Deus-Methode eingehe, wollte ich einen ausführlichen Einblick in die Lebensweise der Guaraní geben, die seit Tausenden von Jahren diese heilige mündliche Tradition bewahren. Albertos Geschichten wurden mehr als bestätigt. Aufzeichnungen mystischer Geschichten der letzten Jahrhunderte aus dem Leben der Guaraní bestätigen, dass ihre Kultur ein mündliches Wissen von immenser spiritueller Bedeutung mit sich trägt. Dadurch wurde deutlich, was Alberto an diesem Volk des Waldes so geliebt hat.

TEIL II

EINE GESCHICHTE DER GUARANÍ

Mbaracambri eilte an die Seite des sterbenden älteren Pajé. Der Pajé bat Mbaracambri in verzerrten, geflüsterten Tönen inständig zu beten: „Hör nicht auf! Hör nicht auf! Mbaracambri, du musst die ganze Zeit beten und tanzen. Sei nicht schwach in deinem Gebet. Das Gebet wird dich auf dem richtigen Weg halten. Bete und tanze, um die heilige Leuchtkraft zu erhalten. Du musst jetzt der Hauptpajé sein, um die Wortseelen zum Wohle des Waldvolkes hervorzubringen." Als er sein Plädoyer beendet hatte, schloss Großvater Pajé die Augen und entspannte seinen Körper in der Hängematte. Er lächelte und murmelte einen heiligen Gesang, ein Lied, das ihm den Weg in das Land ohne Übel weisen würde.

Mbaracambri suchte seine Rassel in der Nähe der Behausung, wo er den Angriff erlebt hatte. Er brauchte sein verehrtes Instrument, um zu beten, wie es der Älteste verlangt hatte.

Tangara kam an Mbaracambris Seite und rief: „Wir müssen zurückschlagen, Mbaracambri!"

Mbaracambri sprach direkt zu Tangara: „Geh und sieh nach dem leidenden Volk und kehre zurück, wenn du getan hast, was nötig ist. Ich muss jetzt für Großvater Pajés scheidende Seele singen." Tangara sah voller Mitgefühl zu, wie sein Freund, der seine Frau und seinen Sohn verloren hatte, sein heiliges Instrument, seine Mbaraká, holte.

Mbaracambri drehte sich in die Richtung des scheidenden Pajé, während Tangara respektvoll dem Ruf folgte. Mehrere Menschen hatten sich bereits um den älteren Pajé versammelt. Mbaracambri hob seine heilige Kalebasse, um sein Abschiedslied für die Seele des Alten anzustimmen, als er plötzlich seinen Namen hörte.

„Mbaracambri! Komm näher, siehst du das? Es ist so hell. Ich sehe die Leuchtkraft. Mein Herz schwillt an von der Liebe zu Ñandéva, ich... höre schöne Wortseelen ... Höre, wie ich diese schönen Worte spreche!" Mbaracambri senkte seinen erhobenen Arm, der die Mbaraká hielt, und lehnte sein Ohr nahe an das Gesicht seines Großvaters, um den Ältesten besser zu hören. „Die Waldmenschen werden eine Reise unternehmen, deren Anfang und Ende unterschiedlich und doch gleich sind." Als seine Stimme mit dieser letzten Botschaft leiser wurde, flüsterte der Älteste: „Die Steine, hol die heiligen Steine zurück, Mbaracambri." Dann dann tat er seinen letzten Atemzug. Die Frauen weinten vor Kummer.

Mbaracambri nahm sich die letzte Botschaft des Ältesten zu Herzen und begann zu singen.

Mbaracambri öffnete seine Arme weit und sang in großer Liebe zu Großvater Pajé. Andere schlossen sich ihm an. Er konnte spüren, wie sich die Energie aufbaute, als der Gesang schließlich das ganze Dorf erfasste. Mit geschlossenen Augen beobachtete Mbaracambri, wie sich eine silberne Schnur vom Körper des Ältesten löste und sich ein funkelnder Lichtstrahl in Richtung des Pfades bewegte, auf dem das große Licht von Kuarahy aufsteigt. Dann wurde er Zeuge, wie ein goldener Lichtregen auf das Waldvolk niederging und es mit ekstatischer Liebe erfüllte. Mbaracambri wusste, dass er und sein Volk des Waldes nicht allein waren. Als er diese Energie der Liebe empfing, schüttete er sie aus seinem Herzen auf den Ältesten und alle Menschen aus, sogar auf Tupanchichù und seine Krieger. Er wusste, dass dieser goldene Segen seine Stütze und Stärke war; ohne ihn gab es kein Leben und keine Richtung. Und so schüttete sein Herz Lieder der Dankbarkeit an Ñande Ru aus.

Mbaracambri öffnete langsam seine Augen. Einen Moment lang war er sich nicht bewusst, wie lange der Gesang gedauert hatte. Er ortete die Position des großen Kuarahy, der inzwischen etwas mehr als die Hälfte des Himmels hinter sich gelassen hatte. Tangara war an seiner Seite; die Frauen weinten noch immer über den Verlust ihres älteren Pajé und anderer, die in dem Gefecht verloren gegangen waren. Sein Sohn Veraju hatte eine lange Wunde an seinem Bein, aber es ging ihm gut. Mbaracambri fühlte, dass er wieder in seinem Körper war und sprach zu den Dorfbewohnern, um sie um Hilfe zu bitten, den älteren Pajé in seine Hängematte zu wickeln und seinen eingewickelten Körper in das Gebetshaus zu tragen. Veraju nickte und zeigte dadurch seine Bereitschaft zu helfen.

Tangara nahm sich einen Moment Zeit, um Mbaracambri die Neuigkeiten aus dem Dorf mitzuteilen: „Mbaracambri, es gibt nur zwei andere, die von Pfeilen getroffen wurden, und sonst einige mit leichten Verletzungen."

Mbaracambri wandte sich an die Familien, von denen Mitglieder getötet worden waren, und sprach direkt zu ihnen: „Lasst uns den Seelen helfen und die Körper für die Reise in das Land ohne Übel vorbereiten. Frauen, sammelt bitte alle persönlichen Gegenstände eurer Angehörigen ein, und Männer, legt eure Angehörigen ehrfurchtsvoll in zwei Kangui Gefäße. Grabt in eurer Wohnung eine Stelle in die Erde, an der ihr die Tongefäße aufstellen könnt. Wenn dies geschehen ist, versammeln wir uns alle in der Opy mit dem ruhenden großen Licht und singen den verstorbenen Seelen eine sichere Reise.

Wir werden singen und tanzen, bis es dunkel wird, um dann dem Licht von Jesyju zu folgen."

Von allen Bewohnern des Dorfes hatte Mbaracambri die meisten heiligen Lieder erhalten. Er hatte der Gemeinschaft viele Male seine Fähigkeit demonstriert, mit Ñande Ru und den kleineren Göttern zu sprechen, und empfing nun schon seit mehreren Jahren Lieder und Visionen. Er arbeitete an der Seite des verstorbenen älteren Pajé.

Das Volk schaute nun auf Mbaracambri als Anführer. Mbaracambri wurde das Herz schwer, als er an seine Frau und seinen Sohn dachte. Er hatte seine erste Frau, die Mutter von Veraju und Kitu, durch eine große Katze verloren, als sie auf den Maniok- und Maisfeldern arbeitete. Seine jetzige Frau Yyvkuaraua war die Tochter des älteren Pajé. Schon in jungen Jahren ging sie bei ihrem Vater in die Lehre als Heilerin. Ihr Lied zum Heilen erhielt sie als kleines Kind in einem Traum. Da es bei den Pajé üblich war, während des Studiums der heiligen Wege keine intimen Beziehungen einzugehen, heiratete Yyvkuaraua später im Leben. Sie wählte Mbaracambri einige Monde nach dem Tod seiner ersten Frau.

Nach ihrer Hochzeit verging eine ganze Maissaison, als Mbaracambri nach mehreren Tagen des Tanzes und der Gesänge während des Erntefestes einen wunderbaren Traum hatte. Die Götter riefen ihn auf, ihnen an einen Ort von großer Schönheit zu folgen. Dort wurde ihm eine große Seele gezeigt, die bald zu ihm und Yvkuaraua kommen würde. In Vorbereitung auf diese kommende Seele änderten Mbaracambri und Ykuaraua ihren Tagesablauf, indem sie bestimmte Nahrungsmittel zu sich nahmen und ihre Arbeit einschränkten, so wie es bei den Waldbewohnern üblich war. Die eintreffende Seele wurde hoch verehrt, und diese Ehrfurcht hielt während der Empfängnis, der Schwangerschaft, der Geburt und für mehrere Monate nach der Geburt der Seele an.

Die Geburt von Arapotiyu brachte große Freude in die Familie und in die Gemeinschaft der Waldbewohner. Großvater Pajé führte den Vorsitz bei der Namensgebungszeremonie, die eine kraftvolle Botschaft vermittelte, als er den Namen seines Enkels, Goldene Blume des Tages, erhielt. Mbaracambri beobachtete, wie der ältere Pajé sich intensiv um die Erziehung des Kindes kümmerte, da er die besonderen Fähigkeiten und die Rolle sah, die es für die Waldmenschen spielen würde. Als das Kind heranwuchs und sich häufig bei Großvater Pajé aufhielt, wurde der Gemeinschaft verkündet, dass Arapotiyu auch bei allen Heilungen, die das Dorf benötigte, dabei sein würde.

All dies ging Mbaracambri durch den Kopf, als er das Dorf beobachtete. Die vielen Sorgen und Fragen der benommenen Waldbewohner holten ihn in die Gegenwart zurück. Er kämpfte gegen die melancholischen Gefühle an und kehrte zu seinem Lied und seinem Herzen zurück, um das goldene Licht zu spüren. Mbaracambri übernahm die Rolle des älteren Pajé und wies die Leute an, Holz zur Behausung zu tragen, in der die Leichen in den Kangui Gefäßen bestattet wurden. Das Holz wurde benötigt, um das Feuer für die zwei Tage des Singens am Brennen zu halten. Die Füße der Verstorbenen wurden in Richtung des aufsteigenden Lichts gestellt, um den Seelen zu helfen, den Weg ins Jenseits zu finden. Das Feuer beleuchtete den Weg der aufsteigenden Seelen in das Land des Paradieses. Für die Waldbewohner war es wichtig, der Seele zu helfen, in das Land des Paradieses zu gelangen, das Land, in dem es kein Übel gibt. Für Mbaracambri und die Waldmenschen war der Tod nicht furchterregend oder traurig, da die Seele nicht stirbt und wiedergeboren werden kann.

Die einzige Angst der Waldbewohner, die mit dem Tod in Verbindung gebracht wird, ist die Angst vor den wandernden Seelen. Sie werden mehr gefürchtet als ihre Angreifer. Mbaracambri hielt an den Gebeten fest, die die Gemeinschaft dazu brachten, den Übergang der Seelen in die Helligkeit zu unterstützen und sie nicht im Wald umherirren zu lassen. Die Waldbewohner folgten Mbaracambri mit großer Aufrichtigkeit und Hingabe im Gesang, um den Seelen zum Licht zu verhelfen, zu einem Land ohne Böses.

Als Mbaracambri die Zeremonien und die Versammlung im Opy organisierte, trat Tangara an seine Seite und signalisierte erneut Bereitschaft, ihr Volk aufzuspüren und zurückzugewinnen.

„Wir sind enge Freunde, Tangara. Als Jugendlicher fühltest du dich von den Tänzen angezogen, die den Körper schnell, stark und beweglich für die Jagd machen. Heute bist du der Anführer bei den heiligen Gesängen und Tänzen für die Jagd. Ich hingegen habe immer danach gestrebt, meine Poriee zu entwickeln. Der Älteste ist fort. Unsere gute Freundschaft mit den vielen Liedern, die wir gemeinsam singen, wird dem Dorf helfen, an Macht zu gewinnen. Das Dorf braucht deine Stärke hier im Opy. Das ist der Weg der Waldmenschen, auf die Götter zu hören, denn ihre Botschaften werden uns wahre Führung geben." Gerade als Mbaracambri zu Ende gesprochen hatte, näherte sich Kitu leise und legte eine sanfte Hand auf Mbaracambris Schulter.

Er drehte sich von Tangara zu seiner Tochter um und sprach in einem sanften, beruhigenden Ton zu ihr: „Mache dir keine Sorgen, mein liebes

Kind, denn deine zweite Mutter ist sehr weise, und sie wurde nicht verletzt. Wir müssen für eine sichere Rückkehr beten. Das große Licht Kuarahy zeigt Anzeichen, dass es sich ausruht, und wir werden bald das Opy betreten. Kitu, könntest du bitte deinem Bruder helfen?" Mit niedergeschlagenen Augen nickte sie zustimmend und hörte sich die weiteren Anweisungen an: „Konzentriere dich auf das Heilungsgebet, während du dich um das Bein deines Bruders kümmerst. Suche nach den Heilkräutern, die deine zweite Mutter dich gelehrt hat. Ich werde dich an meiner Seite brauchen, um später in der Opy singen zu können."

Während die letzten Strahlen des goldenen Sonnenlichts im Wald verschwanden, organisierte Mbaracambri weiterhin die notwendigen Aktivitäten und gab den Waldbewohnern des Dorfes Takuaty durch seine Stimme Kraft.

Allen war klar, dass die Vorbereitungen für die Seelenwanderungszeremonie zwei Nächte und Tage dauern würden, und sie waren mit neuer Energie bereit, Mbaracambris Anweisungen in Stille zu befolgen. Sie sehnten sich nach den nächtlichen Gesängen, die sie näher an die schöne Quelle brachten. Tanzen und Singen öffneten immer ihre Herzen, und ihr Geist und ihr Körper fühlten sich leichter an. Während sie ihre heiligen Lieder sangen, verschwanden die schweren weltlichen Gefühle.

Die Zeremonie wurde mit dem Teilen eines besonderen Getränks eingeleitet. Das Kangui wurde für alle Waldbewohner herumgereicht, während das Kanguijy speziell für Mbaracambri zubereitet und reserviert. Als er sein spezielles Kanguijy trank, kurz bevor er das Opy betrat, spürte Mbaracambri, wie ein sanfter, warmer Wind sein Hemd streichelte. Er blickte kurz zum Himmel auf, und mit geschlossenen Augen konnte er Yvvkuaraua spüren. Er konnte sie riechen, und seine Sinne entspannten sich in dieser angenehmen Gegenwart. Er wusste, dass sie für die Seele ihres Vaters und für das Wohl ihres ganzen Dorfes singen würde.

Mbaracambri betrat die Opy mit leichterem Herzen und mit großer Konzentration, um die Zeremonie zu leiten, und für einen kurzen Moment konnte er die Worte des Ältesten in seinen Ohren klingen hören. Er wusste, dass er stark bleiben musste. Er durfte sich nicht den bösen Gefühlen wegen des Angriffs gegen und des Verlusts seiner Familie hingeben. Er musste beten und um Führung tanzen. Mbaracambri wusste aus früheren Erfahrungen, dass er immer in Versuchung geführt wurde, bevor er ein großes Lied erhielt. Geistliche Gaben waren immer mit einer Herausforderung verbunden, und jetzt stand er vor seiner größten Herausforderung. Angesichts des Aufruhrs und der großen Störung der Mbiroy im Dorf an diesem Tag, stellte sich Mbaracambri allein seinen inneren Gefühlen und vertraute ganz auf die heiligen Wege seines Volkes.

In seinen vergangenen Träumen lehrten ihn die Geister, wie man heilt, tanzt, singt und lebt. Mbaracambri wusste, dass er seine Verbindung zur Geisterwelt verlieren könnte, wenn er auf die Angst in seinem Volk hörte. Um sich darauf vorzubereiten, einen besonderen Traum oder eine Vision zu erhalten, musste er stundenlang beten und tanzen. Auf diese Weise unterstützte er seine Gemeinschaft als älterer Pajé, indem er mit der Geisterwelt kommunizierte, um Frieden und Liebe zu bringen. Durch ihre heiligen Gesänge – die Wortseelen – wurden sie geleitet, was dem kleinen Dorf der Waldbewohner großen Trost spendete.

Als Pajé rauchte Mbaracambri seine Pfeife und summte einen leisen Ton, während er seine Füße im Einklang mit dem Gesang aller Dorfbewohner bewegte. Da Yyvkuaraua nicht mehr da war, unterstützte Kitu nun ihren Vater mit ihrem Takuá und Gesang, während er sich in Trance versetzte. Die Männer auf der einen Seite sangen, und die Frauen antworteten, während sie ihre Takuá auf den Boden schlugen, um einen rhythmischen, erdigen Klang zu erzeugen. Als der Gesang immer intensiver wurde, tanzte, sang und betete Mbaracambri mit seiner Rassel und hörte nicht auf, bis zwei Nächte und zwei Tage vergangen waren.

Während der langen Zeremonie der Gebete und Tänze hatte Mbaracambri eine Vision des Großvaters Pajé, der zu ihm sprach: „Mbaracambri, die letzten Anweisungen sind Wortseelen für dich. Höre wieder zu! Die Waldmenschen werden eine Reise unternehmen, deren Anfang und Ende unterschiedlich, aber gleich sein werden. Merke dir das und hole die heiligen Steine."

Nach der letzten Nacht der Zeremonie, kurz bevor die goldenen Strahlen das Kommen Kuarahys ankündigten, kamen die Geister im Traum zu ihm: Die niederen Götter, die von Ñande Ru, dem Einen Vater, angewiesen worden waren, teilten Mbaracambri mit, dass sie auf dem heiligen Weg weiterleben würden.

Er wurde ermutigt, das Dorf auf eine Reise entlang eines Pfades in Richtung des aufgehenden Großen Lichts zu führen. Sie zeigten Mbaracambri den neuen Raum, in den die Waldbewohner umziehen sollten, einen Raum, in dem Mbiroy mit der himmlischen Welt gedeihen konnte. Auf dem Weg dorthin wurde ihm einfache Nahrung aus wilden Wurzeln, Beeren, Kungui,

Honig und Wasser gezeigt, die alle essen sollten. Die schönen Wesen lobten das Dorf auch für ihren Gesang, mit dem sie ihren älteren Pajé und ihre Lieben sicher in das Land ohne Übel begleitet hatten. Mbaracambri erwachte aus seiner tiefen Trance und teilte den Waldbewohnern die Aussagen der Wortseelen mit. Es ist ihre Art, das Dorf zu verlegen, wenn jemand stirbt. Die Reise kam also für das Dorf nicht überraschend, aber wo und wie sie reisen würden, das verrieten die Wortseelen. Das Dorf schaute zu Mbaracambri, um die schöne Welt der Seelen zu hören, und so sprach er zu den Menschen: „Unsere verstorbenen Familienmitglieder sind sicher im Land ohne Übel in der Obhut der himmlischen Wesen. Wir sind nun angewiesen, eine Reise zu unternehmen. Alle werden sich jetzt vorbereiten, um nach dem nächsten Aufgang von Kuarahy abzureisen. Bitte sammelt heute die Dinge, die euch auf der Reise nicht belasten werden. Nehmt euch Zeit, euch mit Maniok und Mais zu ernähren und den Fluss zu bereinigen."

Nachdem er Fragen beantwortet und beobachtet hatte, wie sich alle zerstreuen, um mit den Vorbereitungen zu beginnen, neigte Mbaracambri sein Gesicht mit geschlossenen Augen zum Himmel und schüttelte seine Mbaraká, während er zum Dank für die Führung einen Gesang anstimmte. Bald spürte er, wie sanfte Wärme seinen Körper durchflutete, und ein starkes goldenes Licht erschien in seiner inneren Vision. Dieses Licht ging über in eine Vision des Raumes unter dem Altar im Opy. Er folgte der Vision in das Haus des Gebets. Er kniete nieder und bewegte die Erde mit seinen Händen, wie es seine innere Vision angeordnet hatte. Er grub ein kleines Loch und stieß auf zwei Steine. Die beiden Steine, ein Amethyst und ein Rosenquarz, waren so groß wie eine Kinderfaust. Als er mit den Steinen in der Hand zögerte, erinnerte er sich an die Botschaft des älteren Pajé. Er steckte die heiligen Steine in einen kleinen handgeflochtenen Schilfbeutel und legte ihn sich um den Hals und nahe an sein Herz.

Er kniete noch immer im Dreck, nahm sich einen Moment Zeit, um sich mit seinem Atem zu verbinden und sprach ein Gebet der Dankbarkeit, während er seine Hand über den Beutel legte. Er folgte den Wortseelen, die Großvater Pajé ihm mit seinem letzten Atemzug gegeben hatte, und bereitete sich für die Reise vor.

KAPITEL 4

AUS LIEBE ZUR NATUR UND ALL IHREN BEWOHNERN

*Wir können keine großen Dinge auf dieser Erde
tun, nur kleine Dinge mit großer Liebe*
-Mutter Theresa

Es ist Winter 2009, der Wasserstand des Amazonas ist niedrig genug, um das sandige Ufer freizulegen. Eine Gruppe von fünfundzwanzig Personen, zu der auch ich gehörte, überquerte den Fluss in Kanus zu einem freiliegenden Strandabschnitt. Eingehüllt in einer Decke, zitternd vor Kälte und aufgeregt wegen des bevorstehenden Abenteuers, suchte ich den Nachthimmel ab, während ich auf dem Rücken auf einer dünnen Matte am sandigen Amazonasufer lag. Als ich in den herrlichen Nachthimmel blickte, waren die Sternenkonstellationen so faszinierend, so hell und zahllos und so anders als mein gewohnter Anblick in der nördlichen Hemisphäre. Sie sahen aus, als wären sie nahe und fühlten sich auch so an.

Zwischen der Faszination und dem Wunder des Nachthimmels und der Kälte, die an meinem Körper nagte, wurden meine Augen schwer, als der Gesang des *Curandero* meine Sinne übermannte. Ich schloss die Augen, ließ mein Bewusstsein von der melodischen Stimme treiben und versuchte, mich auf meine Heilungsabsicht zu konzentrieren.

Ich bin hierher an die Ufer des Amazonas gekommen, um meine lebenslange Liebe zu den indigenen Völkern und meine fortwährende Reise zur Heilung fortzusetzen. Mein Kindheitstraum war es, vor mehr als vierzig Jahren, lange vor Ama-Deus und Alberto Aguas, alte Kulturen zu erforschen. Ein klares Bild von dem Tag meiner Kindheit, an dem ich diesen Weg wählte, liegt mir sehr am Herzen.

Als Dreiundzwanzigjährige lag ich auf dem Wohnzimmerboden und blätterte in dem zeitungsgroßen Studienplan der Universität, um an diesem Spätsommerabend mit der Planung und Organisation meines nächsten Semesters zu beginnen. Mein Vater saß in seinem Sessel, las die Zeitung und trank einen Abendcocktail. Ich hatte beschlossen, Archäologie als Hauptfach und Geologie und Französisch als Nebenfach zu studieren, nachdem ich von einem einjährigen Auslandsstudium an der Universität Grenoble zurückgekehrt war. Bei der Durchsicht des Lehrplans wurde ich auf ein anderes Studienfach neugierig.

„Okay, Dad, wie wäre es mit Astronomie?"

„Wirklich?"

„Sicher! Vielleicht hat dieses Fach bessere Aussichten für meine Karriere viel Geld zu verdienen als mit Archäologie. Ich könnte nach meinem Abschluss weitermachen und meinen Doktor machen. Dann wäre ich Dr. Cosmos!" Wir beide lachten über diese Idee.

Als ich weiterlas, rief ich aus: „Oh mein Gott, Astronomie ist raus! Die Kurse, die in diesem Lehrplan vorgesehen werden, sind alle Mathematik. Das wird definitiv nicht funktionieren. Wozu brauche ich Mathematik, um die Sterne zu studieren?"

Mein Vater lachte über meinen Ausbruch. Obwohl er ein Faible für Archäologie hatte, eine Karriere, die seiner Meinung nach keine finanzielle Sicherheit mit sich brachte, riet er mir nicht von einem Wechsel ab, sondern sagte nur seine Meinung. Die Anziehungskraft und die tief empfundene Faszination für ein Archäologiestudium bestärkten mich in meiner Überzeugung, das Studienfach nicht zu wechseln, und so wählte ich Archäologie das letzte Studienjahr, um darin meinen Abschluss zu machen.

Die Suche nach dem Verständnis der menschlichen Existenz stand schon früh in meinem Leben im Vordergrund. Es war faszinierend, über sogenannte verlorene Kulturen zu lesen und zu entschlüsseln, es war wie spirituelle Detektivarbeit zu den niemals endenden Fragen über das Leben. Der Grund dafür, während des Colleges ein Jahr im Ausland zu studieren, bestand nicht nur darin, griechische und römische Ruinen zu besuchen, sondern auch darin, verschiedene lebende Kulturen zu erleben, bevor ich sie als tot oder verloren betrachtete. Als ich aufwuchs, bot mir die Vorstadt im Mittleren Westen der USA ein beschütztes kulturelles Umfeld. Ich hatte das Bedürfnis, in anderen Kulturen zu leben und zu lernen, wie man die Perspektiven und Traditionen anderer Menschen wahrnimmt.

Dadurch, dass ich als Einzelkind und mit der sprichwörtlichen sozialen Etikette, gesehen und nicht gehört zu werden, aufgewachsen bin, fiel mir der persönliche innere Dialog leicht. Die Beobachtung meiner Umgebung wurde für mich zur Selbstverständlichkeit. Von allen Orten war mir die Natur am tröstlichsten. In der Natur gab es so viel zu beobachten, die kleinen und großen Dinge, die Pflanzen, die Tiere, das Wasser und die Mineralien, die oft als wahre Schätze in meiner Tasche landeten, die ich nach Hause tragen konnte. Die Natur regte meine Fantasie an und förderte tiefere Einsichten in universelle Prinzipien. Draußen zu sein bedeutete, im Himmel zu sein. Gott, oder wie ich es heute nenne, das Universum, das ungeschaffene Licht, die göttliche Liebe, die Quelle von allem, was ist, war für mich überall lebendig.

Ein Buch über einen indianischen Helden zog mich in der Grundschule in seinen Bann und brachte mich auf die Suche nach Geschichten, in denen die Lebensweise der Ureinwohner beschrieben wird. Ihr Lebensstil, der so sehr im Einklang mit der Natur steht, hatte mich schon immer fasziniert. Dieses erste Buch mit dem Titel *Geronimo* wurde auch zu meinem Spitznamen in der Grundschule, nachdem die Jungs in der Klasse von meinem Lesestoff erfahren hatten.

Die Beschimpfungen und Peinlichkeiten hielten mich nicht davon ab, nach weiterem Material über indigene oder Urvölker zu suchen. Diese Suche ging weiter, und die kleine Sammlung von Grundschulbüchern führte schließlich zur Entdeckung anderer verlorener Kulturen in der Zeitschrift *National Geographic*. Ich vertiefte mich jeden Monat in die Lektüre über alte Kulturen im Mittelmeerraum, im Nahen Osten oder in den frühen Dynastien des Fernen Ostens. Am interessantesten und fesselndsten waren jedoch die Kulturen der Maya und Inkas. Dieser Schwerpunkt auf den indigenen Völkern Mittel- und Südamerikas hat mich über die Jahre nicht mehr losgelassen.

In meinem ersten Studienjahr bot mir mein Onkel an, mit ihm nach Mexiko zu reisen und Akumal auf der Halbinsel Yucatan zu besuchen. *Akumal* war eine kleine Gemeinde am Strand zwischen den Städten

Playa del Carmen und Tulum. Akumal bedeutet in der Sprache der Maya „Ort der Schildkröten".

Ich sammelte wunderbare Erinnerungen an die Maya in kleinen Dörfern und auf Wanderwegen durch den Dschungel, bevor dieses Gebiet für den Tourismus erschlossen wurde. Bei dieser Gelegenheit wanderte ich durch die Ruinen von Tulum und Chichen Itza und verliebte mich in die Idee, indigene Kulturen nicht nur aus Lehrbüchern zu studieren, sondern selbst in die Überbleibsel vergangener Kulturen einzutauchen. Und das tat ich auch.

Ich schloss das College ab, und die beste Nachricht für meinen Vater war, dass ich eine Stelle in New Mexico beim *Solomon Ruins Museum* für Vertragsarchäologie bekam. Diese gut bezahlte Arbeit war sehr aufregend und befriedigend, und mein Vater freute sich, da ich so mein Studium und mein Interesse in einem Beruf einbringen konnte, der mir ermöglichen würde, für meinen Lebensunterhalt zu sorgen.

Das kleine Museum, das den ersten Weißen gewidmet war, die die Gegend besiedelt hatten, befand sich in einem Stück unbewohnten Landes zwischen Bloomfield und Farmington, New Mexico. Der Kurator dieses kleinen Museums war ein Archäologe. In den siebziger Jahren boomten die Bohrungen auf den Öl- und Gasfeldern, und ein großer Teil dieser Aktivitäten fand auf dem Land der Reservate und des *Bureau of Land Management* (BLM) statt. Alle Aktivitäten auf diesen Gebieten erforderten eine archäologische Untersuchung gemäß dem Bundesgesetz über das Altertum. Der Kurator war überfordert mit den für die Einhaltung dieser Gesetze erforderlichen Unbedenklichkeitsstudien. Mein Eintritt in das Unternehmen trug dazu bei, den Rückstand bei den Anfragen abzutragen, und verschaffte mir gleichzeitig direkte praktische Erfahrungen.

Fast zehn Jahre lang habe ich im Auftrag der drei großen Öl- und Gasunternehmen archäologische Untersuchungen durchgeführt und in den verschiedenen Reservaten gearbeitet. Diese Feldarbeit brachte mich auch in Kontakt mit den verschiedenen Stammesregierungen in der Region, wie den verschiedenen Pueblos, den Mountain Ute, den Navajo und den Verwaltungsräten der Jicarilla Apache Nation. Die Interaktionen mit den verschiedenen Stämmen sowie die zahlreichen Landbesichtigungen brachten viele unterschiedliche Erfahrungen mit sich und befriedigten meinen Durst nach Nähe und Wissen über indigene Lebensweisen.

Mein beständiges, tief verwurzeltes Interesse und meine Erfahrungen mit der Lebensweise der Eingeborenen weckten in mir den starken Wunsch, Albertos Aufzeichnungen und Vorträge über die Guaraní weiter zu erforschen. Diese tiefer gehende Untersuchung erklärte, warum er sich so sehr in die Lebensweise dieses Volkes verliebt hatte. In dieser Phase meines Lebens spiegelte die Untersuchung der Guaraní ein klareres Verständnis für die natürlichen Wurzeln der gesamten Menschheit und ein klareres Verständnis für alle Völker, die traditionelle indigene Praktiken pflegen. Meine kindliche Suche nach Antworten von „verlorenen" Kulturen wurde später in meinem Leben durch die Entdeckung der Lebensweise der Guaraní reichlich belohnt.

KAPITEL 5

HISTORISCHE AUFZEICHNUNGEN ÜBER DIE GUARANÍ

Ich finde Hoffnung in den dunkelsten Tagen,
und Konzentration in den hellsten.
Ich beurteile das Universum nicht.
   -Dalai Lama

Ein gutes Jahr lang hatte ich zielstrebig und mit Leidenschaft die wichtigsten Informationsquellen über die Guaraní erforscht. Ich fand eine Fülle von schriftlichem Material in Büchern, Manuskripten und Dissertationen über die Guaraní in allen Aspekten ihres gesellschaftlichen Lebens. Mein Ziel war es, Berichte auszusortieren und welche zu finden, die mit Albertos Erfahrungen übereinstimmten. Die Ergebnisse haben seine Beschreibungen mehr als bestätigt. Mir wurden die Augen geöffnet für eine faszinierende indigene Kultur, die noch sehr lebendig ist.

„Die Guaraní in Brasilien und Paraguay leben in einigen der größten subtropischen Wälder der Welt und bewohnen ein ausgedehntes, wenn auch unregelmäßiges Gebiet, das sich über viertausend Kilometer vom Amazonas bis zum Rio de la Plata-Becken erstreckt." [24] Behalten Sie diese Umgebung im Hinterkopf, wenn Sie im Folgenden etwas über die Geschichte dieses Stammes und seine ursprünglichen Begegnungen mit Menschen und Kulturen lesen.

Die meisten der zahlreichen Berichte über die Guaraní wurden auf Spanisch, Portugiesisch, Deutsch und Französisch verfasst. Diese

Sprachen dominierten die ersten schriftlichen Berichte, da die Entdecker und Missionare im 16. und 17. Jahrhundert aus Europa kamen. Diese ersten Berichte über die Guaraní geben nur einen kleinen Einblick, denn es sind keine schriftlichen Dokumente oder archäologischen Funde bekannt, die das Leben der indigenen Bevölkerung vor der spanischen Zeit beschreiben.

Einige der ersten ausführlichen Berichte dokumentierten die Auswirkungen der „reducciones", einer von den Jesuitenmissionaren für die Eingeborenen geschaffenen Siedlungsform. Weitere Chroniken der Missionare und zahlreiche ethno-historische Berichte befassen sich mit dem Einfluss der Kolonisatoren. Vom 15. Jahrhundert bis ins gegenwärtige 20. Jahrhundert berichten die Chroniken von epidemischen Krankheiten wie Masern, Pocken und Lungenentzündung, dem Eindringen von Pelzhändlern, dem Kautschukboom, Viehzüchtern, Holzfällern, Staudammprojekten, Atomprojekten, Bergbau, Straßen und Landebahnen, die allesamt eine Bedrohung für das soziale Gefüge der indigenen Völker Südamerikas darstellten.

Ich hätte leicht in die schwierige soziale Moral dieser historischen Ereignisse verwickelt werden können, die vielen anderen Expansionsbewegungen der menschlichen Besiedlung auf der Erde nicht unähnlich sind. Meine Aufgabe war manchmal sehr mühsam, da ich mich darauf konzentrieren musste, Beschreibungen zu veröffentlichen, die die spirituelle Natur der Guaraní aufzeigen. Diese aufgezeichneten Berichte haben die Fähigkeit, sowohl persönliche als auch globale Fragen nach notwendigen Veränderungen aufzuwerfen.

◊ ◊ ◊ ◊ ◊

Die frühen Chroniken aus dem 15. und 16. Jahrhundert berichten im Wesentlichen über die tägliche Routine der Missionare, die möglichst schnell durch die Dörfer zogen und so viele Einheimische wie möglich tauften. Später, im achtzehnten Jahrhundert, lebten viele der Missionare in den verschiedenen Dörfern zusammen. Jesuitenmissionare wie Montoya und Dobrizh, die mit den Guaraní zuammenlebten, schilderten das Leben in den Wäldern anschaulicher als die früheren Missionarsberichte über die Bekehrung.

Dieser Trend, innerhalb der verschiedenen Dörfer zu leben, setzte sich bis ins neunzehnte Jahrhundert fort. Der in Deutschland geborene Curt Nimuendaju, der für die brasilianische Regierung arbeitete, lebte bei einer Gruppe von Guaraní namens Apapokúva und wurde offiziell von ihnen getauft und in ihre Gemeinschaft aufgenommen. Sein Guaraní-Name war Nimuendaju, was so viel bedeutet wie „derjenige, der es verstand, sich seinen eigenen Weg in dieser Welt zu bahnen und seinen Platz zu verdienen." Er verfasste die ersten umfassenden Berichte über die Mythologie und die spirituellen Praktiken dieses Volkes. Andere, die sich für die Guaraní interessierten, folgten Nimuendajus Beispiel, unter ihnen zu leben, um ihre Traditionen und Lebensweise zu beobachten und aufzuzeichnen. Autoren wie Alfred Métraux (1948), Egon Schaden (1962), der Anthropologe Leon Cadogan (1962), der Jesuit Bartolomé Melia (1977) und Vivieres de Castro (1986) versuchten das wahre kulturelle Wesen der Guaraní zu erfassen. Einige der Werke der oben genannten Autoren wurden ins Englische übersetzt, und die Elemente dieser Übersetzungen werden später in diesem Kapitel erörtert.

Nachdem ich mich persönlich durch Unmengen von übersetzten Manuskripten, Dissertationen und Büchern gewühlt hatte, hat mir Richard Reeds *Prophets of Agroforestry* sehr gut gefallen. Reeds Arbeit fällt in die gleiche Zeit wie Albertos Erfahrungen mit den Guarani in den frühen 1980er Jahren. Reed lebte, studierte und schrieb zwischen 1981 und 1984 einen umfassenden Bericht über die Chiripa Guaraní in den Wäldern Ostparaguays. Reed fasste die anerkanntesten historischen Dokumente in einem umfassenden Buch zusammen, um seine eigenen reichen persönlichen Berichte zu untermauern.

Zehn Jahre nach Albertos Werk hat Bradford Keeney, Psychologe und Redakteur von Ringing Rock Profiles, ein weiteres Buch über die heutigen Guaraní verfasst: *Guaraní Shamans of the Forest*. Keeney teilte persönliche Erfahrungen und gab Zeugnis von der Lebensweise der Guaraní durch die Stimmen der heutigen Pajés oder Schamanen. In den persönlichen Berichten dieser Pajés klingt noch immer dieselbe heilige Geschichte nach, die in allen ethnografischen und anthropologischen Berichten über die Guaraní als Hauptthema enthalten ist. Dieses Buch veranschaulicht und belebt die in Albertos Erzählungen beschriebenen Geschichten.

In allen neuerlich verfassten Berichten, auf die ich gestoßen bin, ist nur die Erfahrung von Keeney mit der von Alberto vergleichbar. Sowohl Alberto als auch Keeney näherten sich den Guaraní aus einem spirituellen Blickwinkel, nicht mit einem missionarischen Anliegen oder der Absicht, eine historische Dokumentation zu schreiben. Das soll nicht heißen, dass die Guaraní keine anderen Menschen empfangen haben, die ihre heiligen Bräuche beobachtet und erlebt haben. Vielmehr sind dies die einzigen Berichte, auf die ich gestoßen bin, die nahelegen, dass der ursprüngliche Zweck der Suche nach den Guaraní einen spirituellen Hintergrund hatte.

So wie es heute immer noch der Fall ist, tauchen immer wieder Berichte darüber auf, wie einige der frühen Entdecker in den 1500er Jahren bei der Begegnung mit den Guaraní berührt wurden und mit ihnen interagierten. Andere hingegen wurden verblendet.

Von Wilden zu Mystikern

Die ersten schriftlichen Berichte über die Guaraní stammen von den Jesuitenmissionaren im 16. Jahrhundert. Die Beschreibungen machten deutlich, dass die Jesuiten die Absicht hatten, die „Wilden" zu taufen und zu bekehren. Die Missionare hatten das vorrangige Ziel, die Welt zu missionieren, und „die Jesuiten waren wichtige Werkzeuge von Gottes Hand".[25] Die Wilden waren in der Tat eine scheinbar geeignete Gruppe, die es zu retten galt. Bei ihren ersten Begegnungen hatten die eifrigsten Missionare nicht das nötige Verständnis, um die spirituelle Natur dieser Menschen zu erkennen. Die Missionare befanden sich auf einem relig-iösen Kreuzzug, für den sie ausgebildet und unterwiesen worden waren. Wir sind jedoch den Autoren dieser frühen Aufzeichnungen zum Dank verpflichtet, die hier und da einige Beschreibungen spiritueller Praktiken festgehalten haben, die in den nächsten Abschnitten beschrieben werden.

Die folgenden Beschreibungen kombinieren mehrere spanische Chroniken aus John Monteiros *The Crises and Transformations of Invaded Societies: Coastal Brazil in the Sixteenth Century*. Monteiros Darstellung der verschiedenen Bräuche machte die Führungsrollen in einem Dorf deutlich, lieferte frühe Berichte über die Tradition der mündlichen Überlieferung und ließ auf starke spirituelle Praktiken der Gemeinschaft schließen.

Bei den Tupi (Guaraní) gehörte die Redegewandtheit zum Wesen eines großen Anführers... Was ihre Aufmerksamkeit erregte, waren nicht nur die rhetorischen Methoden, sondern auch der Inhalt der regelmäßig angewendeten Reden. Laut Fernão Cardim „predigt der Häuptling jeden Tag vor der Morgendämmerung eine halbe Stunde lang und erinnert [die Dorfbewohner] daran, dass sie wie ihre Vorfahren arbeiten werden, und teilt ihre Zeit unter ihnen auf, indem er ihnen sagt, was sie zu tun haben."

Pater Manual da Nóbrega schreibt 1553 aus São Vicente: „Jeden Tag vor der Morgendämmerung legt der [Vorsteher] von einem hohen Platz aus die Tagesaufgaben für jeden Haushalt fest und erinnert sie daran, dass sie in der Gemeinschaft leben müssen."

Magalhães Gandavo kommentierte: „Diese Leute haben keinen König unter sich und auch keine andere Art von Gerechtigkeit, außer einem Vorsteher in jedem Dorf, der wie ein Hauptmann ist, dem sie aus freien Stücken und und ohne Anwendung von Gewalt gehorchen."[26]

Diese Aufzeichnungen geben uns einen Einblick in die stark spirituelle Lebensweise des Volkes. Diese „Oberhäupter", die am Morgen predigten, waren die Schamanen oder Pajés und übten nach den Berichten von Yves d'Évreux, einem französischen Historiker und Entdecker (1577), „mehrere Funktionen aus, wie die Heilung von Kranken, die Deutung von Träumen und die Abwehr der wichtigsten äußeren Bedrohungen für die dortige Gesellschaft, einschließlich Geistern und Dämonen".[27] Spätere Berichte bilden die Grundlage für die Struktur dieser Führung innerhalb der Gemeinschaft. Wir erfahren, dass die Gemeinschaft auswählte und bestimmte, wer diese spirituelle Führung übernehmen sollte. Der Pajé verdiente sich seinen Platz in der Gemeinschaft als spiritueller Führer, indem er seine Macht mit Worten oder Wortliedern demonstrierte, die er im Traumzustand erhielt.

Diese Art der Führung stellte die frühen Beobachter vor erhebliche Herausforderungen, da sie eher die Trennung von politischer und religiöser Führung kannten. Später adaptierten die Guaraní den so genannten „Cacique", eine patrilineare Führungsform, die den Pajé ergänzte, aber nicht mehr Macht hatte als er, wahrscheinlich als Reaktion auf die westliche Vorherrschaft. Diese Bedeutung, die der spirituellen Führung und der Macht des Wortes beigemessen wird, wird in späteren Aufzeichnungen noch deutlicher.

Eine der Geschichten, die von den frühen Missionaren aufgezeichnet worden war, ist die Erzählung von einer großen Flut. Warum hat dieser Befund die Missionare nicht auf die Idee gebracht, die Kosmologie der Guaraní näher zu untersuchen? Weil „die Jesuiten in ihren Berichten konsequent waren und keinen Götzendienst und keine Form der Anbetung fanden, aber alle Erzählungen, die sie bei ihren Beobachtungen kennen lernten, leider Mythen, wurden als amüsante Geschichten betrachtet oder, wenn sie nicht in ihr eigenes Verständnis von ‚Kosmogonien' passten, als Werke des Teufels angesehen."[28]

Spätere Berichte in der mündlichen Überlieferung der Guaraní erzählen von mehreren Zerstörungen der Erde. Auch die Ängste der Eingeborenen vor Geistern wurden in zahlreichen Dokumenten erwähnt. Diese Berichte über die Pajé, die sich im Gebet der aufgehenden Sonne zuwenden, eine Geschichte von einer Flut und Beschreibungen von erdgebundenen Geistern geben hilfreiche Hinweise darauf, dass die „Wilden" fest daran glaubten, dass es ein spirituelles Reich gab. Besonders erwähnenswert ist ihre Akzeptanz und Geduld, die bis heute Bestand hat. Nimuendaju erklärte, dass ein Hauptprinzip des täglichen Lebens der Guaraní die Toleranz ist: „Obwohl der Guaraní in seinem Inneren von der Wahrheit seiner Religion überzeugt ist wie der glühendste Christ, ist er niemals ‚intolerant'."[29] Toleranz zeigt sich in vielerlei Hinsicht. Für die Guaraní kommt das vergangene und gegenwärtige spirituelle Wissen vom Großen Vater, und zwar von jedem seiner Kinder. Daher ist die Etikette des Zuhörens oder der Toleranz, wenn jemand spricht, ein Akt der aufrichtigen Ehrerbietung gegenüber dem anderen. Zuhören bedeutete, die Seele eines anderen sprechen zu hören, und das war in ihrer Welt von großer Bedeutung. Nach langem Zuhören und Beobachten der „Fremden" finden wir Aufzeichnungen darüber, dass die Guaraní sich nicht weniger glücklich fühlten, sondern vielmehr Mitleid mit ihren Eindringlingen hatten, die ihrer Meinung nach von ihrer animalischen Natur beherrscht werden.

De Léry berichtete 1578, wie er beobachtete, wie die Guaraní sie aufnahmen: „Ich habe bei ihnen beobachtet, dass sie die, die sie lieben, die fröhlich, freudvoll und liberal sind und im Gegenzug hassen sie diejenigen, die wortkarg, geizig und schwermütig sind."[30]

Der Anthropologe des zwanzigsten Jahrhunderts, Jonathan Hill, hat dieses Konzept ebenfalls erläutert: „Traurigkeit und Ernsthaftigkeit werden als etwas Negatives bewertet. In der Tat war eines der Dinge, das [sie] am Verhalten der Weißen am meisten überraschte, deren unerklärliche Schwankungen in Stimmung und Geist. Nicht zu lachen ist ein Euphemismus für Groll ... der Begriff der „Fröhlichkeit oder Tori hat tiefe philosophische Resonanzen ... die verwandten Begriffe von Tori bezeichnen rituelle Handlungen".[31]

Um sich von der Intoleranz und Launenhaftigkeit anderer abzugrenzen, verwenden die Guaraní den Ausdruck „die Lebensweise der Guaraní" mit Würde und Demut. *Ñande reko* ist ein Ausdruck ihrer Identität, der „unsere Art zu sein", „unsere gegenwärtige Art", „unser Gesetz", „unsere Bräuche" und „unser Verhalten" bedeutet. Meliá entnimmt in seiner sorgfältigen Analyse der Guaraní Sprache die Bedeutungen dem ältesten Wörterbuch *Tesoro de la lengua guaraní* (Schatzkammer der Guarani-Sprache) (1639), das von Pater Antonio Ruiz de Montoya zusammengestellt wurde. Er beschreibt den Charakter der Guaraní in zwei Ausdrücken: „*ñande reko katú* und *ñande reko marangatú* [unsere wahre und authentische Art zu sein, und unsere gute, ehrenhafte und tugendhafte Art zu sein, in Bezug auf die religiöse Seite der Person]. Wie sich diese religiöse Seite des Charakters entwickelt und in der Gegenwart gelebt wird, ist dasselbe wie die Frage nach der religiösen Erfahrung der Guaraní."[32]

Zusammenfassend lässt sich sagen, dass es keine Trennung zwischen den beiden Konzepten der Guaraní gibt. Die Entwicklung der religiösen oder spirituellen Facette des Einzelnen ist von größter Bedeutung. Jeder Einzelne lernt, zur Einheit der Gemeinschaft beizutragen, indem er sich ständig poetisch im Gesang an das Göttliche ausdrückt. Zusammenfassend lässt sich sagen, dass es bei den Guaraní keine Trennung zwischen den beiden Konzepten der materiellen und der spirituellen Welt gibt.

Für die meisten der früheren Kolonisatoren, Entdecker und Mitglieder der religiösen Orden verbarg die einfache äußere Lebensweise im Wald das reiche Innere der heiligen Beziehung zwischen den Menschen und dem Land und das Verständnis ihres Platzes im Universum, für die Augen der Beobachter, die nur die materielle Welt oder vorgefasste religiöse Angelegenheiten sahen und schätzten. Die Guaraní hielten das Leben in materieller Hinsicht einfach und umgaben sich mit Reichtümern in der spirituellen Welt.

In den späteren ethnohistorischen Berichten wird ein detaillierterer Lebensstil beschrieben, der ein spirituelles Leben offenbart. Metraux beschrieb sie als „Menschen, die sich danach sehnen, in der Gesellschaft [der Geisterwelt] zu leben".[33]

Egon Schaden, der in den Werken von Hélène Clastres zitiert wird, schrieb über die Guaraní: „Ihr Reich ist nicht von dieser Welt. Das gesamte Geistesleben der Guaraní ist dem Jenseits zugewandt."[34] Viele Forscher, die die Guaraní studierten, waren fasziniert von ihrem seelischen Verständnis und ihrer Lebensauffassung. Sie wurden von den Wilden der ersten Aufzeichnungen zu dem, was Clastres als Mystiker bezeichnete und den Guaraní in späteren akademischen Berichten den Titel „Theologen Südamerikas" verlieh.

Das Land und das Zuhause

Frühe Dokumentationen in Verbindung mit neueren Berichten über das Dorfleben der Guaraní vermitteln die Struktur und die Farben ihres Lebens. Die Guaraní betrieben Landwirtschaft nach dem Prinzip der „Swidden" (Brandrodung) und wechselten die Bepflanzungen der Felder je nach Bedarf, indem sie die Gemeinschaft umzogen, um die Regeneration des Bodens zu ermöglichen. Die Guaraní verfügten über ein System der nachhaltigen Agroforstwirtschaft[35], das sie nach den Sternen ausrichteten. Frühere Beobachter notierten den Anbau verschiedener Gemüsesorten: Mais, Maniok, Kürbis und Bohnen. Ein späterer ethnographischer Bericht von 1948 beschreibt:

> Die frühen Guaraní scheinen tüchtige Gärtner gewesen zu sein. [Sie ergänzten ihre Ernährung mit allen Arten von Früchten, Wild und Fischen ... Die gesamte Gemeinschaft, sowohl der alten als auch der modernen Guaraní, arbeitete zusammen, um ein großes Feld in einem dichten Wald durch Brandrodung zu roden, das dann in Familienparzellen unterteilt wurde.

Pflanzung und Aussaat richteten sich nach dem Lauf der Plejaden, und das wichtigste landwirtschaftliche Werkzeug war der Grabstock. Nach fünf oder sechs Jahren der Bewirtschaftung galten die Felder als erschöpft und wurden aufgegeben.[36]

Andere Beobachter stellten fest, dass in ihren Häusern Papageien gehalten wurden, deren Federn als persönlicher Schmuck geschätzt wurden.[37] Sie bauten Baumwolle und Yerba Mate an und domestizierten die Moschusente.[38] [39] Der Anbau von Maniok und Mais war von größter Bedeutung. Ihre Ernährung wurde durch die Jagd, den Fischfang und das Sammeln von Wildfrüchten und anderen Dingen wie Honig ergänzt, die zwischen den Erntezeiten angebaut wurden.

Auch wenn sie sich heute nicht mehr im Wald bewegen können, halten die Guaraní immer noch heilige Zeremonien ab, bei denen es sich um das Pflanzen von Bäumen und die Ernte von Mais und Maniok in Einklang mit der Bewegung der Planeten und Sterne dreht.

Musikinstrumente und Tänze

Für die Guaraní, ein Volk zwischen Altertümlichkeit und Gegenwart, ist das ganze Leben ein Ritual. Es gibt Zeremonien für Empfängnis, Geburt, Namensgebung, Pubertät, Elternschaft, Krankheit, Übergang, Essen, Jagd, Pflanzung und Ernte. Alle Aspekte des Lebens waren heilig, und so sind auch die Werkzeuge, die für eine Zeremonie verwendet werden, von Bedeutung und nehmen eine besondere Rolle ein.

Musikinstrumente, vor allem die Kürbisrassel und die Rhythmusstöcke sind wichtige, heilige Werkzeuge. Die Männer benutzen während den Zeremonien die Rasseln, *Mbaraká* genannt, und die Frauen die *Takuá* (oder *Takuará*), stampfende Rhythmusstöcke. Die Männer geben den Rhythmus durch Gesang, Rasseln und Fußarbeit vor, und die Frauen antworten mit Gesang, während sie rhythmisch auf die Takuá schlagen und tänzerische Fußarbeit machen. Wie bereits erwähnt, wurden in frühen Berichten bei den alten Guaraní Flöten verwendet, während Streichinstrumente erst in jüngerer Zeit eingeführt wurden.

Man glaubt, dass die „Stimme" der Rassel oder „der Klang" mit heiliger Kraft ausgestattet ist. Die Rassel kommuniziert mit Gott. Die Samen im Inneren stehen für die Söhne der Gemeinschaft. Wenn man sie schüttelt, betet die ganze Gemeinschaft.[40] Die Rasseln werden aus kleinen Kürbissen hergestellt, die mit Samen gefüllt und mit kurzen Bambusgriffen versehen werden.[41] Sie sind normalerweise mit Federn verziert, die an einer Baumwollschnur befestigt sind. Schamanen sind in der Lage, Rasseln zu schütteln und dabei die unterschiedlichsten rhythmischen Muster zu erzeugen.

„Das Stampfrohr [etwa einen Meter lang] ist ein an einem Ende geschlossenes, mit Federn besetztes und mit Schachbrettmustern graviertes Bambusstück. Dieses Instrument ist den Frauen vorbehalten, die es auf den Boden schlagen, um einen dumpfen Schlag zu erzeugen, der die Kadenz ihrer Tänze markiert."[42] Auf die geschlagene Erde gestampft, kann man den Ton kilometerweit im Wald hören.[43]

Die Tänzerinnen und Tänzer stehen in einer Reihe – die Frauen in einer Reihe bewegen sich auf und ab, die Männer in einer anderen Reihe werfen ihre Füße in schneller Folge nach vorne. Die Tänzerinnen und Tänzer stehen in einer Reihe, die nach Osten ausgerichtet ist, und wenn sich etwas bewegt, dreht sich die Reihe und bewegt sich nach Norden, Westen und Süden.[44]

Schaden, Autor des Buches *Fundamental Aspects of the Guaraní Culture*, schrieb: „All die verschiedenen Gebete, die die religiösen Tänze begleiten und sich durch die Nacht bis zum Anbruch des Tages erstrecken, sind nichts anderes als Wege, die zur Gegenwart der Götter führen. Ohne einen Weg kommt man nicht an den Ort, den man erreichen will."[45] Tanzen ist eine Technik, die von den Guaraní verwendet wird, um den Körper leichter zu machen. Durch die Erleichterung des Körpers hat man einen besseren Zugang zur Interdimensionalität.

Die Bepflanzung entlang dem Verlauf der Plejaden, die heiligen Instrumente, die zur Kommunikation mit der Geisterwelt verwendet werden, und der Tanz zur Erleichterung des Körpers für interdimensionale Reisen, all das sind erste Beispiele für intensive spirituelle Praktiken, die die Aspiranten zur Verbindung mit dem Land ohne Übel und schließlich nach Hause führen.

Sprache und Seele

In frühen Berichten der Kolonisatoren wurden wichtige Ereignisse wie die morgendliche Versammlung um den Häuptling festgehalten. Die Gemeinschaft folgte dem „Häuptling" aus freien Stücken, nicht mit Gewalt. Wir erfahren, dass diese Häuptlinge Schamanen oder Pajés waren und die Gemeinschaft ihnen aufgrund ihrer Wortseelen folgte. Wortseelen sind eine göttliche Sprache und waren für die Guaraní heilig. Diese Bedeutung wurde in Nimuendajus folgender Erklärung der sprachlichen Bedeutung von Seele aufschlussreich dargestellt:

> Die Apapocúva [Guaraní] bezeichnen die Seele nicht als Ang, wie andere Stämme der gleichen Sprachfamilie, sondern als Ayvucué. Ich bin mir nicht sicher über die [Bedeutung des] Wortanfangs „ay", der dem Begriff ang entsprechen könnte; vu bedeutet „hervorquellen" und Cué bedeutet „Sprache" [es ist die einfache Vergangenheitsform des Verbs „ayou", was auch bedeutet, einen Laut zu machen].[46]

Seele und Klang sind Synonyme. Das Wort Seele ist der übersetzte Guaraní Begriff, der Gesang und Sprache beschreibt. Der Kehlkopf gibt der inkarnierten Seele eine Stimme und die Macht, die Sprache der Seele durch Gesang und schöne Worte auszudrücken, während die Lippen einfache Portale sind, um diese Klänge in die irdischen Dimensionen zu übertragen. Die Guaraní haben als Gemeinschaft jahrhundertelang mit ihren Seelen kommuniziert und einen himmlischen Pfad zum spirituellen Reich aufrechterhalten, um während ihrer irdischen Reisen für Gleichgewicht und Harmonie zu sorgen. Die schöne Sprache oder das Wort Seele ist eine Sprache, die von den Göttern empfangen wurde. Schaden sagt, 1969 *Ayvú* [bedeutet Seele] „bedeutet eigentlich Sprache ... ist göttlichen Ursprungs; das heißt, sie teilt die Natur der übernatürlichen Geister. Sie ist verantwortlich für die Wünsche, Gefühle und die edelsten Manifestationen des Individuums. Die grundlegende, ursprüngliche Funktion der Seele besteht darin, dem Menschen die Gabe der Sprache zu verleihen; daher die Bezeichnung".[47]

Keeneys Zeugnisse aus dem Jahr 2000 von gegenwärtigen Guaraní Schamanen zeigen eine ununterbrochene Kontinuität, die diesen früheren Berichten entspricht. *Ayvú*, die Wortseele, der Hauptaspekt des Guaraní Lebens, verwirklicht sich, wenn der Geist das Herz berührt und man dazu bewegt wird, sich durch Sprache auszudrücken. „Sie ist so rein, dass sie, wenn sie durch deinen Körper zu dir kommt, reine Weisheit und Wahrheit gibt. Wenn du dich nicht richtig verhältst und deshalb die Harmonie zwischen deinem Körper und den

Wortseelen, der Gemeinschaft und der Natur unterbrichst, kannst du möglicherweise sterben. Die Quelle der Wortseelen ist der Hauptgott und die Nebengötter."[48]

Die Guaraní kennen zwei Seelen. Die eine gilt als menschliche Seele *Ayvucué* und die andere als tierische Seele *Acyiguá*. Nach dem Glauben der Guaraní ist die menschliche Seele „vollkommen gut und manifestiert sich sofort. Die Tierseele ist je nach Tierart mehr oder weniger aggressiv und beginnt sich zu manifestieren, wenn kleine Kinder launisch oder unzufrieden sind."[49]

> Der menschliche Teil der Seele ist definitiv immer gut – es gibt keinen Unterschied zwischen zwei Menschen. Die Qualität der Tierseele ist sehr unterschiedlich: von einem Schmetterling bis zu einem Jaguar. Da die Tierseele zusammen mit dem Körper stirbt, unterliegt sie auch nicht dem Urteil im Jenseits. Der Sitz der menschlichen Seele im physischen Körper ist das Herz, der Sitz der Tierseele ist der Kopf.[50]

In diesem Glauben an die Seele haben die Guaraní keinen Platz für Fegefeuer oder Hölle. Die eintreffende Seele ist göttlich und wird von der Gemeinschaft mit dem gebührenden Respekt behandelt. Diese Vorstellung erinnert an Albertos Beschreibung der Reinkarnation und der Kinder. Nimuendaju gibt eine der ersten Beschreibungen der Seele:

> Die Ayvucué, die Geburtsseele, erhält bald ein zusätzliches Element, um die duale Einheit zu vervollständigen, die eine menschliche Seele ist. Das neue Element ist die Acyiguá. Dieses Wort besteht aus zwei Partikeln: acy, was „Schmerz" bedeutet, und der Rest, was „intensiv" bedeutet. Die Acyiguá ist der tierische Teil der menschlichen Seele. Sanfte und gute Handlungen werden dem Ayvucué zugeschrieben; böse und gewalttätige Handlungen werden dem Acyiguá zugeschrieben. Ruhe ist ein Ausdruck von Ayvucué, Unruhe von Acyiguá. Der Appetit auf vegetarische Kost kommt von Ayvucué, die Lust auf Fleisch, kommt von Acyiguá. Die Eigenschaften des Tieres, dem ein bestimmtes Acyiguá nachempfunden ist, bestimmen das Temperament des Menschen.[51]

Beim Tod teilt sich die Seele in ihre beiden ursprünglichen Komponenten. Die Tierseele stirbt mit dem Körper, und die menschliche Seele hat die Wahl, sich zu reinkarnieren. Dieses Konzept ist so sehr Teil der Guaraní Kultur, dass es keine Angst vor dem Tod gibt. Erdgebundene Geister werden mehr gefürchtet als der Tod. Der Autor Nimuendaju schildert dies anhand seiner persönlichen Erfahrungen mit dem Sterbeprozess:

> Die Guaraní fürchten die Toten viel mehr als den Tod. Wenn sie erst einmal überzeugt sind, dass sie wirklich das Ende erreicht haben, ist ihre Unerschütterlichkeit bemerkenswert. Das hat viel mit ihrem Temperament zu tun, zu dem noch ihr religiöser Glaube hinzukommt. Die Guaraní fürchten weder das Fegefeuer noch die Hölle, und wo die Seele nach dem Tod hingeht, wird nicht in Frage gestellt. Ein Sterbender ist daher ganz besonnen, wenn er seinen Erben letzte Anweisungen erteilt, die er auch ausnahmslos befolgt; dann singt er sein Medizinlied, wenn er eines hat, und weist alle Hinweise auf eine mögliche Heilung von sich und lehnt alle weiteren Medikamente ab. Wenn er schon sterben muss, will er so ruhig wie möglich sterben. Selbst der Gedanke, von geliebten Menschen getrennt zu sein, fällt kaum ins Gewicht, denn sein Glaube an die Reinkarnation garantiert ihm, dass er wieder unter ihnen leben wird.[52]

Diese neueren Beschreibungen zeigen, dass Sprache und Seele eng miteinander verbunden sind. Die Einsicht in diese Perspektive verhilft zu einem tieferen Verständnis der Lebensweise der Guaraní und ihrer Zeremonien.

KAPITEL 6

DIE WELT ALS GÖTTLICHE SEELE BETRACHTEN

Ihr müsst euch die Existenz Gottes zuerst selbst durch eure eigene direkte Erfahrung beweisen, dann werden sowohl Glaube als auch Hoffnung aufgehoben, und was übrig bleibt, ist die Liebe.
-Vater Maximos

Viveiros de Castro berichtet 1986, dass die Guaraní die ausgefeilteste „Theorie der Person" haben, „die die Unterscheidung zwischen dem himmlischen und dem irdischen Prinzip des Menschen auf die Spitze treibt".[53] Nirgendwo wird dies deutlicher als bei der Zeremonie der Namensgebung für eine neue Seele. „Der Name eines Guaraní wird als Teil seiner Seele betrachtet, der mit ihr fast identisch und von der Person untrennbar ist. In ihren Worten sagen wir nicht, dass ein Indianer so und so heißt, sondern dass er so und so ist." Wer einen Namen missbraucht, fügt seinem Besitzer Schaden zu.[54]

Die Guaraní unterschieden zwischen einer Seele göttlichen Ursprungs und göttlicher Bestimmung, die mit dem persönlichen Namen, den individuellen Gebeten, der Sprache und dem Atem verbunden ist, und einer Seele mit einer tierischen Konnotation und einer posthumen irdischen Bestimmung, die mit dem individuellen Temperament, dem Essen, dem Schatten und dem Leichnam verbunden ist. Die erste ist bei der Geburt vollständig gegeben; die zweite wächst mit der Person und manifestiert ihre Geschichte.[55]

Die Namensgebungszeremonie ist ein greifbares Beispiel für ihre Sichtweise der Seele und dafür, dass Wortseelen im täglichen Leben der Guaraní sehr viel Macht und Bedeutung haben. Die Geburt eines Kindes ist die Geburt einer Seele. Die gesamte Gemeinschaft kommt bedingungslos zusammen und nimmt an den Feierlichkeiten und der Freude über die neue Seele teil. Die Taufzeremonie beginnt damit, dass die Frau und die Tochter den Pajé beim Singen und bei der Verwendung der heiligen Instrumente unterstützen. Schließlich schließt sich die gesamte Gemeinschaft dem Gesang an und singt bis in die Nacht, wenn der Pajé in Trance geht, um den Namen der ankommenden Seele zu erfahren. Der Name hat eine große Bedeutung für die Guaraní. Auch hier findet sich eine wunderbare Schilderung im Bericht von Nimuendaju:

> Wenn ein Kind geboren wird, versammelt sich nach ein paar Tagen die ganze Bande, und der Medizinmann beginnt seine Zeremonie, um herauszufinden, „welche Seele zu uns gekommen ist". Die Seele könnte aus der Wohnung von Ñanderiquey, dem Zenit, oder von „Unserer Mutter" im Osten oder aus der Wohnung des Regengottes Tupa im Westen kommen. Die Seele kommt voll ausgebildet an, und die Aufgabe des Medizinmannes besteht lediglich darin, sie zu identifizieren. Dies tut er, indem er die verschiedenen Mächte dieser Himmelsrichtungen mit entsprechenden Gesängen anspricht und sie fragt, woher die Seele kommt und wie sie heißt. Es kostet den Medizinmann viel Mühe, sich mit diesen himmlischen Mächten zu verbinden, da dies nur in Trance möglich ist. Normalerweise setzt er sich kurz nach Einbruch der Dunkelheit hin, um zu singen und seine Rassel zu schwingen. Zunächst wird er nur von seiner Frau und seiner Tochter begleitet, die singen und die Tanztaquara rhythmisch schlagen. Nach und nach versammeln sich alle Frauen und Mädchen des Dorfes in einer einzigen Reihe entlang der Hauswand in Richtung Osten. Die Männer bleiben im Hintergrund. Das geht dann stundenlang so weiter. Währenddessen erhält der Medizinmann gelegentlich übernatürliche Kräfte von den Wesenheiten, die er besingt, die dann auf das Kind übertragen werden. Diese Kräfte gelten als greifbar, wenn auch unsichtbar. Der Medizinmann scheint

diese Substanzen mit seinen Händen über seinem Kopf aufzufangen. Dann macht er eine einhüllende Bewegung, bevor er sie über dem Kind ausbreitet … Wenn die Sonne aufzugehen beginnt, wird der Gesang des Medizinmanns lauter und feierlicher, da die rhythmische Begleitung wegfällt und er sich ganz der Trance hingibt. Er wird nicht mehr von anderen Sängern begleitet und sein Rasseln wird von kaum hörbar bis sehr energisch geschüttelt. Dies ist der Ñeengarai, der Höhepunkt eines jeden religiösen Tanzes. Singend umrundet der Medizinmann ein paar Mal die Hütte. Die kleine Prozession geht nach Westen, Süden, Osten und Norden. Schlussendlich stellen sich alle Anwesenden mit erhobenen Händen auf und verbeugen sich vor der aufgehenden Sonne. Und so endet dieser spezielle Medizintanz, wie alle anderen auch.[56]

Diese um die Jahrhundertwende aufgezeichnete Namensgebungszeremonie scheint nicht verloren gegangen oder verändert worden zu sein, wie die heutige Beschreibung des Schamanen Tupa Nevangayu zeigt.

In unserer Gemeinschaft nennen wir jeden ein Kind, egal wie jung oder alt er ist. Wenn du jemanden taufst, fragst du Gott, woher das Kind kommt – aus dem Osten, Westen, Norden oder Süden. Gott sagt dir, woher das Kind kommt, und dann sagt er dir seinen spirituellen Namen Guaraní Namen. Als du gezeugt wurdest, gab Gott dir einen spirituellen Namen. Gott gibt ihn dir. Der Schamane fragt Gott, wie er dich genannt hat, und in unserer Taufzeremonie wird dieser Name der Gemeinschaft bekannt gegeben. Wir tanzen und feiern ein solches Ereignis.[57]

Lange bevor ich den Hintergrund der Guaraní erforschte, boten sich mir mehrere Gelegenheiten, Brasilien zu besuchen. Christian Vianna war im Jahr 2005 mein erster Kontakt in Brasilien und ein äußerst freundlicher Gastgeber. Er arrangierte ein Treffen mit einem bestimmten

Guaraní Dorf südlich von Rio de Janeiro. In der Folge besuchte ich bei jeder Rückreise dieses Dorf, und es entstand ein Gefühl für und eine Verbundenheit mit diesen Menschen, *Saudade* auf Portugiesisch. Im Jahr 2007, während meiner dritten Reise nach Brasilien und dem Besuch in diesem Dorf, machte ich eine Erfahrung mit der Guaraní Taufe, einer Namensgebungszeremonie.

Diese Reise fand während des brasilianischen Herbstes statt, und die Temperaturen waren warm, das Laub wunderschön grün. Zu Hause in Michigan herrschte kühles Frühlingswetter mit einem Hauch von Farbe. Die Wärme war eine willkommene Abwechslung. Ich reiste mit dem Auto und genoss als Beifahrer die schöne Küstenlinie entlang einer zweispurigen Straße, die von Rio de Janeiro aus nach Süden führte. Christian hatte mit einem guten Freund, Teodoro, vereinbart, dass er mich in das Guaraní Dorf bringen würde. Wie Christian hatte auch Teodoro gute Beziehungen zu dem Kaziken des Dorfes und sprach fließend Guaraní. Ich hatte ihn auf meiner ersten Reise nach Brasilien durch meinen Gastgeber Christian kennengelernt und in seinem Haus übernachtet. Wir waren gute Freunde geworden.

Ich kehrte nach Brasilien zurück, um meine Nachforschungen über Albertos Hintergrund fortzusetzen und die Guaraní ein drittes Mal zu besuchen, um einige ihrer handwerklichen Produkte zu erwerben. Aufgrund der Tatsache, dass ich in das Dorf zurückkehren würde, wurde das ganze Jahr über Kleidung gesammelt, die an die Kinder des Dorfes verteilt werden sollte. Die gesamte Kleidung und einige persönliche Gegenstände für den Kaziken waren in einen großen Koffer gepackt worden. Der Plan war, dem Kaziken sowohl den Inhalt als auch den Koffer zu übergeben. Im vergangenen Jahr, als ich dem Dorf Kleidung brachte, schien der Kazike ein wenig enttäuscht zu sein, dass der Koffer nicht auch als Geschenk übergeben worden war. Dieses Jahr wurden Vorbereitungen getroffen, um ihm alles zu überreichen.

„Teo, ich würde gerne anhalten und etwas Lustiges für die Kinder kaufen, wie Christian bei meinem ersten Besuch vorgeschlagen hat."

„Ja, das gehört zur guten Umgangsform. Ich kenne einen Markt, der leicht zu erreichen ist und eine gute Auswahl für dich bereithält. Ich möchte dem Cacique auch etwas mitbringen."

Unterwegs hielten wir an einem Markt an, der zwanzig Minuten vom Dorf entfernt war, um mehrere Pakete mit Keksen für die Kinder zu kaufen. Ich erinnerte mich lebhaft an die Freude der Kinder beim letzten Besuch, als die gleichen Kekse verteilt worden waren. Ich erwartete, dass sie wieder mit Freude reagieren würden. Das Dorf war arm, was materielle Güter betraf.

Das Hauptziel dieses Besuchs bestand neben der Lieferung von Kleidung darin, meine Sammlung von Kunsthandwerk zu erweitern. Das Ritual, sich die vielen Ohrringe, Halsketten, Körbe und Armbänder der Frauen anzuschauen, machte den Besuch zu einem spannenden Erlebnis, da die Frauen es liebten, ihre Handarbeiten zu zeigen. Der direkte Kauf bei den Frauen hilft dem Dorf, seine Lebensweise aufrechtzuerhalten.

Als wir zum Auto zurückkehrten und die zweispurige Straße hinunterfuhren, erklärte Teodoro, warum er sich auf diesen Besuch und das Gespräch mit dem dreiundneunzigjährigen Kaziken freute. „Zu Beginn des Jahres hatte ich geschäftlich in einer Stadt in der Nähe des Dorfes zu tun. So nahm ich mir die Zeit, den Kaziken zu besuchen. Er erzählte mir, wie er seinem Volk mitteilte, dass ich ein wahrer Freund sei. Ich spreche sogar ihre Sprache. Er sagte mir, dass er mir einen echten Guaraní Namen geben wolle."

„Wirklich? Wie wunderbar! Wie kann das passieren?"

„Das ist eine gute Frage. Jedes Mal, wenn ich ihn besuche, sagt er mir, dass es nicht der richtige Zeitpunkt ist. Ich glaube, der richtige Zeitpunkt wird in etwa einem Monat sein, wenn die wichtige Erntezeremonie und die Feierlichkeiten für den Mais stattfinden. Ich war sehr angetan von seiner Geste, aber ich glaube, ich warte ziemlich ungeduldig für den richtigen Zeitpunkt!"

Wir bogen von der asphaltierten Straße auf einen kurvenreichen Feldweg durch den atlantischen Regenwald ab. Die Straße folgte einem kleinen gewundenen Fluss. Es wurde viel Staub aufgewirbelt, als er das Fahrzeug gekonnt um große Schlaglöcher auf der Straße navigierte. Während der holprigen Fahrt erklärte Teodoro, dass die Straße während der Regenzeit unpassierbar sei. Nach zwanzig Minuten, in denen Teodoro intensiv lenkte und ich mich an der Tür festhielt, erreichten wir den Rand des Dorfes.

Er hielt an, stellte den Wagen ab und sagte: „Bitte warte hier, während ich mich auf die Suche nach dem Cacique mache. Er wird mir sagen, ob es angebracht ist, einen Besuch abzustatten."

Ich sah keine sichtbaren menschlichen Aktivitäten und hörte nur die Geräusche der Waldvögel und Insekten. Ich wartete im Fahrzeug, während Teodoro auf der Suche nach dem Cacique auf einem schmalen Feldweg verschwand, der sich zwischen strohgedeckten Häusern schlängelte.

Nach kurzer Zeit kam Teo zurück, während er neben dem alten Mann ging, redete und dabei lächelte. Dieser dreiundneunzigjährige Alte, der sich gut bewegte und eher wie ein Siebzigjähriger aussah, muss unsere Ankunft erwartet haben. Mein Herz war von Glück erfüllt, als ich die Tür öffnete und aus dem Lastwagen stieg. Wir wurden willkommen geheißen.

Meine beiden vorherigen Besuche verliefen auf die gleiche Weise. Alle Treffen fanden am Eingang des Dorfes in Anwesenheit des älteren Cacique statt. Der Cacique Tata Ti (Weißer Rauch) begrüßte uns mit einer sanften Umarmung und einem breiten Lächeln, und wir tauschten Höflichkeiten aus, während andere Mitglieder der Gemeinschaft erschienen und sich um uns versammelten. Wir überreichten unsere Geschenke nur dem Cacique (Kaziken), denn das ist die Tradition. Die Aufgabe des Kaziken ist es, die Geschenke gerecht an alle Mitglieder seines Dorfes zu verteilen. Der Kazike öffnete den Koffer auf dem Boden einer Lichtung am Rande der strohgedeckten Behausungen. Ein breites Lächeln erschien auf seinem Gesicht, als er den Inhalt inspizierte und erfuhr, dass der Koffer zu den Geschenken für das Dorf gehörte. Tata Ti deutete jemandem, den großen, schweren Koffer in sein Haus zu tragen.

Teodoro flüsterte mir zu: „Der Kazike sagte, er würde die Verteilung der Kleidung später, zu einem anderen Zeitpunkt festlegen, je nach den direkten Bedürfnissen der einzelnen Familien."

Ich fragte: „Wann können wir die Kekse an die Kinder verteilen?" Teodoro sah von mir weg und wandte sich an den Kaziken, der in Guaraní sprach.

Als er sich wieder zu mir umdrehte, antwortete er: „Lass es uns jetzt tun", sagte er. Die Einkaufstüten mit den Kekspaketen wurden dem Kaziken zu Füßen gelegt. Er setzte sich hin und verteilte die Kekse an einige Kinder in der Nähe des Kaziken. Es schien eine telepathische Verbindung zu den Kindern zu geben, denn sie kamen aus allen Winkeln des Regenwaldes herbeigelaufen, um die Kekse entgegenzunehmen. Sie lächelten breit und quietschten vor Freude. Während Tata Ti sich um die drängenden kleinen Erwachsenen kümmerte, half seine Frau die kleineren Mitglieder, die schüchterner waren, damit sie ihren gerechten Anteil erhielten. Als Teodoro sah, wie viele kamen, um Kekse zu erhalten, rief er mir zu: „Wir müssen sie in zwei Hälften teilen, damit genug für alle da ist."

„Okay!" Ich begann, die Pakete einzusammeln, umgeben von aufgeregt lächelnden Gesichtern. „Hier, ich habe mein Messer. Du gibst sie mir und ich schneide sie in zwei Hälften." Es schien, als sei die Zahl ihrer Kinder seit unserem letzten Besuch gewachsen!

Einige andere erwachsene Mitglieder hielten sich in der Nähe auf, als ob sie das Geschehen beobachten wollten. Ein Mann mittleren Alters, der etwas abseits saß, hielt ein Instrument in der Hand, das wie eine kleine Ukulele mit drei Saiten aussah; er spielte es jedoch wie eine Geige. Er saß unauffällig an der Seite und wiederholte ein bestimmtes Lied, das meine Aufmerksamkeit erregte.

Während die Kekse verteilt wurden, entfernte sich Teodoro mit dem Cacique ein paar Meter und erklärte, halb zu mir gewandt: „Wir werden Pläne für seinen Geburtstag in einem Monat machen." Er kehrte lachend zurück und scherzte mit Tata Ti.

Ich bewegte mich und stellte mich leise neben Tata Tis Frau. Sie umarmte mich liebevoll, während wir den Männern zuhörten und die Kinder beobachteten, wie sie ihre Kekse aßen. Die ganze Zeit über spielte die Musik leise. Es war einfach schön, die Interaktionen zu beobachten und mit den Menschen zusammen zu sein, während Teodoro Pläne für Tata Tis Geburtstag schmiedete.

Teodoro führte den Cacique schließlich zurück zu dem Ort, an dem wir standen. Das war der Moment, um Tata Ti sein Geschenk zu überreichen. Teodoro übersetzte dem Cacique den Grund für die zusätzlichen persönlichen Geschenke. Tata Ti bekam eine handgefertigte Pfeife von einem Ojibwa aus den Vereinigten Staaten geschenkt. Bevor er das Geschenk entgegennahm, spuckte er rund um die Pfeife auf den Boden. Dann wurde Tata Ti ein großes Bündel weißer Kerzen und eine große Packung Bio-Tabak überreicht – eine kleine Geste der Dankbarkeit von mir. Er lächelte breit und wiederholte: „Aguyje", was auf Guaraní „Danke" bedeutet, und ich antwortete stolpernd: „Tere guahe porâite" (Gern geschehen).

Unser Besuch führte dazu, dass die Menschen aus dem Dorf sich langsam versammelten. Als die formelle Etikette und das Verteilen der Geschenke abgeschlossen waren, suchte ich in der kleinen Menschenmenge nach den Frauen, die das Kunsthandwerk herstellten und verkauften. Sie standen normalerweise in der Nähe der informellen Versammlung und warteten darauf, dass sie an die Reihe kamen.

Ich schaute Teodoro mit einem fragenden Gesicht an.

„Teo! Wo sind die Frauen mit ihrem Handwerk?" Teodoro deutete mir an, weiter ins Dorf zu gehen. „Kommst du mit mir?" fragte ich.

„Sie sagen, es ist in Ordnung, wenn du zu ihnen gehst. Ich werde gleich da sein."

Ängstlich begab ich mich in das Innere des Dorfes auf der Suche nach den Frauen mit ihren Handwerksprodukten. Die Aussicht, ohne Begleitung tiefer in das Dorf vorzudringen, war neu, und ich fühlte mich ein wenig verunsichert, aber bald spürte ich eine Leichtigkeit und Akzeptanz, als ich weiter in die Gruppe der strohgedeckten Häuser hineinging. Als ich einen kleinen Hügel hinaufstieg und die Frauen mit ihren auf dem Boden ausgebreiteten Tüchern erblickte, fragte ich mich, woher sie wussten, dass ich an diesen Ort kommen würde. Ich sah niemanden vorauslaufen und meine Ankunft ankündigen.

Sie lächelten und forderten mich mit Gesten auf, näher zu kommen und ihre Arbeit zu betrachten. Ich näherte mich und setzte mich dann zu den Frauen auf den Boden. Sie unterhielten sich mit mir und präsentierten mir ihr Handwerk. Die Frauen, die ihre Säuglinge am Körper trugen, kehrten zum Stillen oder Spielen mit ihren Babys zurück, während meine Augen und Hände all die wunderbaren, farbenfrohen Handarbeiten, wie zum Beispiel aus Holz geschnitzte Tiere, geflochtene Körbe, wunderschöne Ohrringe mit Federn, kompliziert gefertigte Perlenketten und Armbänder durchstöberten und auswählten. Teodoro gesellte sich schließlich zu mir, um mir bei der Auswahl zu helfen und für mich zu übersetzen.

„Und welche willst du kaufen?"

„Ich weiß es nicht. Es gibt so viele wunderbare Stücke zur Auswahl, und ich muss mich entscheiden, was den Leuten zu Hause gefallen wird."

„Beeile dich lieber, denn die Sonne geht schon unter."

„Okay, dann frage sie bitte, wie viel das alles kostet, während ich auf meine ausgewählten Waren zeige."

Die Dunkelheit brach schnell herein, und wir tasteten uns im Halbdunkel vor, bezahlten die Frauen und halfen ihnen beim Packen ihrer Sachen. Die Frauen entschwanden leise in der Dunkelheit. Als Teodoro und ich uns von dem jetzt leeren Platz, wo gerade noch die Frauen gewesen waren, umdrehten, hatte ich keine Ahnung, wie wir den Rückweg finden sollten und sagte: „Mensch, ich glaube, wir brauchen eine Taschenlampe!"

„Es ist so erstaunlich, wie schnell es im Wald dunkel wird." „Du gehst zuerst, denn ich weiß nicht, wie ich es hier wieder herausfinde."

„Hier, nimm meine Hand."

„Hast du die Details für den Geburtstag des Cacique ausgearbeitet?"

„Oh ja! Ich glaube, er ist sehr glücklich. Dieses Jahr wird ein besonderes Fest." Während wir uns unterhielten und langsam den Weg zu unserem Fahrzeug gingen, kam ein junger Mann auf uns zu, wechselte ein paar Worte mit Teodoro, der sich dann umdrehte, mit den Schultern zuckte und sagte: „Er möchte, dass wir ihm folgen."

Ich war dankbar, dass jemand da war, um uns den Weg zu weisen. In der Dunkelheit stiegen wir vorsichtig einen Abhang hinunter, und ich erkannte, dass wir uns in der Nähe einer großen, strohgedeckten Behausung befanden. Als wir um die Ecke des Gebäudes bogen, deutete der junge Mann mit einer Geste, dass wir eintreten sollten. Ich hielt den Atem an, als wir durch eine kleine Tür traten und einen großen Raum betraten, von dem ich sofort wusste, dass es das Opy, das Haus des Gebets, war. Weder Teodoro noch ich sprachen, wir sahen uns nur erstaunt an. Ich hatte keine Ahnung, was der Grund für dieses Ereignis war und was als nächstes passieren würde. Es hat mich sehr berührt, hier zu sein und an dieser Versammlung teilzunehmen.

Die Guaraní halten das Opy für heilig, und normalerweise dürfen Außenstehende sie nicht betreten. Mein Herz klopfte wie wild, als ich den schwach beleuchteten Raum abtastete. Meine Augen gewöhnten sich schnell an das Kerzenlicht, und Teodoro und ich folgten der Geste unseres Begleiters, uns zu setzen. Der Innenraum war mit einfachen, niedrigen Holzbänken an zwei Seiten und einem Altar auf der gegenüberliegenden Seite des Eingangs ausgestattet. Das Altar war etwa fünf Fuß hoch und bestand aus einem schmalen Brett, das auf zwei Pfosten stand. Auf dem Altar befanden sich Kerzen, Rasseln und andere

Musikinstrumente – darunter auch das, was der Mann bei unserem Willkommensbesuch gespielt hatte.

Wir gingen schweigend in die hintere Ecke des Raumes, in die Nähe des Altars und setzten uns auf die niedrige Bank. Ich legte mein Bündel mit Handwerkszeug leise zu meinen Füßen ab. Ein kleiner Junge, der etwa zehn Jahre alt zu sein schien, rauchte eine Pfeife und betete, während er den Raum umrundete und vor dem Altar und jeder Person, die auf den Bänken saß, vorbeiging. Wir blickten beide auf ihn, um die Bedeutung seiner Intention zu verstehen.

Währenddessen füllte sich das Opy mit Kindern und Erwachsenen, die sich auf den kleinen Bänken an beiden Seiten niederließen. Der Mann, der zuvor die kleine Gitarre gespielt hatte, kam herein, nahm das Instrument vom Altar und setzte sich uns gegenüber. Während er spielte, begann er leise zu singen.

Der Junge drehte mehrere vollständige Kreise im Innenraum, während er sang und Pfeife rauchte, und ging dabei dicht an allen Sitzenden vorbei. Jedes Mal, wenn er am Altar vorbeikam, richtete er einen kräftigen Luftstrom auf jeden Gegenstand auf dem Altar und auch auf die größeren Musikinstrumente, die Takuá (die wie Regentonnen aussahen und sich auch so anhörten), die unter dem Altar aufgestützt waren. Dieser Junge führte eine vorbereitende Reinigungszeremonie durch. Bald darauf versammelten sich alle und die Tür wurde von innen verschlossen.

Der singende Jugendliche begann dann mit der Zeremonie, beginnend auf der uns gegenüberliegenden Seite. Er inhalierte aus seiner Pfeife und richtete dann einen erzwungenen Atemzug direkt auf den Scheitel jeder Person an der Fontanelle des Schädels. Die Bänke waren niedrig, so dass der junge Mann seine Reinigungsbewegung mühelos durchführen konnte – sogar bei meinem Freund, der größer war als er.

Viele der versammelten Kinder standen in einer Reihe vor dem Altar. Die Jungen, die am nächsten zum Altar standen, begannen zu singen; einige benutzten Rasseln, die Mbaraká. Die Mädchen stellten sich hinter den Jungen auf und schlugen mit den Takuá rhythmisch auf den Boden, synchron zum Gesang. Die Mädchen antworteten laut auf das, was die Jungen sangen, und beide bewegten ihre Füße auf bestimmte Art und Weise und unterschiedlich zu verschiedenen Liedern.

Cacique Tata Ti stellte einen Krug mit Wasser und Tabakblättern auf das Altar, kehrte dann an das Ende unserer Bank zurück und begann mit einem anderen Ältesten in der Nähe der Tür eine Pfeife zu rauchen. Während die Kinder sangen, rauchte er und betete.

Während Tata Ti weiter seine Pfeife rauchte und betete, sangen die Kinder viele Lieder. Einige waren ernsthaft bei der Sache, andere lächelten und hatten Spaß. Der Junge, der die Reinigungszeremonie durchführte, gehörte nun zu den Jungen, die kicherten und spielerisch, aber respektvoll sangen. Er behielt während der gesamten Zeremonie seine ehrfürchtige Haltung bei und ließ sich von der Fröhlichkeit seiner Nachbarn nicht stören. Offensichtlich befand sich dieser junge Mensch in einem Trancezustand, und er kam in die Nähe eines sehr alten Mannes, der in der Ecke neben uns saß und sich ausruhte.

Irgendwann während der Zeremonie kam ein kleiner Junge von nicht mehr als fünf Jahren herein und suchte einen Sitzplatz. Der einzige verfügbare Platz war eine sehr kleine Öffnung zwischen mir und einem anderen Jugendlichen. Dieser Junge zögerte nicht, sich neben mich zu setzen. Ich hatte erwartet, ein Gefühl der Abscheu zu verspüren, wenn sich unsere Haut berührte, ähnlich wie bei den Erfahrungen, die Kinder zu Hause machen, wenn sie keine andere Wahl haben, als sich neben einen unbekannten Erwachsenen zu setzen, aber dieses Kind strahlte kein Gefühl der Fremdheit aus. Diese Erfahrung war so liebenswert. Das Gefühl in meinem Herzen wurde groß und warm.

Dieses Gefühl des Herzens war eine Kombination aus der Erlaubnis, an einer Zeremonie teilzunehmen, das Wohlbefinden wegen des Kindes, das neben mir saß, und der akzeptierenden Natur aller Menschen im Raum.

An diesem Punkt hörte ich auf, ein Beobachter zu sein. Als ich die Augen schloss und den Kindern beim Singen zuhörte, als ich spürte, wie durch meine nackten Füße auf dem schmutzigen Boden der Klang der Takuás durch meine Beine floss, und als ich explosive Rasseln im Gebetshaus hörte, wurde mein Geist ruhig und meine Sinne vereinten sich. Ich gab mich meiner Umgebung voll und ganz hin.

Das Timbre der Sängerinnen und Sänger passte sich den verschiedenen Klangäußerungen der Rasseln und Takuás an, und mein

Kapitel 6: Die Welt als göttliche Seele betrachten

Körper ließ alle Anspannung fallen und ließ sich ganz natürlich in ihren Rhythmus fallen.

Da ich vertraute Worte wie Ñande Ru erkannte, stimmte ich mit ein und sang mit lauter Stimme mit den Mädchen. Sehr schnell fühlte ich mich in Harmonie mit der Gruppe. Unsere gemeinsame Absicht, eine höhere Macht anzurufen, war nur allzu offensichtlich, und wir gerieten leicht in ein starkes Gefühl der Belobigung und der Dankbarkeit für das Leben.

Irgendwann während des andächtigen Singens, das mehr als eine Stunde dauerte, wurde in mir eine pulsierende, liebevolle Präsenz bewusst, die mein Herzzentrum erweiterte. Es schien keine Trennung zu geben, und das Gefühl des Einsseins durchdrang das Opy. Die Gruppe rief Gott – Ñande Ru – mit großer Sehnsucht an, unsere Gebete zu erhören, und ich spürte, wie ich in einem glückseligen Rausch über die Grenzen meines Körpers hinausschwebte.

Die Musik änderte sich. Teodoro bewegte sich von seinem Platz weg und ich wurde teilweise in meinen physischen Körper zurückgebracht. Ohne den Gesang zu unterbrechen, suchte ich schnell den Raum ab und entdeckte ihn zusammen mit dem Cacique am Ende der Bank neben der Tür.

Cacique Tata Ti betete über Teodoros Kopf und hielt einen Krug mit Wasser und Tabakblättern in der Hand. Er tauchte die Tabakblätter in das Wasser und berührte bestimmte Stellen von Teodoros Körper, insbesondere Kopf und Nacken. Er berührte diese Stellen immer wieder, während er betete. Als ich Frieden und Glück für meinen Freund spürte, fielen mir die schweren Augen leicht zu und ich glitt mühelos in den rhythmischen Gesang zurück.

Plötzlich hörte der Gesang abrupt auf, und Teodoro kehrte an seinen Platz zurück. Schweigend sahen wir zu, wie die Instrumente auf den Altar gestellt wurden und alle schweigend das Opy verließen. Als letzte verließen wir das Gebetshaus und fanden uns allein, erstaunt und fasziniert wieder. Wir standen im Licht des Vollmondes eines wolkenlosen Himmels.

Das Blätterdach der Bäume im Mondlicht zeichnete sich als Silhouette ab, als ich mich umsah und in stiller Ehrfurcht meine ersten Worte seit meinem Eintritt in das Opy sprach: „Ich bin überwältigt vor Freude. Ich habe keine Worte, ich fühle mich einfach so wunderbar.

Mein Herz fühlt sich an, als würde es zerspringen, und ich bin so bescheiden, weil diese liebevollen Menschen mich daran haben teilhaben lassen."

Verträumt antwortete Teodoro: „Hmm, ja, es war so wunderbar." Als er sich umsah, war niemand zu sehen.

„Wo sind denn alle hin?" fragte ich mich laut.

„Ich weiß es nicht, aber wir haben jetzt den Mond, der uns aus dem Dorf hilft!" „Was ist da drinnen gerade passiert, Teo?"

„Ich erhielt meinen Guaraní Namen, Karai Tupā."

Ich hielt den Atem an und sagte: „Oh, wie wunderbar! Ich habe kurz gesehen, wie der Cacique eine Art Zeremonie mit dir vollzogen hat. Das war also deine Taufe? Was für eine Ehre! Was bedeutet Karai Tupā?"

„Es bedeutet Gott-Helfer. Du weißt, dass ich dir dafür danken muss, dass das passiert ist. Ich wusste nicht, dass diese Taufe jetzt stattfinden würde."

Ich antwortete in einem Ausbruch: „Oh nein, ich bin es, der sich bedanken muss!"

„Bitte hör mir zu, ich muss mich bei dir bedanken, und ich werde dir erklären, warum." Teo stand im Mondlicht, umgeben von strohgedeckten Hütten und der Stille des Waldes, und fuhr fort zu erklären. „Der Kazike sagte mir, dass die Taufe heute Abend stattfand, weil du gesungen hast. Der Kazike rief mich herbei, als er sah, wie du in den Gesang versunken warst, und diese Handlung ermöglichte, dass ich getauft wurde."

Ich war sprachlos und erinnerte mich an Albertos Erklärung, wie das Volk das Gefühl hatte, dass dieses Lied sie näher zu Gott brachte. Wie sie jeden Abend bedingungslos zusammenkamen, um zu singen. Sobald ein bestimmtes Gefühl oder, wie Alberto erklärte, eine bestimmte Schwingung mit dem Gesang erreicht wurde, dann und nur dann, fanden die Zeremonien oder Heilungen statt.

Ich fühlte die von Alberto beschriebene Einheit, als ich mich dem Schlagen der Takuás, dem Schütteln der Rasseln, dem Rauch und vor allem dem Gesang hingab.

In diesem Moment verstand ich, dass ich die Tiefe dessen, was geschehen war, nicht begreifen würde. Aber ich konnte die echten Gefühle der Freude und des Überschwangs aus der Mitte meines Herzens annehmen. Für mich war diese Begegnung ein spirituelles Geschenk, eine authentische Erfahrung einer Geschichte, die ich von

Alberto kannte. Er hatte mir geschildert, wie die Menschen jeden Abend zusammenkamen, um Loblieder zu singen, bis das Gefühl einer harmonischen Verbindung erreicht war, bevor sie mit dem Ritual fortfuhren. In der Gemeinschaft zapften die Teilnehmer einen Bewusstseinsstrom an, der aus Liebe bestand.

Meine Erfahrung in dem Opy haben mich demütig gemacht zum Verständnis um die Kraft ihres Gesangs, mehr noch, um die gemeinschaftliche Kraft der Liebe und der Gegenseitigkeit. Und das lebt in meinem Herzen weiter. Alberto hatte jede Unterrichtsstunde mit den Worten begonnen, die er mit seiner reichen und leidenschaftlichen Stimme sagte: „Sie geben immer, sie teilen immer."

Teo und ich schieden voller Ehrfurcht von diesem schönen Abend, den wir mit diesen sanften, gebenden Menschen verbracht hatten. Diese Erfahrung und die Erweiterung meines Herzzentrums öffneten mich dafür, die Welt besser durch ein Prisma bedingungsloser Liebe zu sehen. Wir fuhren in stillem Staunen nach Hause.

Albertos Botschaften wurden für mich klarer verständlich, aber ich realisierte auch einen weiteren Punkt über die musikalische Natur der Guaraní. In jeder Ama-Deus Stunde, die Alberto lehrte, ließ er alle Teilnehmer singen und ermunterte die Leute, den Film *The Mission* zu sehen, der nach seinen Angaben während seiner Besuche bei den Guaraní in einer anderen Gegend gedreht wurde. Dieser Film verdeutlichte sehr stark die spirituelle Natur der Guaraní, verdeutlichte aber auch die natürliche musikalische Veranlagung dieser Kultur. Die demütigende Erfahrung in dem Opy ermöglichte es mir, die Kraft ihrer Musik aus erster Hand zu erfahren.

Für mich persönlich waren all diese Erfahrungen eine Fortsetzung meiner Liebe zum Erlernen indigener Lebensweisen – ein wahrer Schatz und weit mehr als nur eine archäologische Studie. Nach der Lektüre umfangreicher schriftlicher Berichte über diese Menschen und ihre Namensgebungszeremonie fühlte ich eine noch tiefergehende Liebe für diese Arbeit und das Volk der Guaraní.

An dieser Feier nahm ich teil mit Teodoro und dem Kaziken, der die Zeremonie durchführte. Der Pajé war damals einhundertvier Jahre alt und betreute mehrere Dörfer, die sich über mehrere hundert Meilen erstreckten. Er besuchte die Dörfer, die unter der größten Not litten. Viele der Zeremonien können vom Cacique oder einer anderen Person durchgeführt werden, die nach Ansicht der Gemeinschaft ein gewisses Maß an spiritueller Vollkommenheit aufweist. Der Empfang eines heiligen Liedes in einem Traum berechtigt den Träumenden, andere zu taufen. Pajé Tupa Nevangayu sagt, dass Seelenwahrnehmung und Seelenwissen aus dem spirituellen oder göttlichen Bereich kommen. „In unserer Brust, in der Nähe unseres Herzens, befindet sich ein großer Geist. Er beschützt uns, während wir schlafen. Wenn wir schlafen, geht dieser Geist in den Himmel. Auf diese Weise träumen wir und kommunizieren mit dem Himmel. Das ist der Weg, auf dem die Lieder zu uns gesendet werden."[58]

Teodoro und ich waren uns nach unseren Beobachtungen einig, dass der Junge, der in Trance sang und die Eröffnungszeremonie durchführte, sich auf die Rolle des Pajé für seine Gemeinschaft vorbereitete. Die Zeremonie, die wir erlebten, dauerte nicht bis in die späten Morgenstunden, wie es in früheren Berichten geschildert wurde, aber die Kraft der Wortseelen und die Beteiligung der Gemeinschaft waren mit Sicherheit zu spüren. Die Guaraní praktizieren auch heute noch ihre spirituellen Bräuche und betrachten ihre Welt nach wie vor aus der Perspektive der Seele.

KAPITEL 7

PAJÉS SIND MEISTER DER GÖTTLICHEN WORTSEELEN

Lasse den Geist eine Reise durch eine fremde neue Welt antreten.
Verlasse alle Gedanken an die Welt, die du bisher kanntest. Lass dich
von deiner Seele dorthin bringen, wo du dich nach ihr sehnst ...
Schließe deine Augen, lasse deinen Geist aufsteigen, und
du wirst leben, wie du noch nie gelebt hast.
-Erich Fromm

Was macht eine weise Person in der Guaraní Kultur aus? Der Gesang definiert oder drückt den Grad des spirituellen Bewusstseins einer Person aus – der Gesang im Herzen, der durch den Traumzustand zu der Person gebracht wird. Die Anzahl der Lieder oder Wortseelen bestimmt, wie man an den Zeremonien der Gemeinschaft teilnimmt. Die Bedeutung des Gesangs ist ausschlaggebend für den Erwerb der Rolle des Pajé Schamanen. Von den frühen Berichten bis zum heutigen Tag ist der Pajé oder *Opara'iva*, was „derjenige, der singt" bedeutet, der wichtigste spirituelle Führer der Gemeinschaft. Auch hier lieferte Nimuendaju die erste Beschreibung, die seither auch von mehreren Beobachtern in ihren Aufzeichnungen bestätigt wurde. Er beschrieb vier Kategorien spiritueller Errungenschaften, und diese Rangfolge wird in der Guaraní Gesellschaft hoch geschätzt. Er beginnt mit den Worten: „Die Guaraní Medizinmänner unterscheiden sich von denen anderer Eingeborenengruppen dadurch, dass man nicht durch Lernen oder

Einweihung zum Medizinmann wird, sondern nur durch Inspiration."⁵⁹ Seine vier Kategorien reichen von denjenigen, die kein Lied haben, über diejenigen, die eines oder einige wenige erhalten haben und sie im privaten Bereich einsetzen (wobei die meisten Erwachsenen über 35 in diese Kategorie fallen), bis hin zu denjenigen, die den Drang verspüren, eine führende Rolle bei den heiligen Tänzen zu übernehmen, um der Gemeinschaft zu dienen, und denjenigen, die ihre spirituellen Kräfte bis zum höchsten Grad vervollkommnet haben und zu den Pajés werden.

Letztlich entscheidet die Gemeinschaft, wer Pajé wird, nachdem ein Einzelner dies mehrfach demonstriert hat. Diese Person muss nicht nur ihre Fähigkeit, Lieder zu empfangen, unter Beweis stellen, sondern auch die Bereitschaft, sich in den Dienst der Gemeinschaft zu stellen. Metraux ergänzte diese Beobachtung in seinen Berichten:

> Keine noch so gute Ausbildung kann aus einem Apapocuva Guaraní einen Schamanen machen, wenn er nicht auf übernatürliche Weise mit magischen Gesängen inspiriert wurde... Der Besitz des magischen Gesangs verleiht ihm eine gewisse Immunität gegen Unfälle. Ein Schamane ist ein Mann, der eine große Anzahl magischer Gesänge besitzt, die er für das Gemeinwohl seines Volkes einsetzt... er muss auch Träume haben, denn sie geben ihm überlegenes Wissen und Einblick in die Zukunft ... Legenden und historische Überlieferungen zeugen von dem außerordentlichen Ansehen, das einige Schamanen in der Vergangenheit genossen, die Anführer ihrer Stämme waren. Nachdem sie ihre Inspiration erhalten hatten, zogen sich diese großen Männer in die Wildnis zurück, wo sie sich von himmlischer Nahrung ernährten. Durch ständiges Tanzen unterwarfen einige Apapocuva Guaraní Schamanen allmählich ihre tierische Seele und stärkten ihre Ayvucué, die friedliche Seele, bis sie zum himmlischen Land-ohne-Übel fliegen konnten.⁶⁰

Es folgt Keeneys Bericht aus dem Munde eines heutigen Schamanen, Tupa Nevangayu, der die Schilderungen aus der Arbeit von Nimuendaju und Metraux bestätigt und auch deutlich macht, dass die Traditionen noch immer stark gepflegt werden.

Ein Kind im Alter von sieben oder acht Jahren kann einen spirituellen Traum haben und Schamane werden. Es gibt keine Altersvoraussetzung, um ein heiliger Mensch zu werden. Das ist etwas, was Gott entscheidet. Ich war zwölf Jahre alt, als ich meine erste Vision hatte. Der Besitzer eines heiligen Liedes erschien mir. Er war als Schamane gekleidet.[61] Wenn du nicht auf die Erde gekommen bist, um Schamane zu werden, kannst du nichts tun, um einer zu werden. Gott wählt dich aus. Du kannst dich nicht dazu zwingen, ein Schamane zu werden, wenn du nicht dazu auserwählt wurdest, einer zu sein. Niemand kann dir beibringen, wie man ein Schamane wird.[62]

So ist es auch bei den Guaraní. Die Pajés waren und sind immer noch die Führer ihrer Gemeinschaft. Die Ehre ergibt sich aus ihrer gottgegebenen natürlichen Fähigkeit, Zugang zum göttlichen Wort oder zur Wortseele zu haben, aus der Demonstration großer Ehrfurcht und Güte und aus der vollständigen Anerkennung durch die Gemeinschaft. Diejenigen, die von diesem Standpunkt aus führen konnten, waren in die göttlichen Bereiche verliebt. Viveiros de Castro berichtet von seiner Erfahrung mit der Rolle des Pajé:

> Jede Nacht ... in den frühen Morgenstunden hörte ich aus der Stille eine hohe, einsame Intonation, manchmal erhaben, manchmal melancholisch, aber immer streng, feierlich und für mich etwas makaber. Es war der Gesang des Schamanen auf der Maï maraca, der Musik der Götter. Nur während der akutesten Phase der Grippeepidemie und eine Zeitlang nach dem Tod einer Frau mittleren Alters hörten diese Gesänge auf. In bestimmten Nächten sangen drei bis vier Schamanen gleichzeitig oder nacheinander, wobei jeder seine persönliche Vision erlebte. Manchmal sang nur einer von ihnen. Er begann mit einem sanften Summen und Brummen und steigerte seine Stimme allmählich, indem er eine stakkatoartige Artikulation nachzeichnete, die sich von der kontinuierlichen, zischenden Geräuschkulisse einer Rassel abhob, bis sie eine Tonhöhe und Intensität erreichte, die über eine Stunde lang beibehalten wurde. Dann sank sie langsam zurück in das erste Licht des

Sonnenaufgangs, der „Stunde, in der die Erde enthüllt wird" [iwi pï dawa me], bis sie in die Stille zurückkehrte.[63]

Diese Erfahrung von Viveiros de Castro untermauerte Albertos Erzählungen darüber, wie die Gemeinde am Abend bedingungslos zum Opy zusammenkam und mit dem Pajé sang. Die Nacht hat die Menschen in ihren Bann gezogen. Durch seine große Liebe zu ihnen und seine unerschütterliche Aufmerksamkeit für die Schönheit ihres Lebens konnten wir in den zehn Jahren, in denen Alberto mit ihnen zu tun hatte, mit Sicherheit davon ausgehen, dass auch er durch den Gesang und ihre poetische mündliche Geschichte eingeführt und in den Bann gezogen wurde.

In den jüngsten Berichten aus Keeney teilt Pajé Tupa Nevangayu noch heute in seiner bescheidenen Haltung den Wert des Gesangs und die Bedeutung der göttlichen Wortseelen.

> Wenn ich mich in eine betende Haltung versetze, spreche ich mit großer Demut und erkenne an, dass ich als Person nichts bin. Ich bekenne, dass ich einfaches Fleisch bin, das aus Schmutz besteht. Diese Haltung hilft mir, eine Wiege für die Seele zu sein. Für die Guaraní sind die Wortseelen die Hauptsache. Ich bin nur ein Medium für die Geister, die die Wortseelen tragen. Wir bringen Wortseelen zum Wohle der Welt hervor.
> Immer, wenn ich ein neues Lied empfange, kommt normalerweise auch etwas Böses, um mich abzulenken oder in Versuchung zu führen. Jeden Tag muss ich meine Rassel nehmen und beten: „Großer Gott, du musst mich beschützen. Mein wahrer Vater und meine wahre Mutter, bitte hilf mir." Auch Sie müssen um Hilfe beten. Geistliche Gaben kommen immer mit einem Übel, das Sie herausfordert. Bitten Sie immer die Götter um Hilfe.[64]

Das Bild, das sich aus älteren und neueren Berichten ergibt, zeigt das allumfassende spirituelle Leben der Guaraní und gibt einen klaren Einblick, welche Anziehungskraft Albertos verspürt haben muss und seine Hingabe für dieses Volk. Die zahlreichen Berichte, die sich mit den spirituellen Aspekten des Guaraní Lebens befassen, zeigen, dass alle, die sich die Zeit nehmen, jene Aspekte zu entdecken, diese mit großer Freude festhalten und sich von diesen Menschen tief berühren und sogar verändern lassen. Die Pajés finden immer noch Hoffnung in ihren Worten, und sie singen immer noch. Von einem anwesenden Pajé, Ava Tupa Rayv:

> Es heißt, dass wir starke Schamanen sind.
> Wir sind die Ka'aguygua
> die „Menschen des Waldes".
>
> Der Wald ist nicht nur
> der Ort, an dem wir leben.
> Wir sind der Wald.
> Er ist unser Leben.
>
> Unser größtes Geschenk ist es,
> den Geist des Waldes zum Ausdruck zu bringen:
> Das Erklingen der Wortseelen.
>
> Jemand träumte davon,
> dass immer mehr Menschen
> über Schamanen sprechen:
> Sie sagen, dass wir in die Vision
> hinauf- und hinabsteigen,
> sagen, dass wir Helfer des Geistes haben,
> sagen, dass wir Macht streben,
> die sagen, dass die Rassel,
> unabhängig von jedem Gott, ausreichend ist,
> sie sagen, dass es die verlorenen Seelen findet,
> sie sagen alle möglichen Sachen.
>
> WISSE DIES:
> Wir, die wir zu den Stärksten gehören, die den Geist sehen
> und seine Macht erfahren, sagen, dass
> viele, die über solche Dinge sprechen
> haben nicht gesehen, gehört oder wurden nicht berührt
> von dem, was das Wichtigste ist.

> Wir sind also aufgerufen,
> unsere einfache Wahrheit zu sagen:
> Ein Schamane ist jemand, der
> zu seinem Gott betet.
> Das Gebet ist das Instrument, die Verbindung.
> Alle anderen Wege täuschen nur vor.
> Es ist das Gebet, das Gebet und noch mehr Gebet.
> Das ist es, was dich fliegen lässt
> dir den reinsten Anblick verschafft,
> Und verbindet dich
> mit dem Netz des Lichts.
>
> Du erkennst einen Schamanen am
> Klang seines Gebets.
> Sie tragen die Wortseelen.
> Kein Lied, kein Schamane.
> Lieder des Gebetes kommen
> aus einem dienenden Herzen.
> Sie reinigen, vergeben
> und schenken neue Hoffnung.
>
> Es gibt keinen anderen Weg
> als den des Schamanen als
> Gebet und Gesang.
> Das ist die Art und Weise, wie wir Gott kennen,
> Auf diese Weise werden wir zum Wald,
> Es ist der wahrhaftigste Weg.[65]

Die Wortseelen, die Gesänge, die in Träumen aus dem geistigen Reich kommen, halten die Guaraní in einem gegenwärtigen Zustand des Geistes. Die Pajés sind bis heute die Meister der Wortseelen und die geistigen Führer der Guaraní, die außerhalb der irdischen Welt nach Orientierung suchen.

Träume als Wege zum Empfang von Liedern

Wir wissen jetzt, dass die Pajé das Wissen aus den Trancezuständen durch Gesang und Tanz erlangen und dass der Traumzustand in hohem Ansehen steht und unschätzbares Wissen für die Gemeinschaft enthält. Jeder in der Gemeinschaft konnte und kann im Traumzustand ein heiliges Lied empfangen. Alberto referierte über „verzauberte Frauen", wie er sie nannte. Sie brachten jeden Abend in dem Opy Informationen aus ihren Träumen in die Gemeinschaft ein. Veränderte Bewusstseinszustände, ob Trance oder Traum, waren normal und wurden von den Guaraní akzeptiert. In den frühen Berichten über Nimuendaju heißt es:

> Was die Träume betrifft, so sind sich die Apapocúva [Guaraní] mit allen anderen Indianern [Dörfern] einig, dass es sich um reale Ereignisse von großer Bedeutung handelt. Auch wenn ein Traum nicht mit einem unmittelbar greifbaren Ergebnis verbunden ist, sind Träume doch Erfahrungen, die Wissen und Können vermitteln können. Wer träumt, weiß mehr als derjenige, der nicht träumt; Medizinmänner kultivieren daher das Träumen als eine wichtige Quelle des Wissens und der Macht.[66]

Die Aufzeichnungen von Metraux unterstützen diese Bedeutung: Träume sind Erfahrungen der Seele und werden besonders von Schamanen beachtet, die daraus ihr übernatürliches Wissen und ihre Macht ableiten.[67] Und während einer Zeit des Zusammenlebens Mitte der 1980er Jahre erinnert sich Reed an seine Erfahrung:

> Ältere Führungskräfte geben ihren Familien religiöse Orientierung. Diese Fähigkeit nimmt mit dem Alter zu, da die älteren Bewohner Erfahrung in der Kommunikation mit dem Übernatürlichen sammeln. Das Wissen wird im Schlaf gesehen oder gehört, ikérupi. Es war zum Beispiel nicht ungewöhnlich, dass ich nach wochen- oder monatelanger Abwesenheit in eine Gemeinschaft kam und von Kindern empfangen wurde, die meine Ankunft mit Begeisterung, aber nicht mit Überraschung verkündeten: „Er ist da!" und nicht „Er ist zurück!" Nach der ersten Begrüßung erklärten ihre Führer, dass mein Kommen erträumt worden war und sich in der Gemeinde herumgesprochen hatte. Ich war erwartet worden.[68]

Die Guaraní Gemeinschaft erfreut sich am Einzelnen, der den Traum, den er oder sie empfängt, mitteilt, da dies ein Zeichen für den kontinuierlichen Zugang zu göttlicher Führung für die Gemeinschaft ist. Meditative Gesänge können auch ein Weg zu übernatürlichem Wissen sein. Reed beschrieb, dass poraé wörtlich „singen" bedeutet und oft im Traumzustand empfangen wird, „durch persönliche Inspiration, die weder von religiösen Spezialisten erbeten noch gelehrt wird. Der Gesang wird von Menschen auf der Suche nach Führung verwendet ... nach einer Periode intensiver poraé, die oft mehrere Tage dauern kann, wird die Intonation Teil des Werkzeugs dieser Person für den Zugang zum Übernatürlichen".[69]

Schaden stellt wortgewandt fest: „Ohne Übertreibung kann man sagen, dass der Guaraní aufhört, ein Guaraní zu sein, wenn er aufhört, das Bedürfnis zu verspüren, sich seinen religiösen Andachten zu widmen, d.h. dem porahêi (Gesang)."[70]

Es gibt kein pädagogisches Format für den Empfang von Informationen in Träumen; dies ist ein natürlich vorkommendes Ereignis. Das Leben nahe an der Erde, im Rhythmus der Sterne, die Kultivierung spirituell begründeter Zyklen der Nahrungsmittelproduktion, die Unterstützung der Gemeinschaft und die Ehrfurcht vor dem Träumen – all das schafft ein nährendes Umfeld. Schaden weist in dieser Beschreibung noch einmal darauf hin, dass für die Guaraní die seelische Perspektive des Lebens im Vordergrund steht. Gott lehrt dich über Gott ist das Thema der Guaraní:

> In Bezug auf die Seele, d.h. die psychische und moralische Individualität, gibt es einige Praktiken der magisch-erzieherischen Behandlung, die jedoch von untergeordneter Bedeutung sind. Die Seele wird bereits fertig oder zumindest mit bestimmten Eigenschaften geboren, sozusagen embryonal. Im Allgemeinen wird daher nicht versucht, die Entwicklung der seelischen Natur zu erzwingen. Verschiedene magische Mittel, die von der Kultur entwickelt wurden, um die Bildung der Persönlichkeit des Unreifen zu beeinflussen.... Der Ñandéva sagte mir, dass den Kindern keine Gebete beigebracht werden, da sie individuell sind und direkt von den Gottheiten gesandt werden [Einer der Ältesten sagte mir mit

einem Anflug von Verachtung] „Wir brauchen weder Geld noch eine Schule, denn Gott sagt es. Ein Kind braucht keine Schule, denn das Wissen kommt von Gott."[71]

Ein Beispiel für den Erhalt von Informationen in den Träumen ist die Namensgebungszeremonie, bei der die ankommende Seele identifiziert wird und einen Namen für ihre irdische Reise erhält. Alberto sprach oft davon, wie die Kinder von der Gemeinschaft verehrt und respektiert wurden, da die Menschen an die Reinkarnation glaubten. Die „außergewöhnliche Liebe", die er erlebt hat, galt den geliebten Menschen, die zu ihnen zurückgekehrt sind. Der Vater ist in der Regel der Erste, der im Traum die Information erhält, dass ein Kind kommen wird. Er erzählt den Traum der Mutter, und sie wird schwanger. „Das Kind wird also von den Göttern gesandt ... die Vorstellungen über den Zusammenhang zwischen Empfängnis und Geschlechtsverkehr sind unklar", heißt es bei Schaden.[72] Das Leben wird durch die Geisterwelt geschenkt. Zur Vorbereitung auf die eintreffende Seele werden von den Eltern besondere Vorsichtsmaßnahmen für die pränatale und postnatale Pflege eingehalten. Diät- und Arbeitspläne und emotionale Zustände werden berücksichtigt. „Eine schwangere Frau sollte nicht wütend werden, denn die Wut würde auf das Fleisch, die Knochen und den Geist des Kindes übergehen."[73] Vollständiges Seelenbewusstsein ist in alle Aspekte des Lebens involviert. Später im Kapitel über Ama-Deus wird die Bedeutung der Heilung auf der Seelenebene deutlich und untermauert den Gedanken, dass „Seelenbewusstsein" der Schlüssel zum Verständnis der Guaraní Kosmologie ist. Durch Albertos Vorträge hatten wir erstmals von ihrer spirituellen Natur erfahren. Und nun scheinen diese hinzugefügten Berichte aus Jahrhunderten von Beschreibungen darauf hinzuweisen, dass „einhellige Übereinstimmung darüber besteht, dass das mentale Gerüst der Guaraní in der geistigen Welt aufgehoben ist."[74]

Wortseelen zum Teilen
Denken Sie daran, dass all diese Informationen, die aus schriftlichen Quellen zitiert werden, ursprünglich mündlich überliefert wurden. Die Sprache der Guaraní ist reich an Bildern und Ausdrücken. Die Illustrationen der poetischen Sprache der Guaraní bieten dem westlichen

Geist die Möglichkeit, die Schönheit und Kraft ihrer göttlichen Welt zu erfassen. Ihre Wortseelen sind Ausdruck ihrer spirituellen Raffinesse.

Schon in den ersten Berichten berichtete de Léry über seine Erfahrungen mit ihren Liedern:

> Als Belohnung erhielt ich eine solche Freude, das harmonische Maß einer solchen Fülle zu hören, und besonders in der Kadenz und dem Refrain des Liedes, wenn bei jeder Strophe alle ihre Stimmen mit Heu, heuaure, heura, heuarue, heuta erklingen ließen, heura, oueh. Ich stand da und war ganz hingerissen. Jedes Mal, wenn ich mich daran erinnere, zittert mein Herz, und es scheint, dass ihre Stimmen noch in meinen Ohren klingen.[75]

Wenn ich diesen Bericht lese, frage ich mich, ob Léry die gleiche Schwingung gespürt hat, die Alberto und ich erlebt haben? Nimuendaju sprach auch von seinen Erfahrungen beim Hören der Lieder der Guaraní als mystisch bewegend.

Die Wortseelen, die in *The Guaraní Religious Experience* von Melià, einem zeitgenössischen jesuitischen Anthropologen, gesammelt wurden (die Lieder sind aus Cadogans Werk von 1959 zitiert) geben einen wunderbaren Einblick in die Lieder dieses Volkes. Auch wenn in der Musik eine menschliche Stimme weggelassen wird, ist es ein Privileg, den Traumgesang zu lesen und zu fühlen – die folgenden Wortseelen verfolgen die Absicht, zu preisen und zu loben, wie in diesen beiden Liedern, die die Größe des Herzens und des Mutes erbitten:

> Um die Häuser, in denen sie schöne Gebete sprechen, gehe ich spazieren und vertreibe die Wolken
> (der Rauch des rituellen Tabakrauchs).
> um es zu bewahren, so werde ich viele Worte lernen,
> Um mein Inneres zu stärken.
> Damit der wahre Vater meines Wortes es sieht;
> dass sie mich in einer nicht allzu fernen Zukunft dazu bringen werden, viele, viele Worte zu sagen.
> Obwohl wir einander aufrichtig lieben,
> wenn wir zulassen, dass unser Herz gespalten ist,

werden wir niemals eine Größe des Herzens erreichen oder gestärkt werden.[76]

....

Oh, unser erster Vater!
Du warst es, der als erster die Regeln unserer Art zu sein kannte.
Du warst es, der als erster in dir wusste,
was das Grundwort sein sollte,
bevor sie die irdische Behausung öffnen und zeigen.
Zur Größe des Herzens, einige unter uns, aus der Mitte der wenigen, die noch übrig sind, wir bemühen uns sehr...
All jenen von uns, die aufrecht auf der Erde stehen,
gewähre, dass wir aufrecht stehend
und mit Hochherzigkeit leben können.[77]

Ich erinnere mich an Albertos leidenschaftliche Beschreibungen, wie die Guaraní das Heilige in allem Leben sahen – den Bäumen, der Vegetation, den Hügeln, den Flüssen, den Tieren. Der folgende Liebesausbruch zeigt ihre heilige Welt, indem sie ihre schöne irdische Erfahrung preisen.

Du selbst bist der Schöpfer.
Jetzt betreten wir diese leuchtende Erde, sagte der Schöpfer.
Jetzt betreten wir diese beschwörende Erde, sagte der Schöpfer.
Jetzt betreten wir diese donnernde Erde, sagte der Schöpfer.
Jetzt betreten wir diese duftende Erde, sagte der Schöpfer.
Jetzt betreten wir diese leuchtende, duftende Erde, sagte der Schöpfer.
Jetzt betreten wir diese beschwörende, duftende Erde, sagte der Schöpfer.

....

Schön sind sie, wenn sie
die Blumen an den Toren des Paradieses öffnen;
die Blumen der leuchtenden Pforten des Paradieses;

die Blumen der beschwörenden Pforten des Paradieses;
die Blumen an den donnernden Toren des Paradieses.[78]

Melia besingt das schöne Leben, ihre Philosophie, die Lebensweise der Guaraní und fasst die Essenz des Liedes in dieser ausdrucksstarken Passage zusammen: „Ein Volk, das jahrhundertelang in einer solchen Umgebung gelebt hat, musste sich sein wahres Land in Form von Licht und Klang vorstellen, denn nicht nur die Vögel, die Insekten und das Wasser sprechen, sondern auch die Bäume wie die Zedern, aus denen ‚das Wort fließt' (*yvyra ñe'ery*)."[79]

Wenn man in die Details der Lebensweise der Guaraní eintaucht, bekommt ein Lied eine neue und erweiterte Bedeutung. Während ich über den Grund für die Kraft eines Liedes nachdachte und versuchte, mich nicht auf die wissenschaftliche Bestätigung der Vorteile von Obertönen für das Leben zu stützen, auf die so genannte Entdeckung, dass alles Leben aus Schwingungen besteht, rief ich meinem jüngsten Sohn zu, der in einem anderen Raum in Hörweite saß: „Was macht Singen so kraftvoll?"

„Es ist eine höhere Form der Kommunikation", antwortete er sofort.

„Natürlich!" sagte ich als Reaktion laut zu mir selbst. Meine Gedanken schweiften dann zu den Eindrücken all der aktuellen Lieder, die davon handeln, wie man die Liebe findet, verliert und wiederfindet, in unendlichen Variationen. Die Menschen sind offensichtlich versessen darauf, über die Liebe zu singen. Was würde passieren, wenn die Menschen es den Guaraní gleichtun und ihr Bewusstsein auf die göttliche Liebe ausdehnen würden? Über eine ekstatische Erfahrung zu singen, die aus dem Herzen kommt, erinnert auch an andere indigene Völker, die in Gemeinschaft singen. Wie wäre es, wenn wir für die göttliche Liebe singen und skandieren würden, vor allem, wenn das Lied in einem Traum entstanden ist und unsere Freunde und Familienangehörigen sehnsüchtig darauf warteten, es zu hören?

Zusammenfassend lässt sich sagen, dass die Guaraní eine Person an ihrem inspirierten Gesang messen, der auf eine erkennbare Verbindung zur Geisterwelt hinweist. Dieser Wert wird höher eingeschätzt als jeder Maß an wirtschaftlicher Produktion oder materiellem Gewinn, was dazu führt, dass es keinen individuellen und kollektiven Wettbewerb oder Separatismus gibt und die Präsenz eines gemeinsamen Herzens in der Gemeinschaft das Gleichgewicht und die Einheit des Dorfes aufrechterhält. Die Guaraní sehen ihre Lieder als göttliche Verbindungen zu einem Reich, das die Wahrheit teilt und sie schließlich mit ihrem Lebensunterhalt versorgt. In Form von Gebeten versammelten sie sich in kleinen Gruppen in dem Opy und hörten ehrfürchtig zu und gaben anerkennende Ausrufe von sich.

> Der wahre Vater Ñamandu, der Erste,
> von einem Teil seines himmlischen Wesens
> aus der Weisheit, die im himmlischen Sein enthalten ist,
> mit seinem sich öffnenden Wissen,
> die Lamas und die Wolken zur Fortpflanzung gebracht.
> Nachdem er begonnen hatte und aufrecht stand wie ein Mensch,
> Aus der Weisheit seines himmlischen Wesens,
> mit seinem weitreichenden und kommunikativen Wissen,
> kannte er das grundlegende Wort der Zukunft für sich selbst.
> Von der Weisheit, die in seinem himmlischen Wesen enthalten ist,
> kraft seines Wissens, das zur Blüte erblüht,
> Unser Vater veranlasste, dass sich das grundlegende Wort öffnete,
> und es wurde so, wie er ist, göttlich und himmlisch.
>
> Als es die Erde noch nicht gab,
> inmitten der alten Finsternis,
> als nichts bekannt war,
> veranlasste er, dass sich das grundlegende Wort öffnete,
> das mit ihm göttlich himmlisch wurde;
> Das ist es, was Ñamandu, der wahre Vater, der erste, getan hat.
>
> Er kannte bereits das grundlegende Wort, das es sein würde,
> von der Weisheit, die in seinem himmlischen Wesen enthalten ist,
> kraft seines Wissens, das zur Blüte gedeiht,
> Er wusste selbst, worauf die Liebe zu einem anderen beruht.
>
> . . . .
>
> Nachdem er bereits das grundlegende Wort,
> das sein würde, zur Blüte gebracht hatte,
> die bereits eine einzige Liebe zum Blühen gebracht hat,

von der Weisheit, die in seiner Göttlichkeit enthalten ist,
aufgrund seines Wissens, das zur Blüte erblüht,
ließ er in alle Richtungen ein mächtiges Lied verbreiten.
Als es die Erde noch nicht gab,
inmitten der altertümlichen Finsternis,
als nichts bekannt war,
sorgte er dafür,
dass ein mächtiges Lied für ihn selbst verbreitet wurde.

. . . .

Er hatte bereits das Fundament des zukünftigen Wortes
für sich selbst zur Blüte gebracht,
Er hat bereits einen Teil der Liebe für sich selbst
zum Blühen gebracht,
Er hat bereits ein kraftvolles Lied für sich selbst
zum Blühen gebracht,
nun überlegte er sorgfältig
wer am Fundament des Wortes mitwirken sollen,
wer an dieser einzigartigen Liebe teilhaben würden,
wer an der Reihe von Worten teilnehmen würden,
aus denen das Lied entsteht.

. . . .

Nachdem er bereits tiefgründig darüber nachgedacht hatte,
ließ er diejenigen, die die Begleitung seines
himmlischen göttlichen Wesens sein sollten, hervortreten,

. . . .

ließ er die Ñamandu mit großem Herzen hervortreten.
Er veranlasste sie, mit dem Abglanz seiner Weisheit hervorzutreten,
als die Erde noch nicht existierte,
inmitten der alten Dunkelheit.

. . . .

Nach all dem,
von der Weisheit, die in seinem himmlischen Wesen enthalten ist,
aufgrund seiner Weisheit, die zur Blüte erblüht,
an den wahren Vater des zukünftigen Karai,
an den wahren Vater des künftigen Jakaira,
an den wahren Vater des künftigen Tupa,
ließ er sie als göttlich himmlisch bekannt werden.
Die wahren Väter seiner eigenen vielen Kinder,
die wahren Väter der Worte seiner eigenen vielen Kinder,
ließ er als göttlich himmlisch bekannt werden.
Nach all dem,
veranlasste der wahre Vater Ñamandu,
ihr, die ihm am Herzen lag,
der wahren Vater-Mutter des Ñamandu
ließ er sie als (göttlich) himmlisch bekannt werden.
(Karai, Jakaira und Tupa haben auf die gleiche Weise ihr Herz vor die
zukünftigen Mütter ihrer Kinder gestellt).
Denn sie hatten bereits die
himmlische Weisheit
ihres eigenen ersten Vaters,
weil er das Fundament des Wortes bereits verinnerlicht hatten,
weil sie bereits das Fundament der Liebe verinnerlicht hatten,
weil sie bereits die Reihe der
Worte des kraftvollen Liedes verinnerlicht hatten,
weil sie bereits die Weisheit, die in zur Blüte gedeiht verinnerlicht hatten,
Aus diesem Grund nennen wir sie auch:
erhabene wahre Väter der Worte,
erhabene wahre Mütter der Worte.[80]

Diese Lieder lassen uns die Schönheit, die Ehrfurcht und die Heiligkeit spüren, die die Guaraní dem Leben entgegenbringen. Und ich stimme mit Nimuendaju überein, dass sie „Poesie in einem metaphysischen Universum" sind.[81] Diese tiefe spirituelle Präsenz, die in einem Lied entsteht, wie auch ihre gebende Natur scheinen sich über die Jahrhunderte nicht verändert zu haben.

Meine persönliche Erfahrung in dem Opy war eine direkte Erfahrung der Kraft ihres Gesangs, aber mehr noch der gemeinschaftlichen

Kraft der Liebe und Gegenseitigkeit. Alberto sagte zu Beginn jeder Unterrichtsstunde mit seiner reichen und leidenschaftlichen Stimme: „Sie geben immer, sie teilen immer."

KAPITEL 8

GEGENSEITIGKEIT, LIEBE UND DAS LAND, IN DEM ES NICHTS BÖSES GIBT

Gottverwirklichung ist nichts anderes als die Fähigkeit und Weite des Herzens, alles gleichermaßen zu lieben.
-Amma

Die Guaraní bekräftigen, stärken und heiligen ihre Gemeinschaft durch Zeremonien, die ihre Verbindung und Beziehung zum gesamten Leben verdeutlichen. Für die Guaraní ist alles heilig, wie wir von Alberto gehört haben: „Das Land, das Wasser, die Sonne, der Mond, die Vegetation sind alle eine Fortsetzung ihrer Heimat." Das Land ist schön und reichhaltig, weil der große Gott dafür sorgt. Sie bemühen sich, in gemeinschaftlicher Harmonie zu leben und sich an den Gaben des Landes zu erfreuen.

Die Guaraní leben nach dem Prinzip „Zusammenarbeit ist Stärke". Sie teilen sich die Arbeit in Verwandtschaftsgruppen und unter Freunden, meist mit Aufgaben, die langweilig oder beschwerlich sind. Reed stellt fest, dass der jährliche Lebensmittelzyklus ein Bild von Knappheit und Überfluss sein kann und dass das Teilen innerhalb der Familie eine angeborene Verantwortung ist.[82] Die spirituelle Ausrichtung der Kultur, die in allen Berichten zum Ausdruck kommt, deutet darauf hin, dass es in der Lebensweise keine Trennung oder Abgrenzung gibt, denn Spiritualität ist in allen Aspekten des Lebens der Guaraní enthalten. Der ökonomische Zyklus wird durch den ökologischen Zyklus bestimmt, der wiederum durch die spirituelle Welt bestimmt wird, eine Art „Kirchenjahr", wie Schaden es beschreibt.[83] Aus den zahlreichen Berichten, die wir kennen, geht hervor, dass es kaum soziale Unterschiede gibt. Vielmehr wird auf die „Lebensweise" der Gemeinschaft Wert gelegt. Die Reziprozität stellt ein Bündnis mit den Göttern her, und so wie die Götter geben, so tut dies auch die inkarnierte Seele in einem natürlichen Ausfluss von Liebe. Für die Guaraní erreiche der Mensch seine Vollkommenheit wie folgt, erklärt Schaden:

> Nach modernem Terminus sind die Tugenden Güte [teko pora], Gerechtigkeit [teko joja], gute Worte [ñe'é jpja], gegenseitige Liebe [joayhu], Fleiß und Verfügbarkeit [kyre'y], tiefer Frieden [py'a guapy], Gelassenheit [teko ñemboro'y] und innere Reinheit ohne Doppelzüngigkeit [py'a poti]. Diese Praktiken und Seinsweisen beziehen sich eigentlich nicht auf das individuelle oder persönliche Verhalten, sondern auf die Beziehungen zu anderen. Diese Tugenden werden vor allem in politischen Versammlungen und bei religiösen Festen vorgestellt und in einen sozialen Kontext gestellt. Sie sind eng mit der Sprache verbunden: dem gehörten Wort, dem gesprochenen Wort und dem prophetischen Wort. Diese Worte werden durch die Praxis der Gegenseitigkeit ermöglicht.[84]

Seit meiner ersten Begegnung mit dem Guaraní Dorf Cacique Tata Ti im Jahr 2000 habe ich mich mit dieser inhärenten Praxis des Singens und der Gegenseitigkeit verbunden gefühlt. Der dritte Besuch im Jahr 2005 im Dorf zeigte eine wachsende Akzeptanz seitens der Guaraní und erlaubte es mir, an einer Zeremonie teilzunehmen. Bei meinem ersten Besuch konnte ich jedoch auch die Lebensweise der Guaraní kennenlernen. Das gemeinschaftliche Teilen und Geben war von meiner ersten Beobachtung an sehr lebendig und eine natürliche Erweiterung ihres Wesens.

Die erste Reise nach Brasilien kam zustande, als Christian Vianna, ein gebürtiger Brasilianer, im Internet recherchierte und mich schließlich anrief, um sich über den Hintergrund von Alberto und der Ama-Deus Heilmethode zu erkundigen. Das Ergebnis unseres Gesprächs war, dass ich im Jahr 2005 einen Kurs in Brasilien geben sollte. Dies wäre mein erster Besuch in diesem Land und in Albertos Heimatland gewesen. Ich war überglücklich, als ich erfuhr, dass unser freundlicher Gastgeber

Christian als zusätzlichen Bonus den Besuch eines Guaraní Dorfes organisiert hatte. Er hatte eine gute Beziehung zu diesem Dorf und dem Kaziken Tata Ti, und er kannte die richtigen Gepflogenheiten. Christian traf sich mit Tata Ti, um die Erlaubnis für einen Besuch einzuholen. Am dritten Tag nach dem zweitägigen Ama-Deus Kurs wurden Vorbereitungen für einen Besuch im Guarani Dorf getroffen.

Um die Etikette zu wahren und unsere Gegenseitigkeit zu demonstrieren, brachte Christian genügend Fußbälle für alle Kinder des Dorfes mit – mehr als achtzig nagelneue Fußbälle waren in seinem kleinen Fahrzeug verstaut. Ich hatte mehrere Pakete mit Tabak und weißen Kerzen für den Kaziken sowie einige kleine Dinge für die Kinder von zu Hause mitgebracht. Nach der Ankunft in Brasilien half Christian bei der Auswahl eines weiteren Gegenstandes – Kekse -, die ich mit allen Kindern teilen durfte.

Als wir uns dem Dorf näherten, nachdem wir mehrere Kilometer durch den atlantischen Regenwald gefahren waren, sahen wir Menschen, die sich bei unserer Ankunft am Rande des Dorfes versammelten. Als wir in die Schlucht hinunter zu einem sich schlängelnden Fluss blickten, sahen wir Kinder im Wasser planschen. Sie rannten die Böschung hinauf und kamen unserem Fahrzeug entgegen.

Christian stieg aus seinem Fahrzeug aus und deutete uns an zu warten, da er zuerst ins Dorf gehen wollte, um sich mit dem Cacique zu treffen. Mein Sohn und ich warteten am Fahrzeug auf die Rückkehr der beiden. Nach ein paar Minuten gespannter Erwartung sahen wir Christian mit einem Älteren aus einer Gruppe strohgedeckter Häuser kommen.

Am Rande der Lichtung stellte Christian meinen Sohn und mich dem Kaziken offiziell auf Portugiesisch vor. Dann zeigte er ihm die Geschenke. Christian fuhr fort, etwas zu besprechen, während mein Sohn und ich schweigend zuhörten. Schließlich drehte sich Christian um und zwinkerte mir zu, als der Kazike alle Kinder versammelte. Christian kam an unsere Seite und erklärte, dass die Kinder für uns singen würden.

Die Kinder bildeten zwei Reihen, die Mädchen auf der einen und die Jungen auf der anderen Seite, die ein großes V um uns herum bildeten, während wir dastanden und zuhörten. Die Jungen sangen ein Lied, und die Mädchen folgten, indem sie einen Refrain sangen. Beide führten beim Singen eine leicht unterschiedliche Fußarbeit aus.

Kapitel 8 : Gegenseitigkeit, Liebe und das Land, in dem es nichts Böses gibt

Ein männlicher Teenager, der sich an der Verbindungsstelle der beiden Reihen befand, spielte auf einer Gitarre. Von den Teenagern bis zu den Kleinkindern, die von den Mädchen auf dem Arm gehalten wurden, sangen sie alle ohne Nervosität oder Vorbehalte mehrere Lieder für uns. Danach stürmten die Kinder auf den Kaziken zu, der mit einem breiten Lächeln die Geschenke an die Kinder verteilte.

Nachdem die Fußbälle und Kekse verteilt worden waren, erklärte Christian dem Kaziken, dass wir aus den Vereinigten Staaten kämen und für diesen besonderen Besuch gekommen seien. Der Cacique streckte uns mit einem breiten Lächeln die Hand zur Begrüßung entgegen. Ich bot ihm Kerzen und Tabak an. Er lächelte und sagte mehrmals aguyje (danke) auf Guaraní. Dann wandte er sich an Christian.

Christian hatte nun ein breites Grinsen im Gesicht und sagte: „Er sagt, ihr dürft ein Foto mit ihm machen."

„Wirklich!" Während wir beobachten, wie der Kazike eine Geste macht, um sich neben ihn zu setzen, erklärt Christian weiter: „Ja, ihr wisst, dass ihr eine Erlaubnis haben müsst, wenn ihr im Dorf etwas filmen wollt. Das erlaubt nur der Cacique."

„Okay, was sollen wir tun?"

„Komm, er möchte, dass du dich hier neben ihn setzt." Als ich mich setzte, lächelte er breit in die Kamera. Ich war mir der Etikette nicht sicher, aber ich war so bewegt, meine Hand auf sein Knie zu legen, nachdem er seinen Arm auf meine Schulter gelegt hatte.

„Und Christopher, er möchte, dass du hier sitzt." Schnipp, schnapp machte die Kamera. Dann schlossen sich Christian und der Sohn des Kaziken den Bildern an. Diese kleine Szene war seine Art, uns für die Geschenke und den besonderen Besuch zu danken.

Der Kazike führte seine Gemeinschaft im Teilen und Geben an, die Kinder in ihrer Rolle des Gebens und der Kazike in seiner. Wir wurden mit einer kurzen, aber bedeutsamen Erfahrung des Lebens dieser freudigen Menschen gesegnet, die gnädige Gebende waren. Wir tauchten kurz in die Gegenseitigkeit ein, die aus der zwischenmenschlichen Beziehung in der verehrten Haltung der Gemeinschaft erwächst. Diese grundlegende Art des Seins ist auch heute noch sehr lebendig. Wie wir bereits in den zahlreichen ethnologischen und anthropologischen Beschreibungen dieses Volkes gelesen haben, betrachten sie alles Leben als heilig und machen ihrem verdienten Titel als „Theologen Südamerikas" alle Ehre.

Das Land ohne Übel
Gefährdete Geister in einer materiellen Welt

Ein Mythos aus vergangenen Aufzeichnungen, der auch heute noch ein zentrales Thema in der Kosmologie der Guaraní darstellt, ist das „Land ohne Übel". Die Gegenseitigkeit, die sich aus der Kommunikation mit dem spirituellen Reich ergibt, um das Gleichgewicht und die Harmonie mit der Erde aufrechtzuerhalten, unterstützt die Guaraní auf ihrer heiligen Reise zum „Land ohne Übel". Es gibt übereinstimmende Aufzeichnungen der Jesuiten über die periodische Suche nach einem irdischen Paradies. Dieser Mythos, der mündlich überliefert wurde, beschrieb einen Ort, an dem die Feldfrüchte von selbst wachsen, die Menschen niemals sterben und ihre Zeit mit Essen und Tanzen verbringen. Zu diesem Paradies oder Land ohne Übel konnte man gelangen, wenn man den richtigen Weg findet und strenge Praktiken wie Tanzen, Singen und Fasten einhält.

Diese Wanderungen werden von einem „extravaganten Pajé" angeführt, der nicht mit einem Stamm zusammenlebt, sondern allein im Dschungel lebt und große magische Leistungen vollbringt. Diese Pajés konnten riesige Völkerwanderungen auslösen. Was nicht einheitlich war, war der Ort, an dem sich dieses Land ohne Übel befand. Meistens waren die Wanderungen nach Osten über den Ozean gerichtet, wo das Land auf den Himmel trifft, und ein anderes Mal ging die Wanderung ins Landesinnere.

Unabhängig vom Ort oder der Richtung ist das „Land ohne Übel" immer noch ein fester Bestandteil des Glaubenssystems der Guaraní.

Das „Land ohne Übel" ist in frühen Quellen immer wieder erwähnt worden; Ethnologen und Historiker haben ihre Ansichten über das Motiv für diese „messianischen" Wanderungen dargelegt. Hélène Clastres widmet dem „Land ohne Übel" ein ganzes Buch, in dem sie mehrere Dokumente wiedergibt und ihre Theorie darlegt.

Ein anderer Forscher, Melià, postuliert, dass sich das „Land ohne Übel" auf einen „intakten Boden, auf dem vorher nichts gebaut worden war" bezieht.[85] Meliàs Theorie stützt sich auf seine Lektüre des *Tesoro de la Lengua Guaraní* (Schatzkammer der Guarani-Sprache) des Jesuiten Antonio Ruiz de Montoya. Robin Wright stellt zusammen mit Manuela Carneiro da Cunha in *Destruction, Resistance, and Transformation-Southern, Coastal, and Northern Brazil* (1580-1890) die These auf, dass der Umzug in einen Urwald ökologische Gründe hatte.

Unabhängig von der Interpretation scheint es einen starken Konsens darüber zu geben, dass die Migrationsmuster in ein Land ohne das Übel bereits vor dem Eindringen der iberischen Eroberer im 15. Jahrhundert intakt waren und nicht durch die erzwungene Einführung neuer sozialer Systeme verursacht worden waren. Vielmehr, und das ist noch wichtiger, war dieser tief verwurzelte Glaube in ihre spirituellen Praktiken eingebettet.

Folglich ist dieser Glaube die treibende Kraft in ihrem Plädoyer für Land, denn ohne Land ist die „Lebensweise" der Guaraní verloren.[86] Dieser Glaube ist so stark, dass die Guaraní bis zum heutigen Tag der spirituellen Kommunikation mit großer Ehrfurcht folgen, auch wenn eine Migration nicht erfolgreich sein sollte.

Dieses ehrfürchtige Augenmerk gegenüber dem Land beruhte auch auf mündlich überlieferten Epen, in denen die Menschheit in ein Ungleichgewicht geriet, was dann zu Unglücksfällen führte. Die Flutgeschichte, die auch aufgezeichnet worden war, war bekannt, aber sie war nur ein Ereignis. Reed beschrieb aus seiner Arbeit mit den Guaraní Folgendes:

> Es wird angenommen, dass Ñanderuguazú diese Welt erschaffen hat, sie mehrmals zerstört hat und irgendwann in der Zukunft die endgültige Zerstörung herbeiführen

wird. Obwohl die Berichte sehr unterschiedlich sind, wird berichtet, dass die Erde dreimal zerstört worden war: durch Feuer, durch Wasser, durch einbrechende Dunkelheit ... nach jedem Kataklysmus wurde die Welt neu erschaffen.[87]

Diese Naturkatastrophen, die in mündlichen Überlieferungen festgehalten wurden und in vielen Kulturen erhalten geblieben sind, liefern weltweit stichhaltige Beweise dafür, wie das Leben aus dem Gleichgewicht geraten und anschließend wieder ins Gleichgewicht gebracht wurde. Lässt sich aus diesen Informationen etwas lernen? Den beiden zeitgenössischen Pajés der Guaraní zufolge, klingt heute weltweit dasselbe Thema nach: das Plädoyer für ein spirituelles Bewusstsein, um eine Katastrophe zu verhindern. Aus den Interviews von Keeney mit Ava Tape Miri und Takua Kawirembeyju erfahren wir:

> Vor einigen Monaten hatte ich einen weiteren, großen Traum. Er besagte, dass all die Dinge aus den heiligen Träumen nicht mehr respektiert werden. In vielen Teilen der Welt folgen die Menschen nicht mehr den Wegen, die ihre Großväter und Großmütter sie gelehrt haben. Die Geister sagten mir, dass es deshalb so viel Ärger in unserer Welt gibt. Sie sagten mir auch, dass die modernen Menschen aufgrund der technischen Entwicklungen denken, sie seien sehr weise, aber sie haben vergessen, wie man mit Gott spricht. Sie haben sich von Gott abgewendet. Dies ist das größte Problem unserer Zukunft, und es wird noch schlimmer werden.[88]

All die schlechten Dinge, die die Menschen der Erde antun, steigen auch zur Sonne auf und schaden ihr. Die schlechten Dinge, die wir tun, verletzen auch immer die Sonne. Wenn wir etwas falsch machen, spüren wir es vielleicht nicht, aber die Geister wissen es. Das liegt daran, dass die Geister sensibler sind als wir ... [89] Die Welt wird immer schlechter, aber wenn wir tanzen und beten, gibt es Hoffnung.[90]

„Das Schlimmste, was die Nicht-Indianer im Moment tun, ist die Zerstörung der Erde. Wir alle müssen uns um die Erde kümmern. Wir müssen uns dieser Verantwortung gemeinsam stellen … die Zukunft liegt in unserer Hand. Wir müssen alle zusammen sein. Es wird Feuer geben, großes Wasser und Dunkelheit… Wir können die Dinge besser machen. Es liegt an jedem einzelnen von uns, denn wir waren schon immer ein Volk." [91]

Für diese Pajés ist das Übel in der Welt kein natürliches Phänomen, sondern ein Abweichen von der und eine Verschlechterung des Befolgens der guten Art. Das „Land ohne Übel" ist ein kontinuierliches spirituelles Umfeld, das gelebt wird und ein neues Land und schöne Menschen hervorbringen wird, einen Ort der Gegenseitigkeit und der gegenseitigen Liebe.

Diese Plädoyers der heutigen Guaraní Pajés unterscheiden sich nicht von denen anderer gegenwärtiger indigener Völker auf der ganzen Welt. Alle indigenen Völker haben ein tiefes Verständnis dafür, wie wichtig es ist, miteinander, mit der Erde und anderen Bereichen sowie mit dem Geist in Harmonie zu sein. In ihren mündlichen Überlieferungen finden sich immer wieder stichhaltige Beweise für die Folgen, wenn die Menschheit nicht im Gleichgewicht mit der Erde und den universellen Energien ist.

Auch Alberto hat in seiner Verbindung mit einem bestimmten Dorf auf deren Bitte reagiert, die Welt an seiner Heilung teilhaben zu lassen. Er musste sich seinen Weg in der Gemeinschaft erst verdienen, obwohl sie wussten, dass er kommen würde. Zwei Jahre lang arbeitete er an der Seite des Pajé, bevor er selbst den Status eines Pajé erhielt. Dies war ein monumentales Ereignis für ein Dorf, das nicht nur einen Weißen akzeptierte, sondern auch den Zugang zur Arbeit mit ihrer heiligen Weisheit gewährte. Am Ufer des Amazonas in die heiligen Heilmethoden der Guaraní eingeweiht, erteilte der Pajé Alberto die Erlaubnis, die heiligen Heilmethoden der Guaraní in eine mündliche Form zu übersetzen und weiterzugeben, die in der „Außenwelt" verstanden werden würde. Heilige Steine wurden ausgegraben und ihm als Geschenk der Liebe und als Symbol für das Teilen dieser Liebe mit der Welt überreicht. Alberto nahm dieses Geschenk aus vollem Herzen an und öffnete sich für neue Möglichkeiten, die er als „neues Leben, neue Ansichten und neue Erfahrungen" bezeichnete.

In Zusammenarbeit mit den Guaraní lernte Alberto über mehrere Jahre hinweg, wie man nach den alten Wegen der Guaraní Zugang zur Liebe findet und sie heilt. Er schuf und organisierte ein verkürztes Format dieser Lehren, das in einen mehrstündigen Workshop passte. Gekürzt, das heißt, es wurde Wissen in komprimierter Form angeboten, das aus einer „Lebensweise" der Dorfbewohner stammt. Es ist naheliegend, dass nicht alle Lehren in einem Wochenend-Workshop untergebracht und aufbereitet werden konnten.

1985 gab Alberto seine ersten Kurse in den Vereinigten Staaten und Kanada. Er nannte diese heiligen Lehren Ama-Deus. Er lehrte, dass die Worte Ama-Deus lateinisch sind und mit „Gott lieben" übersetzt werden. Wie die Guaraní glaubte auch Alberto, dass es ohne die Komponente der Liebe keine Heilung geben kann. Er betonte, dass die Guaraní davon ausgingen, dass jeder Mensch die Fähigkeit hat, Liebe in diese Welt zu bringen, immer im Wissen, dass „die Kraft Gott ist". Nachdem er viele Jahre an der Seite der Pajé und der Dorfbewohner gearbeitet hatte, fühlte sich Alberto geehrt und berührt, als die Pajé ihn verzückt Ñandéva – die Liebe Gottes – nannten.

In einem Akt der Gegenseitigkeit war Ama-Deus die Art und Weise, wie die Guaraní durch Alberto ihren Aufruf zum Handeln mit der Welt teilten, in der Hoffnung, die Welt in Liebe einzukreisen – um Liebe zu lehren und zu teilen, um die Mbiroy, die Harmonie, für alles Leben zu erhalten.

Alberto lebte die Hälfte des Jahres in Brasilien und unternahm mehrere Reisen, um mit den Guaraní zu arbeiten, und die andere Hälfte des Jahres trug er seine neu gewonnenen Weisheiten nach Nordamerika. Er war mit Begeisterung und Leidenschaft dabei, diese heiligen Informationen weiterzugeben. Er zapfte sein Netzwerk an, um Vorträge zu halten, zu lehren und Heilungen mit Ama-Deus anzubieten.

Die Informationen aus frühen bis zeitgenössischen Berichten über die Guaraní, angereichert mit Informationen aus Albertos Aufzeichnungen, zeigen Beständigkeit, Genauigkeit und ganz sicher ein tiefes spirituelles Bewusstsein. Die mystische Natur der Guaraní hat nach jahrhunderte langem Eindringen der Außenwelt in ihre Lebensweise überlebt und ist aus der historischen Entwicklung der Berichte ersichtlich. Alberto riskierte sein Leben, um nicht nur eine Lebensweise zu bewahren, sondern auch, um uns unser zerstörerisches

Kapitel 8 : Gegenseitigkeit, Liebe und das Land, in dem es nichts Böses gibt

Verhalten und unsere Unkenntnis über unser Einssein mit allem Leben bewusst zu machen. Er tat dies in einem Akt der Liebe für die Guaraní und für die Menschheit. In Zusammenarbeit mit den Guaraní bot er eine einfache, aber wirkungsvolle Methode an, mit der alle Menschen Zugang zu heilender Energie erhalten. Ein Teil der heiligen Weisheit wurde von den schönen Wortseelen bewahrt, damit alle in das „Land ohne Übel" reisen können – denn wir alle sind ein Volk.

TEIL III
AMA-DEUS UND HEILUNG

Teil III: Ama-Deus Und Heilung

◊   ◊   ◊   ◊   ◊

Alte Wortseelen begleiteten Yyvkuaraua und ihre Gefangenen auf ihrer Reise durch den Wald zum Küstendorf Tupinamba. Das Überqueren von Flüssen mit unsicheren Fußstützen, das Zurücklegen langer Strecken ohne Nahrung und das Ausschau Halten nach umherirrenden Seelen aus verlassenen Dörfern ließen Yyvkuarauas Herz in Gesang ausbrechen und die Götter bitten, ihren Weg zu erleuchten. Dies war die Art und Weise, wie ihr Volk mit der spirituellen Welt kommunizierte, um sich in allen irdischen Angelegenheiten beraten zu lassen.

Trotz des beunruhigenden Endes dieses Tages fühlte sich Yyvkuaraua, wie es der Brauch des Ruhens des goldenen Lichts von Kuarahy war, mit ihrem Mann und all ihren Dorfbewohnern im Opy. Sie sang ein uraltes, von Ñande Ru gegebenes Lied, damit die Seele ihres Vaters zum Licht aufsteige, die Kraft der irdischen Energien überwinde und in seiner friedlichen Liebe ruht. Die ganze Nacht hindurch sang sie, und der Wald und die kleine Gruppe von Reisenden lauschten. Ihre Stimme, voll schöner Wortseelen, war heilsam für sie. Arapotiyu sang zeitweise mit seiner Mutter, ebenso wie die anderen aus dem Dorf, und die Entführer spürten, wie die Musik ihren Geist und ihr Herz beruhigte.

Auch Tupanchichù fühlte sich durch den Gesang besänftigt, denn dies war seinem Volk nicht fremd. Er verstand auch, dass seine irdische Kraft durch seine Anwesenheit bei den Göttern gestützt wurde, und ein Lied war die Verbindung. Besonders verzaubert war er von Yyvkuaraua und ihrer heilenden Präsenz. Obwohl er mehrere Ehefrauen hatte, zog ihn diese Frau in ihren Bann. Vielleicht hatte er sich mit seiner Mission, Arapotiyu zu finden, geirrt; er begann zu glauben, dass Yyvkuaraua seine wahre Gabe war. Dort, in der Stille der Waldnacht, schlief er mit einer Ruhe, die er seit vielen Jahren nicht mehr erlebt hatte.

Als das erste Licht durch die Baumkronen drang, bereitete sich die Reisegruppe darauf vor, ihre letzte Reise zum Küstendorf anzutreten. Arapotiyu schätzte schnell die Verwundeten seines eigenen Volkes und die der Krieger ein. Selbst in seinem jungen Alter besaß Arapotiyu eine starke Präsenz. Seine Augen leuchteten mit intensiver Helligkeit und es schien, als wäre er immer an zwei Orten gleichzeitig. Auch wenn er auf der Erde wandelte, kommunizierte er mit dem Geisterreich.

Sein erster Traum im Alter von fünf Jahren war mächtig, vor allem für ein so junges Alter. Die Geister der vier Winde offenbarten ihm die Bedeutung der vier primären Kräfte. Die vier Götter, die über diese Kräfte wachten, gaben ihm ein Lied für jede heilige Richtung, in der sie wohnten. In einem anderen Traum wurde er durch ein heiliges Lied angewiesen, bestimmte Federn und einen Stock zu sammeln, um einen Zauberstab für Heilzwecke herzustellen.

Nachdem er seine ersten Träume gezeigt hatte, fertigte Yyvkuaraua eine Mbaraká für Arapotiyu an. Es war die Art seines Volkes, von einem Familienmitglied, das ein heiliges Heilungslied empfangen hatte, eine heilige Rassel geschenkt zu bekommen. Arapotiyu lebte in der liebevollen Gegenwart seiner Eltern, seines Großvaters und des Dorfes der Waldmenschen und hatte eine wunderbare Mentorschaft, die ihn auf die Rolle eines Pajé vorbereitete.

Die Anwendung von Gewalt von Tupanchichù und seinen Kriegern war neu für Arapotiyu. Das Bild seines Großvaters, der von einem Pfeil getroffen wurde und dann sein Dorf verließ, gab ihm zum ersten Mal das Gefühl eines schmerzenden Herzens. Er beobachtete dieses Gefühl, während er durch den Dschungel wanderte. Er veränderte dieses Gefühl, indem er mit seiner Mutter sang, auf die Führung hörte und die starke Präsenz der Geister spürte. Sein Herz erwärmte sich, als er diese Verbindung mit der Geisterwelt sah und spürte. Nie war ihm das Singen so wichtig wie an diesem seltsamen Tag, denn der Gesang war der Weg zu den Göttern und gab der Situation einen Sinn.

Er wusste, dass seine Entführer von Acyiguá, ihrer tierischen Seele, angetrieben wurden, nicht von Ayvuquê, ihrer himmlischen Seele. Ihre Art der Wildheit und des Verzehrs von Tierfleisch nährte ihre Acyiguá. Mit himmlischer Unterstützung öffnete sich sein Herz bald mit dem Wunsch, diesen Küstenbewohnern zu helfen, und seine Traurigkeit wich.

Die meisten Pajés spezialisierten sich auf eine bestimmte Gabe. Sein Vater hatte eine große Fähigkeit zum inneren Sehen. Seine Mutter und sein Großvater empfingen in ihren Träumen zahlreiche heilige Lieder zur Heilung. Arapotiyu empfing nicht nur heilende Lieder in seinen Träumen, sondern er hatte auch eine starke innere Vision. Er erhielt viele Informationen darüber, wie man im Gleichgewicht leben kann. Seine letzten Träume säten neue Samen, wie man die Energie der Tiere nutzen konnte. Er fand es leicht und bequem, in verschiedene Welten zu schlüpfen, um zu lernen, wie man auf der Erde in Harmonie leben kann. Er sah und empfand alles Leben als heilig.

Während die Reisenden im Gänsemarsch schweigend den Dschungelpfad entlang wanderten, drängte sich Tupanchichù an einigen seiner Krieger vorbei, um sich dicht hinter Yyvkuaraua zu schieben und bemerkte: „Du gefällst mir, Mutter von Arapotiyu. Wenn wir ankommen, werde ich es dir in deiner neuen Familie gemütlich machen." Yvkuaraua antwortete nicht, sondern schritt in eleganter Würde und rückte näher an ihren Sohn heran.

Als sie seine Hand nahm, sagte sie laut und für alle hörbar: *"Ñande Ru wird uns, mein lieber Sohn, durch dieses Geheimnis führen."* Yvkuaraua und Arapotiyu bewegten sich entspannter als die anderen Dorfbewohner, die mit einem langen Seil um die Hüften aneinandergebunden waren. Arapotiyu schob sich zu seiner Mutter hin.

und sagte: "Mutter, ich habe keine Angst. Ich sehe, dass diese Menschen der Heilung bedürfen." "Ja, Arapotiyu, du hast einen guten Blick. Lass uns weiter beten, nicht nur für eine sichere Reise, sondern auch, um deinem Vater Liebe zu schicken, damit er unser Dorf unterstützt."

Als sie sich ihrem Ziel näherten, konnte Arapotiyu etwas Fremdes in der Luft riechen und schmecken. Als sie den Wald verließen, sah er eine riesige blaue Fläche, die in seinen Augen wunderschön war. Er kannte bisher nur Gewässer, über die man hinwegsehen konnte und die nur in eine Richtung flossen. Dieses große Gewässer stürzte immer wieder vorwärts, als ob es darum betteln würde, über das Land zu gehen. Er verlangsamte seinen Schritt, da das Geräusch und die Bewegung des Wassers ihn in ihren Bann zogen. Soweit er sehen konnte, befand sich auf der anderen Seite des Wassers kein Land. Diese wunderschöne, faszinierende Szene hielt seine Aufmerksamkeit aufrecht, bis die Geräusche eines entfernten Volkes seinen Kopf abwandten. Die ehrfurchtgebietende Szene verblasste schnell, als das Dorf in Sicht kam. Er kehrte an die Seite seiner Mutter zurück und dachte über diese reiche Erfahrung nach.

Die Dorfbewohner stellten ihre Aktivitäten ein, um die zurückkehrenden Krieger zu sehen. Die Frauen hielten nach ihren Männern Ausschau, und die Kinder rannten alle nach vorne, um die Nachricht zu hören und zu begrüßen. Mit einer schnellen Armbewegung machte Tupanchichù den Weg für die Reisenden frei. Er ordnete an, dass die Gefangenen zusammen und getrennt von den anderen untergebracht werden sollten. Yvkuaraua und Arapotiyu wurden zu Tupanchichùs Wohnhaus gebracht. Nachdem alles gesichert war, feierten Tupanchichù und seine Krieger die ganze Nacht hindurch ihren Sieg mit viel Trinken und Essen. Es war Mittag, als Tupanchichù sich zeigte.

Er setzte sich, gab einem Mann ein Zeichen, Yvkuaraua zu ihm zu bringen, und sagte zu ihr: "Ich bin verwirrt über diese Situation, schöne Mutter von Arapotiyu."

„Wie kann es sein, dass du verwirrt bist, großer Häuptling der Tupinamba?" „Wie kommt es, dass ich zwei Schätze gewonnen habe?"

„Vielleicht erhältst du ein Geschenk für deine großen Taten und eine Antwort auf deine Sorgen", antwortete Yvykuaraua ohne Furcht in ihrer Stimme.

„Du denkst also, Tupanchichù ist ein besorgter Häuptling? Wie kommt das?"

„In eurem Dorf gibt es Krankheit. Ich kann euch und eurem Volk einen großen Dienst erweisen."

Tupanchichù beobachtete Yvykuaraua mehrere Minuten lang nachdenklich. Sie hatte damit Recht, dass sie krank waren, und ihre Pajés wussten nicht, was die Ursache war. Die Tupinambas glaubten, wenn man einen anderen mit großen Fähigkeiten isst, kann man diese Fähigkeiten für sich selbst erlangen, und das Opfer ihres Sohnes sollte seinen Pajés Fähigkeiten bringen.

„Mutter von Arapotiyu, was siehst du sonst noch in unserem Dorf?" „Ich sehe den Verlust eurer Lieder. Ich sehe das Abgleiten der spirituellen Wege, und mehr Energie steckt im Kampf mit euren Nachbarn und im Feiern eurer Wildheit."

Sie holte tief Luft und fuhr fort: „Sicherlich haben dich deine Pyjés in die wahre Bedeutung des Wandels von Jesyju eingeweiht. Bei mehreren Durchgängen der großen Sonne Kuarahy wird sich ein Schatten über dem heiligen Mond Jesyju zeigen. Dieser Schatten zeigt zu dieser Zeit den Beginn einer langen Periode des Wandels an. Unsere Träume zeigen uns, dass große Unruhen auf dieses Land zukommen werden. Nie zuvor gesehene Menschen werden dieses Land betreten und über die bestehenden Völker herrschen. Anstatt also um Land zu kämpfen, das ihr möglicherweise durch Fremde verlieren werdet, die an den Rand des großen Wassers kommen, solltet ihr diesen gefundenen Schatz, wie ihr sagt, nutzen, um euer Volk in geistiger Stärke zu vereinen. Du siehst also, Großer Häuptling, dein Schatz ist mitten unter dir, und du musst deinen Blick ändern, um das Geschenk zu sehen."

Tupanchichù schloss für einige Minuten die Augen, bevor er sprach. „Es sollen zwei geopfert werden? Hmm, das werde ich nicht zulassen, denn ich möchte dich zur Frau haben." Er wandte den Kopf ab, als ob er mit sich selbst sprechen würde.

Yvkuaraua sprach sanft weiter zu dem nachdenklichen Häuptling. „Ich würde nur dann die Ehre annehmen, Großer Häuptling, wenn du meinen

Sohn befreist. Erinnert euch an eure heiligen Geschichten und wisst, dass Pajés Fahrzeuge der Götter sind. Man erlangt große spirituelle Kräfte nur durch den Willen der Götter. Es gibt keinen Grund, sie zu verärgern. Ihr müsst weder meinen Sohn noch mich essen, um Wissen zu erlangen. Das wird deine himmlische Seele nicht nähren. Ich werde mit frohem Herzen helfen, dein Volk zu heilen." Sie hielt inne und atmete lang und langsam ein. „Lass Arapotiyu frei sein. Er wird sich weiterhin durch seine große Fähigkeit, Lieder zu empfangen, darauf vorbereiten, dass die spirituelle Lebensweise für alle Dörfer nicht verloren geht."

Tupanchichù winkte ab. Er musste mit den anderen Häuptlingen sprechen, denn die Nachricht von den eindringenden Fremden machte ihm Sorgen. Yyvkuaraua zog sich zurück und ließ Tupanchichù in Gedanken versunken zurück. In der Behausung des Häuptlings angekommen, fand Yyvkuaraua Arapotiyu, der einigen Frauen zuhörte. Sie erfuhr schnell, dass er die Leute über die Krankheit im Dorf befragt hatte.

Er sagte: „Mutter, wir können diesen Menschen helfen!"

Yyvkuaraua glaubte ihrem Sohn und spürte, wie die Zärtlichkeit in ihrem Herzen anschwoll. Sie streichelte sein Haar, bewunderte seine schönen smaragdgrünen Augen und antwortete den Suchenden: „Geht und bittet euren Häuptling um Erlaubnis für eine Zeremonie in eurem Opy, in der das große Licht des Tages ruht, und mein Sohn und ich werden euch dort betreuen."

Mit einem breiten Lächeln machten sich die Leute eifrig auf den Weg, um sich mit ihrem Chef zu beraten.

Yyvkuaraua sagte zu Arapotiyu: „Mein Sohn, wir werden uns mehr anstrengen müssen, denn die Mbiroy ist in diesem Raum zerbrochen worden. In diesem Dorf sind niedere Kräfte am Werk, die du noch nicht erlebt hast."

„Mutter, auf unserem Spaziergang zu diesem Dorf hörte ich während du gesungen hast in meinem Ohr eine leise Stimme, die von diesem unruhigen Ort der Küstenbewohner erzählte. Diese Stimme sagte, dass ich keine Angst haben muss und dass du, Mutter, diesen Menschen eine Veränderung bringen wirst. Wir werden ein neues Lied hören, das uns helfen wird. Ich spürte, wie sich mein Herz durch diese schöne Stimme mit Kraft füllte."

„Sie sind wirklich ein Geschenk. Es wird mir eine Ehre sein, Ihrer Führung im Gebet zu folgen, wenn der Chef es erlaubt."

„Er wird uns die Erlaubnis für heute Abend geben. Auch das habe ich gesehen." Die von Arapotiyu gesehene Erlaubnis wurde für die Heilungszeremonie erteilt.

Yvvkuaraua und Arapotiyu arbeiteten Seite an Seite im Gebetshaus der Küstenbewohner, das etwas anders war, als sie es kannten. Die Seiten waren zur Umgebung hin offen, und Arapotiyu konnte das schöne Wasser sehen. Das Licht von Jesyju war ein Leuchtfeuer, das sich einen schimmernden Weg über das Wasser bahnte. Ihr Licht erinnerte ihn daran, dass dieser Zyklus, in dem sie ihre Fülle erreichte, die Zeit der Ernte anzeigte. Dies wäre die Zeit der großen Zeremonien gewesen, um Nahrungspflanzen, Tiere und Menschen vor bösen Einflüssen für die kommende Saison in seinem Dorf zu schützen; stattdessen stand er in einem fremden Dorf. Gestützt auf die ruhige Gelassenheit, die seine Mutter ausstrahlte, und die Botschaft der schönen Stimme, akzeptierte er seine neue Umgebung. Auf einem kleinen Altar wurde ihm eine Rassel überreicht. Er reinigte die Rassel mit einem Gebet und fächelte dabei Rauch von einer heiligen Pflanze auf. Er wandte sich der wachsenden Zahl von Menschen zu, die sich an ihrem heiligen Ort versammelt hatten. Er erhob die Rassel und seine Augen zum Himmel, um zu singen, und seine Mutter begleitete ihn.

Das ganze Dorf sang und tanzte mit. Zwei Frauen und ein kleines Kind wurden zu der Zeremonie gebracht. Sie kamen mit Problemen in der Lunge und brennenden Körpern. Yvvkuaraua half Arapotiyu, während er eine heilige Pfeife rauchte. Er tanzte und sang die ganze Nacht hindurch. Als Jesyju den höchsten Punkt des Nachthimmels erreicht hatte und der Gesang des Dorfes intensiv geworden war, fühlte sich Arapotiyu so leicht, dass er fliegen konnte.

Zusammen mit seiner Mutter gingen sie in einen tiefen Atemrhythmus über. Sie hörten auf ihre innere Stimme und folgten den Anweisungen der himmlischen Wesen. Arapotiyu sang ein heilendes Lied. In ihrer ekstatischen Trance benutzten sie ihre Hände, wie von den himmlischen Wesen geführt, um die Menschen zu heilen, die auf einer niedrigen Bank in der Mitte saßen, während die Dorfbewohner weiter sangen.

Kurz vor dem Ende der Heilungszeremonie hörte Arapotiyu ein anderes Lied. Er drehte seinen Körper in die Richtung der Musik und vor ihm stand ein großer Jaguar. Er spürte sie in jeder Hinsicht körperlich. Er fühlte sich in sie hineingezogen, während er ihrer Melodie lauschte. Der Jaguar fühlte sich stark an, als er mit ihr verschmolz. Er ertappte sich dabei, wie er durch ihre Augen auf alle Menschen im Gebetshaus blickte. Als er die Umgebung schnell abtastete, konnte er die Unruhe, die die Körper der Menschen umgab, in einer neuen Klarheit sehen. Er spürte, wie sich sein Körper anspannte als er mit ihren Augen Kontakt aufnahm. Er hörte ein leises Knurren aus seiner Kehle und spürte, wie seine Haut kribbelte. Als er sich auf die Schwingungen in seiner Kehle konzentrierte, hörte er, wie das Knurren wieder in ein süßes Lied überging, und dann spürte er, wie eine Energiewelle durch ihn zu den Menschen ging. So schnell wie dieser über Arapotiyu kam, verließ er seinen Körper und ließ ihn auf dem Boden zurück.

Mehrere Küstenbewohner, die Zeuge der Szene wurden, waren zunächst erschrocken, erlebten jedoch ein wunderbares Gefühl, kurz bevor Arapotiyu bewusstlos wurde. Diejenigen, die die Heilung erhielten, wurden sofort von ihren Beschwerden befreit. Das schöne Gefühl und die Heilungen bestätigten das Potenzial dieses jungen Pajé mit den strahlend grünen Augen, und alle Anwesenden empfanden große Freude. Tupanchichù half Yyvkuaraua, Arapotiyu zum Schlafen zurück in seine Behausung zu tragen. Arapotiyus Augen waren noch immer glasig, und er fiel leicht in einen tiefen Schlaf.

Als die starken Arme des Kriegerhäuptlings Arapotiyu niederlegten, sprach der Häuptling leise zu Yvkuaraua: „Die Mutter und diese wachsende große Seele in unserer Gegenwart haben starke Verbindungen zur himmlischen Welt. Ich möchte beide Schätze für unser Volk bewahren."

Während sie sich über ihren Sohn beugte, sah Yyvkuaraua auf und begegnete den Augen des Kriegerhäuptlings; sie konnte hören, wie ihr Sohn leise das neue Lied murmelte. Sie wandte den Blick ab, ohne zu reagieren, und legte sich sanft neben ihren Sohn auf ein Bett aus Palmen.

Kurz bevor die große Sonne Kuarahy goldene Strahlen zu Mutter Erde schickte, wurde Arapotiyu sich des Atmens seiner Mutter neben ihm bewusst. Mit immer noch geschlossenen Augen nahm er seine Umgebung von außerhalb seines Körpers scharfsinnig wahr. Wieder kehrte die große Katze zurück.

„Ich bin gekommen, um dir zu helfen, Goldene Blume des Tages." Er hörte ihr berauschendes Lied. Wieder fand er sich in ihren Augen wieder. Gemeinsam gingen sie leise durch das Dorf hinaus in den Dschungel. Während sie gingen, hörte er die vertraute, süße Stimme der großen Katze. Sie sprach zu seinem Herzen und sagte: „Deine Mutter wird sicher sein und von ihren Führern beschützt werden. Du sollst zu den Waldmenschen zurückkehren, Arapotiyu. Du wirst sie an einem neuen Ort finden, und du wirst ein langes Leben führen. Dein Vater ist der Träger der heiligen Steine, die während des kommenden dunklen Zyklus geschützt werden müssen. In vielen Generationen, die uns nachfolgen, werden die heiligen Steine *ausgegraben, nachdem sich das Land verändert hat. Dies wird das Zeichen sein, die spirituellen Gaben des Waldvolkes mit allen Dörfern zu teilen, um sie aus ihrer Dunkelheit zu erwecken."*

Am Morgen stellte Yyvkuaraua fest, dass Arapotiyu verschwunden war. Bald nach ihrem Erwachen bemerkten auch die anderen, dass er verschwunden war. Ein Stimmengewirr ging schnell durch das Dorf. Alle Männer versammelten sich, um nach Arapotiyu zu suchen, und alles, was sie fanden, waren die Spuren einer großen Katze, die durch das Dorf in den Wald führten.

Tupanchichùs Augen trafen mit aller Kraft auf die Augen von Yyvkuaraua. Sie stand regungslos da, während Gefühle der Dankbarkeit ihren Körper durchfluteten. Äußerlich zeigte sie keine Gefühlsregung, doch innerlich lächelte sie, während die Dorfbewohner unruhig umhergingen und über das Ereignis diskutierten. Tupanchichù war besorgt, seine Krieger auf die Suche nach Arapotiyu zu schicken. Sie fürchteten den Jaguar. Dies war sicherlich ein Omen und bedurfte der besonderen Aufmerksamkeit der anderen Häuptlinge und Pajés.

Yyvkuaraua wandte sich an Tupanchichù. „Du hast mich als Heiler für dein Volk. Lass diese Seele gehen, um in ihrer irdischen Mission für alle Menschen dieser Länder genährt zu werden. Ich bin hier, um zu den Nandedjá zu singen, den himmlischen Wesen, damit Mbiroy in euer Dorf zurückkehrt, um eure Taekópapá, eure magischen Lieder, wiederzubeleben. Sicherlich ist es nicht das Omen des Jaguars, das du fürchten solltest, sondern der Wille der Götter." Tupanchichù hörte auf die Worte von Yyvkuaraua und nahm diese Botschaft mit in den Rat der Häuptlinge. Er war zutiefst davon überzeugt, dass sie es war, die dieses magische Kunststück vollbracht hatte.

Arapotiyu erwachte aus seinem Tiefschlaf und war zunächst verwirrt, weil er dachte, er würde in einen Traum geraten, doch dann wurde er sich seiner Umgebung bewusst. Er lag still, wurde bewusster und schätzte das Gefühl seines Körpers in der irdischen Welt. Als er die Augen öffnete, stellte er erschrocken fest, dass er sich in den Arm eines großen Baumes gerollt hatte, der mehrere Meter über dem Boden stand. Es roch nach Wald, und die Gerüche der großen Gewässer und des Küstendorfes waren verschwunden.

Während er versuchte, sich wieder zu orientieren und seine Atmung zu kontrollieren, sang er ganz natürlich das Lied aus seinem Traum mit der großen Katze und erinnerte sich an die übermittelte Botschaft. Das beruhigte seine Seele, während er in dem Baum lag. Eine Affenschar näherte sich und *veranstaltete über seinem Kopf ein großes Getümmel. Er hörte auf zu singen, schaute auf und lächelte sie von seinem Baumbett aus an.*

Er setzte sich auf und streckte sich. Seine Gedanken kreisten um seine neue Situation. In so kurzer Zeit hatte er seine Familie und seine große Familie verloren. Er hatte nichts bei sich außer dem gefiederten Armband, das seine Mutter ihm zu seinem letzten Geburtstag gemacht hatte. Einen Moment lang war er traurig. Während er darüber nachdachte und das Federarmband an seinem Handgelenk drehte, hörte er seinen Großvater zu sich rufen: „Arapotiyu! Sing, Arapotiyu, sing!" Er war so gerührt, als er die Stimme seines geliebten Großvaters deutlich hörte. Spontan stimmte er ein Lied an, ein Morgengebet der Dankbarkeit. Als er geendet hatte, wurde es ganz still im Wald, und alle Sinne von Arapotiyu erwachten zum Leben. Durch die Stille drang der süße Klang eines kleinen braunen Vogels, des Irapuru. Er lauschte, wie der ganze Wald, und sein Herz wurde heller vor Freude.

Als er vom Baum herunterkletterte und sich umsah, war sein erster Impuls, einige Federn und einen Holzstab zu finden, um ein heiliges Instrument zu bauen, um seine innere Vision zu unterstützen. In diesem Moment war er sich sicher, dass Ñande Ru ihm den Weg der völligen Hingabe an seine Fürsorge gezeigt hatte. Er fühlte sich sicher mit den heiligen Wegen, die er von den himmlischen Wesen in seinen Träumen gelernt hatte; er wusste jedoch, dass die weltlichen Dinge der Welt ein neues und herausforderndes Abenteuer sein würden. Die Waldmenschen hatten immer für ihn gesorgt, indem sie ihm Nahrung und Unterkunft gaben. Das ließ ihm Zeit für spirituelle Übungen. Jetzt musste er sich ganz auf seinen inneren Sinn und seine Vision verlassen.

Während er das Instrument baute, sang er sein Porahêi. Als er fertig war, schaute er sich um. Da er nicht wusste, wo er sich befand, nahm er Kontakt zu seinem Geistführer auf, um Hilfe zu erhalten. Arapotiyu schloss seine Augen und konzentrierte sich darauf, tief zu atmen, während er das Wort Ñandéva wiederholte, damit die große Liebe sein Herz erfülle. Mit Hilfe eines alten heiligen Bildes, das seinem Volk von den himmlischen Wesen gegeben wurde, um sich mit ihrer Führung zu verbinden, lauschte Arapotiyu darauf, dass sein Führer zu ihm sprach. Zuerst spürte er die liebevolle Gegenwart, und dann sah er in seinem Geist ein schönes himmlisches Wesen auf sich zukommen.

„Arapotiyu, du wirst dein Volk in drei Tagen finden. Deine Reise wird schwierig sein, aber du wirst geführt werden. Halte auf dem Weg nach Zeichen Ausschau. Meide die Dörfer, auf die du treffen könntest. Der Wald wird dich ernähren." Kaum hatte das Wesen dies gesagt, hörte er ein Lied, und ein Bild

kam zu ihm. Er konnte eine bestimmte Pflanze sehen, und das Wesen zeigte ihm die Wurzeln, die er essen sollte, dann Beeren von einem kleinen Busch und Bienen, die aus einer Öffnung in einem hohen Baum kamen.

„Benutze dieses Lied, Arapotiyu, und die Pflanzen werden sich dir zeigen." Als das Wesen aus seinem Sichtfeld verschwand, füllte sich sein Herz mit Dankbarkeit, und er hauchte dieses Gefühl dem sanften Wesen ein und tauchte das Bild in goldenes Licht.

Während er weiter in das goldene Licht blickte, holte er seine Mutter und seinen Vater in seine innere Vision. Er hauchte die Liebe zu ihnen und dann zu allen Menschen im Wald und an der Küste. Vor seinem geistigen Auge konnte er sehen, dass seine Familie in Sicherheit war. Das gab ihm großen Trost. Als er bei dem Bild verweilte, überkam ihn ein vertrautes Gefühl, und das Bild seiner Eltern verblasste in einem strahlenden, funkelnden Licht. Dann hörte er das vertraute Lied und die schöne, melodische Stimme. Er holte tief Luft und fragte: „Kann das wirklich sein?" Dann betrachtete er schnell seinen Körper und sagte sich, dass sich sein Körper nicht veränderte.

„Ja, Goldene Blume des Tages, deine Gedanken und Gefühle sind richtig. Ich habe das Bild der großen Katze als Vehikel für dich übernommen. Die Küstenbewohner haben große Angst vor diesem schönen Tier."

„Du bist ein wunderbares Wesen! Bist du hier, um mich zu den Waldmenschen zu führen?" „Arapotiyu, du wirst von wunderschönen, begabten himmlischen Wesen geführt. Bleib stark dabei. Meine Gegenwart ist anders. Ich wurde vom großen Licht und allumfassender Liebe gesandt, um euch als Antwort auf eure schönen Worte und Taten mit den Küstenbewohnern zu helfen. Dieses Ereignis kennzeichnet die Auswahl eines großen Weges für dich. Fahrt fort, eurem Herzen zu folgen und die Menschen des Waldes in Liebe und Harmonie zu führen. Ich werde bei einem weiteren großen Ereignis in vielen Monden für dich da sein, das eine weitere große Entscheidung auf deiner irdischen Reise markiert." Als das gleißende Licht verblasste, hörte er die schöne Stimme flüstern: „Denke immer daran, wie sehr du geliebt wirst, Arapotiyu. Du bist ein Kind des glorreichen Ñande Ru."

Als die schöne Stimme verstummte, erfüllte sich sein ganzes Wesen mit schönem Licht, und er fühlte sich eins mit dem pulsierenden Universum.

Arapotiyu erwachte aus seiner Trance, fühlte sich leicht und war völlig in die Kraft der Liebe eingetaucht. Als er die Augen öffnete, war das Erste, was er sah, ein Schmetterling, der auf einem Felsen saß. Er starrte den Schmetterling mehrere Augenblicke lang an, während er seinen Flügel fächelte, *bis sein Magen so laut sprach, dass er glaubte, die Küstenbewohner könnten es hören. Er huschte auf die Beine und suchte nach etwas Essbarem. Als er die großen Palmenblätter auf seinem Weg beiseite schob, bemerkte er, dass der Schmetterling gerade außerhalb seiner Reichweite um ihn herumflog. Der Schmetterling kam in der Nähe eines kleinen Busches zur Ruhe, demselben Busch, den er im Geiste von seinem himmlischen Führer gesehen hatte. Als er danach griff, fand er köstliche Beeren zum Essen.*

„*Wie kann ich allein sein?" sagte Arapotiyu laut. „Der ganze Wald ist mein Zuhause. Es wird Schwierigkeiten geben, aber ich habe die liebevolle Führung von Ñande Ru und all seinen himmlischen Helfern. Alles, was ich habe, um mich zu unterstützen, ist in mir." Mit entschlossener Freude, begann Arapotiyu seine Reise.*

KAPITEL 9

ÖFFNUNG ZUM HEILIGEN RAUM

Die Liebe ist die Affinität, die die Elemente der Welt
verbindet und zusammenführt ...
Die Liebe ist in der Tat das Mittel der universellen Zusammenschau.
-Teilhard de Chardin

Das Volk der Guaraní betrachtet das Leben aus einer energetischen Perspektive, aus einer Seelenperspektive, aus einer spirituellen Perspektive, die alles Leben als heilig erscheinen lässt. Das Volk der Guaraní vertritt eine spirituelle Philosophie, die die heilige Natur unserer Seelen und die energetische Verbindung zu allen Formen des Lebens offenbart. Indem man allen Lebensformen durch Rituale Respekt zollt und das schöne Wortseelen aus dem Herzen singt, wird diese Verbindung aufrechterhalten. Daher umfasst ihre Energieheilmethode namens Ama-Deus die Seelenperspektive als Schlüssel zur Heilung aller Dimensionen des Lebens.

Die eigentliche Beschreibung der Arbeit mit dieser herzbasierten Heilmethode ist einem Klassenzimmer vorbehalten, in dem die mündliche Tradition und die physische Teilnahme nachgeahmt werden, wie sie von Alberto in den Schulungen, in denen er andere unterrichtete, gelehrt und aufrechterhalten wurde. Die Einweihung und das Teilen der heiligen Symbole werden in höchstem Respekt, Integrität und Liebe gehalten und nur mit engagierten Teilnehmern in einer physischen Präsentation geteilt. Was öffentlich besprochen werden kann, sind die Absichten für die verschiedenen heiligen Symbole, zusammen mit dem Verständnis für die Bedeutung der Schaffung eines heiligen Raums und der eigenen Vorbereitung auf eine Lebenszeremonie.

Alberto betonte in seinen Vorträgen, in seinen Kursen und in konkreten Bezügen zu den Guaraní, wie wichtig es ist, einen heiligen Raum zu schaffen, um sich darauf vorzubereiten, der spirituellen Welt zu begegnen und sie zu heilen. In unseren heutigen Tagesabläufen beginnen wir einen Tag typischerweise mit unseren Ritualen bestehend aus einer Tasse Kaffee, ein paar Vitaminen und einem Check im Internet. Wir fühlen uns aus dem Gleichgewicht gebracht, wenn wir einen dieser Schritte auslassen! Unsere morgendlichen Rituale oder Hilfsmittel mögen unterschiedlich sein, aber jeder von uns hat eine Reihe von Schritten, die unsere Fähigkeit verbessern, das alltägliche, aber hektische Leben zu bewältigen.

Die meisten von uns haben auch Werkzeuge oder Praktiken, um sich mit der spirituellen Welt zu beschäftigen. Doch die tägliche Arbeitsroutine hat oft Vorrang vor den spirituellen Praktiken. Daher geraten diese kurzlebigen spirituellen Praktiken in Vergessenheit und sind in Zeiten der Not nicht mehr so wirksam. Mit anderen Worten: Wenn wir gehetzt, gestresst oder verärgert sind, tappen wir oft im Dunkeln und erinnern uns nicht an unsere spirituellen Verbindungen, die für unser Gleichgewicht sorgen.

Im Gegensatz dazu führen die Guaraní ständig Rituale durch, die heilige Absichten beinhalten und die Kommunikation mit den Geistern fördern; diese sind von größter Bedeutung, da ihre „innewohnenden" spirituellen Praktiken ihre Bewältigungsmechanismen für alle verwirrenden und ungeordneten Ereignisse darstellen. Ihr Leben dreht sich um grundlegende gemeinsame Praktiken, bei denen sie den Atem, den Klang oder die Resonanz nutzen und sich aus dem Herzen heraus bewegen, die alle das Tor zu den heiligen Bereichen öffnen.

Der Atem und der Geist

Das Merriam-Webster Wörterbuch definiert „Geist" als „Atem, eine lebenspendende Kraft, Seele". In seinen Vorträgen erzählte Alberto von seinen Erfahrungen mit den Guaraní und von dem, was er als kleiner Junge gelernt hatte, nämlich wie wichtig es ist, den Atem bewusst oder gezielt einzusetzen, um mit der spirituellen Welt in Verbindung zu treten. Um seine eigenen Heilungssitzungen zu beginnen, verband er sich zunächst mit seinem Atem, den er als volle Bauchatmung bezeichnete. Die Atmung veränderte seinen Bewusstseinszustand und öffnete sein Herz, wie er in der folgenden Aussage aus einem Vortrag mitteilte.

> Als ich dreieinhalb Jahre alt war und zum ersten Mal in Trance ging, war das Erste, was ich lernte, das Atmen, dann die Ausrichtung der Wirbelsäule und durch das Atmen [er bläst einen Luftstoss] kann man in einen anderen Zustand gelangen, den man Alphabet oder was auch immer nennt. Es ist dein Zustand. Meine Trance ist meine Trance; Marilyns Trance ist ihre Trance. So nimmt jeder von uns die Trance auf eine andere Art und Weise wahr und ist in Trance, mit verschiedenen „Techniken". Aber die wichtigste von ihnen ist die Atmung; das Körpergefühl, die Körperwärme. Alles verändert sich mit der Atmung. Und du schaffst einen Raum für dich selbst und du kannst die Heilung [sic] darauf projizieren. ...[92]

Rhythmisches Atmen bringt dich in die harmonische, universelle Schwingung mit der Natur und mit deinem Herzen. Seien Sie sich Ihres Atems bewusst, und atmen Sie beim Einatmen bewusst vollständig ein und beim Ausatmen tief aus. Diese Art zu atmen massiert unser Herz und trainiert unsere inneren Organe. Es ist gut, die Aufmerksamkeit auf die physischen Eigenschaften der Atmung zu lenken. Die Hauptfunktion der Atmung besteht jedoch darin, den Heiligen Geist (christlich), Prana (Sanskrit für Absolute Energie[93]), Chi (orientalisch) oder die vitale Lebenskraft (Wissenschaft) des Universums zirkulieren zu lassen.

Das Herz pumpt das mit Geist bereicherte, sauerstoffdurchtränkte Blut in unser gesamtes System. Auch die Verbrennung, die bei diesem Prozess entsteht, erzeugt Wärme. Das Nebenprodukt des unreinen Blutes, das physisch als dichtere Energie und als subtilere Energie in die Lunge gebracht wird, benötigt einen vollständigen Zyklus korrekter Atmung, um die Verunreinigungen vollständig aus dem System zu lösen. So wird das Gleichgewicht durch einen vollständigen Atemzyklus sichergestellt. „Ein Mangel an ausreichend Sauerstoff bedeutet unvollkommene Ernährung, unvollkommene Ausscheidung und unvollkommene Gesundheit. Wahrlich, ‚Atem ist Leben'."[94]

Zu Beginn eines jeden Ama-Deus Kurses sprach Alberto über die Bedeutung der Atmung. Er erzählte und demonstrierte, wie die Guaraní mit einer tiefen Bauchatmung beginnen, um Energie für Heilungszwecke anzurufen.[95] „Bewusstes Atmen macht die Magie aus", sagte Alberto, als er einen Vorbereitungsschritt für den Zugang zur Heilenergie lehrte. „Es ist die Verbindung zwischen dem physischen Körper und der Seele. A-t-m-e- aus dem Bauch", rief er. „Beanspruche den Atem Gottes für deinen heiligsten Tempel. Du kannst dich in einer Minute mit dem Atem Gottes verändern."

Außerhalb des Unterrichts und während der Vorlesungen erzählte Alberto anschauliche Geschichten von seinen Begegnungen mit den Guaraní und dem Atem. Die folgende Beschreibung aus einer aufgezeichneten Vorlesung veranschaulicht dies.

> Von Geburt an werden sie ausgebildet, sie werden trainiert und sie bereiten alle Männer und Frauen darauf vor, Heiler zu werden. Es gibt keinen Unterschied zwischen den Geschlechtern, keinen Unterschied im Alter, keinen Unterschied, ob sie die Söhne oder die Enkel des Pajé sind, der der allgemeine übersinnliche Heiler des Stammes ist. Sie bereiten sich vor, und diese Vorbereitung beinhaltet Traumanalyse, Entspannung, Meditation, Gesang und Meditation mit Musik. Aber das Wichtigste, was sie tun, ist wieder die Atmung. Sie öffnen ihre Beine, sie spreizen ihre Arme und rufen Ñhandeva an, damit die Liebe und die Energie Gottes zu ihnen kommen. Und sie sind in einer Trance bevor sie [die Heilung durch die übersinnliche Chirurgie] kanalisieren. Sie alle beherrschen die Kunst [des übersinnlichen Chirurgen] oder des Handauflegens. Aber nicht alle von ihnen entscheiden sich dafür, dies täglich zu tun. Manche sind Fischer, manche pflanzen Früchte, manche pflücken Früchte, manche weben, und so weiter, und so gibt es die Pajé, die professionellen Heiler [sic].[96]

Diese Form des Atmens, verbunden mit der Absicht, stellt eine Beziehung zum Geist des Lebens her und erlaubt es dem persönlichen Bewusstsein, sich in eine Dimension der Liebe zu bewegen. Das nächste Beispiel aus demselben aufgezeichneten Vortrag zeigt Albertos Interaktionen mit den Kindern, wobei dem Atem die gleiche Bedeutung beigemessen wird:

> Ich möchte Ihnen ein Beispiel von außerhalb geben, mit einigen kleinen Kindern, die drei, vier, fünf, sechs, sieben Jahre alt sind. Sie haben winzig kleine Gitarren, die sie aus Holz bauen, einem lokalen Holz namens Cipó. Die Kinder spielen für sie. Und während sie spielen und singen, führt eines von ihnen eine übersinnliche Operation durch. Ich habe sie gefragt: „Wie macht ihr das?" Sie sagten: „Zuerst die Atmung, dann bringt uns die Musik dazu, einen leeren Geist zu haben, und die Schwingungen der Musik vibrieren mit unseren Fingern. Und was wir mit unseren Fingern tun, ist ein Glied der Schwingung." Und genau da vor mir sah ich eine Frau, die einen riesigen Brusttumor hatte. Und sie öffneten ihre Brust, es war eine vierzigjährige Indianerin, und sie entfernten den Tumor. Und die Brust wurde sofort ohne Narben verschlossen, und man konnte es nicht bemerken, wenn man es nicht gleich sah, als die übersinnliche Operation durchgeführt wurde [sic].[97]

Der Atem ist heilig. Alle Kulturen haben im Laufe der Zeit auf die Bedeutung des Atems hingewiesen. Das Erste, was wir als ankommende Seelen tun, ist einatmen, und das letzte, was wir als abgehende Seelen tun, ist ausatmen. Die Atmung bewegt die Lebensenergie, die den physischen Körper am Leben erhält. Natürlich wissen wir hinreichend, dass Sauerstoff den physischen Körper unterstützt. Ebenso wichtig ist es, sich des Atems bewusst zu sein und ihn zu betonen, um das emotionale, mentale und spirituelle Gleichgewicht mit einer guten Verteilung der Lebensenergie aufrechtzuerhalten.

Denken Sie also über die bloße Aufnahme von Sauerstoff durch das Kreislaufsystem hinaus und ziehen Sie in Betracht, dass Sie die vitale Lebenskraft – den Geist des Lebens – spüren und aufnehmen. Wenn wir dies mit der Zeit üben, werden wir unsere täglichen Aktivitäten bewusster wahrnehmen und unser Leben in ein Gleichgewicht und eine spirituelle Perspektive bringen. Aus den früheren Berichten über die Lebensweise der Guaraní, die den Atem zur Heilung nutzen, gibt Nimuendaju einen persönlichen Bericht über seine Erfahrungen, nachdem er zunächst an ihren Fähigkeiten gezweifelt hatte:

> Aus Dankbarkeit muss ich erwähnen, dass die Heilkünste der Eingeborenen mir 1907 tatsächlich das Leben gerettet haben, als ich durch Unterernährung, Gelbfieber und blutige Ruhr so geschwächt war, dass ich mich selbst aufgegeben hatte und schließlich Zeuge meiner eigenen, vorzeitig anberaumten Beerdigungszeremonie wurde. Eigentlich glauben die Guaraní viel mehr an die heiligen Gesänge der Medizinmänner als an pflanzliche Heilmittel, ob innerlich oder äußerlich angewendet. Krankheiten werden für den Schamanen durch seine Trance sichtbar gemacht und dann mit seiner unsichtbaren Energie behandelt. Hier ein Beispiel: Der fünfzehnjährige Cuper, Stiefsohn eines Medizinmannes, erkrankte an Fieber. Nach vier Tagen schien sein Zustand völlig hoffnungslos zu sein. Der Stiefvater begann zu singen, was stundenlang andauerte, während der Junge in den Armen seiner Mutter lag, ohne ein Lebenszeichen von sich zu geben. Der Medizinmann hauchte weiterhin seine heilige Energie über Cupres' Körper, bis er gegen Mitternacht einen Blick auf die krankmachende Energie erhaschte. Vorsichtig löste er diese Energie vom Körper des Patienten, als wäre es ein feuchtes Laken, faltete es zusammen und wickelte es um seine rechte Hand. Dann schritt er zur Tür, warf das Bündel hinaus, blies in seine Hände und schlug sie zusammen. Als er in die Hütte zurückkehrte, schlug der junge Mann die Augen auf, stöhnte und sagte. „Was ist hier los?"[98]

So wie Sie Ihre Hände zur Heilung einsetzen, überträgt auch der Atem Lebensenergie. Alberto sagte den Kursteilnehmern zur Vorbereitung auf die Arbeit mit Heilenergie: „Nehmt den Atem Gottes für euren heiligsten Tempel in Anspruch." Der hebräische Autor des Buches Genesis kannte den Unterschied zwischen der atmosphärischen Luft und dem geheimnisvollen und kraftvollen Prinzip, das in ihr enthalten ist. Er spricht von *neshemet ruach chayim*, was übersetzt so viel wie

„Geist des Lebens" bedeutet.[99] Der Atem, zusammen mit der Absicht, zentriert aus dem Herzen in bedingungsloser Liebe, ist die wichtigste Komponente für die Schaffung eines heiligen Raums, um Energie für die Heilung anzurufen.

Als ich Albertos Anweisungen zum Betreten des heiligen Raums aufmerksam zuhörte, wurde ich nachdenklicher in Bezug auf die Kraft des Atems. Eines frühen Morgens, nachdem ich die Augen aus der Meditation geöffnet hatte, verhalf mir diese Bewusstheit durch den Atem zur Einsicht. Ich war allein an einem Strand vor Sonnenaufgang, fühlte mich kribbelig von der meditativen Erfahrung und ließ meine Sicht verschwimmen, während ich starr über den Ozean blickte. Die Umgebungsgeräusche der Vögel und Wellen und der salzige Geruch des Strandes schufen eine friedliche, ruhige Umgebung. In tiefer Dankbarkeit für den Tag und den Augenblick erfüllte ein Gefühl der göttlichen Gegenwart die Luft. Ich nahm einen langen Zug der salzigen Meeresluft und spürte, wie sich mein Unterbauch, mein Solarplexus und mein oberer Brustkorb ausdehnten, und stellte mir vor, wie die spirituell wirksame Luft meinen ganzen Körper erfüllte und durchzog. Als sich mein Blick auf die physische Welt einstellte, lächelte ich friedlich und atmete die göttliche Gegenwart ein. In einer schwebenden Ruhe erblickte ich zum ersten Mal ein kleines Gezeitenbecken und richtete meine Aufmerksamkeit sofort auf die verschiedenen Lebensformen, die in diesem kleinen Raum enthalten waren. Ein kleiner, gesprenkelter Fisch hüpfte hektisch hin und her, und meine Gedanken schweiften zum Wasser, das für diesen Fisch das gesamte Leben ist, so wie die Luft für mich Leben spendet. Auch ich schwamm beim Atmen in einem Medium, das vollkommen lebenserhaltend ist. Ich brauchte mir nur bewusst zu machen, dass ich meine Absicht, mich mit dem Geist des Lebens zu verbinden, mit meinem Atem ausdehnen sollte, besonders in Zeiten der Anspannung. Dieses allumfassende friedliche Gefühl und die Bewusstheit des Atmens begleiteten mich den Rest des Tages.

Auf der fortgesetzten Suche nach der Kraft des Atems fand ich in dem Buch *The Miracle of the Breath* von Andy Caponegro eine Fülle von Informationen. Er erzählte, wie die alten „Hindu-Meister die Lebensspanne eines Menschen nicht an der Zahl der Lebensjahre, sondern an der Zahl der Atemzüge gemessen haben, die er von seiner

Geburt bis zu seinem Tod macht. Sie nannten die menschliche Seele Anu, was ‚derjenige, der atmet' bedeutet." [100]

Unsere Kultur ist gegenüber den einfachsten spirituellen Gewohnheiten wie dem Atmen abgestumpft. Wenn wir ohne Hoffnung sind und uns von der Gesellschaft entfremdet fühlen, schwimmen wir wie der Fisch im Gezeitenbecken, der für eine gewisse Zeit vom größten Teil des Ozeans abgeschnitten war, dennoch in einem Meer von rhythmischem Leben. Benny Smith, ein Ältester der Cherokee, sprach auf einer Konferenz: „Wo ist der Große Geist? Er ist immer hier! Er ist ein blinder Passagier in jedem Atemzug, den ihr nehmt."

Musik und Klang als sakrales Medium

In der Lebensweise der Guaraní bestimmt der Gesang den Status einer Person in der Gemeinschaft. Diese Praxis ist nicht nur bei den Guaraní verbreitet, sondern bei allen indigenen Völkern, die Schwingungen als schöpferische Kraft des Universums verstehen. Ted Gioia schreibt in seinem Buch *Healing Songs:* „Dieser tiefe Glaube an die transformierende Kraft des Klangs ist in den traditionellen Kulturen derart verbreitet, dass wir ihn vielleicht zu Recht als einen universellen Glauben bezeichnen und ihm eine Rolle als intrinsischen Wert der Musik in der Früh- und Vorgeschichte der menschlichen Gesellschaft zuweisen können." [101]

Das Erlernen von heiligen Liedern im Traumzustand ist auch nicht nur bei den Guaraní üblich. Auch hier handelt es sich um eine gängige Praxis nord- und südamerikanischer Schamanen sowie anderer Schamanen auf der ganzen Welt, die ihre Gemeinschaften leiten. Lieder sind für die Menschen, die sich an heilige Wege und den bedeutenden Nutzen von Klängen gehalten haben, von Natur aus grundlegend. In Zeiten der Not oder des Feierns erfüllen ihre Lieder die Luft, und das schon seit Jahrtausenden. „In keiner bisher entdeckten Kultur fehlt es an Musik. Das Musizieren scheint eine der grundlegenden Aktivitäten der Menschheit zu sein", sagt Anthony Storr in seinem Buch *Music and the Mind*.[102]

Im Sommer 2001 wurde ich in Südfrankreich in einem einwöchigen Workshop über Klang, Farbe und Bewegung mit Fabien Maman in Kototama eingeführt. Das Kototama Prinzip „wurde vor 56.100 Jahren perfektioniert. In dieser alten Zeit begriffen unsere Vorfahren die Realität des gesamten Universums als Klangrhythmus." [103] Kototama bedeutet wörtlich „Geist des Wortes".[104] Wie sehr dieses Konzept mit der Leidenschaft der Guaraní für die schönen Wortseelen übereinstimmt.

Als ich diese Information hörte, kam ich nicht umhin, darüber nachzudenken, dass Kototama am Anfang vielleicht die „eine" gemeinsame Sprache war, die alle Menschen verstanden. Sogar in der King James Bibel gibt es einen Hinweis in Genesis 11:1: „Und die ganze Erde hatte eine Sprache und eine Rede."

In der Kototama Praxis klingen Sie mit dem Atem, und Sie spüren, wie Sie von innen heraus vibrieren. Die Struktur der Vokal- und Konsonantenreihenfolge erzeugt eine kraftvolle elektromagnetische Aktivierung der Resonanz. Vokale tragen magnetische Kraft und öffnen den Raum; Konsonanten tragen elektrische Kraft und markieren die Zeit.[105] Russill Paul beschreibt in seinem Buch *The Yoga of Sound* auch eine uralte Klangsprache mit Wurzeln in Indien: „In den alten Sprachen enthielt der Klang eines Wortes die Energie und Essenz der Sache, die durch dieses Wort bezeichnet wurde."[106]

Alte Traditionen verstanden die Wissenschaft der Resonanz. Sie hörten die Geräusche des Waldes, die Geräusche des Universums und den Herzschlag ihrer Mutter Erde und replizierten diese Klänge, um ihre Verehrung für das Leben und den Wunsch, mit dem Leben in Harmonie zu sein.

Im vorangegangenen Abschnitt über den Atem hat Alberto das Wesen des Atems beschrieben, aber auch erwähnt, wie die Musik die Guaraní beeinflusst: „Erst die Atmung, dann die Musik bringt uns dazu, einen leeren Geist zu haben ... und die Schwingungen der Musik vibrieren mit unseren Fingern." Musik wird als die Sprache der Götter und der Kräfte, die unser Universum durchdringen, bezeichnet. Das Leben zu verbessern bedeutet, durch den Rhythmus des Universums zu kommunizieren und sich mit ihm zu synchronisieren. Indigene Kulturen übermitteln mündlich durch Gesang nicht nur ihre Geschichte, sondern auch die Absicht der Energie und Essenz des Liedes.

Mündliche Überlieferungen erfordern Erinnerungskraft und Gedächtnisleistung. Das Ausüben von Musik schafft ein darauf ausgerichtetes Gehirn, um die erforderliche Merkfähigkeit zu erreichen. Mamans Forschungen zufolge ist die menschliche Stimme mächtiger als akustische Instrumente. „Die Stimme kann als das wichtigste Instrument angesehen werden, weil ihr Tonfall nicht nur den physischen

Aspekt [Stimmbänder, Tonhöhe] und emotionale Farben enthält, sondern auch ein feineres, subtileres Element, das aus dem bewussten und unbewussten Willen des Sängers stammt. Die menschliche Stimme trägt ihre eigene spirituelle Resonanz in sich."[107]

Ein weiterer interessanter Aspekt der Stimme ist die jüngste Wiederentdeckung, dass man nur spricht, was man hört. Dr. Tomatis entdeckte bei seiner Arbeit mit Opernsängern, dass die Stimme nur das wiedergibt, was das Ohr hören kann – der „Tomatis-Effekt".[108] Dies ist ein interessantes Detail bei der Erörterung der mündlichen Überlieferung. Dr. Tomatis machte einen Unterschied zwischen Hören und Zuhören. „Das Hören ist vorwiegend physiologisch und passiv. Zuhören hingegen ist ein aktiver Prozess, der mit den eigenen Fähigkeiten zusammenhängt und insofern psychologisch sein kann, als das Zuhören Motivation, Wunsch und die Absicht erfordert, die Informationen aufzunehmen, zu verarbeiten und darauf zu reagieren."[109]

Es ist interessant, dass dieses Verständnis gerade jetzt, wo die heiligen mündlichen Lehren der traditionellen Gesellschaften weitergegeben werden, zum Tragen kommt. Zuhören ist eine Fähigkeit, die in einer Gesellschaft, die auf mündliche Überlieferung angewiesen ist, von Natur aus entwickelt wird. Wie Dr. Tomatis sagte, ist Zuhören ein aktiver Prozess, der mit der Fähigkeit zur Informationsverarbeitung zusammenhängt. Unsere Welt ist voll von mechanischem Lärm und von konditionierten Fähigkeiten, aus Büchern zu lernen. Kein Wunder, dass unsere Fähigkeiten zum Zuhören verkümmert sind.

Als kleines Kind habe ich erlebt, wie ich ein Lied durch mündliche Überlieferung gelernt habe. Einmal im Jahr besuchte meine Familie zusammen mit meinen Tanten, Onkeln und meiner *Yiayia* (Großmutter) einen Mitternachtsgottesdienst der griechisch-orthodoxen Kirche. Der gesamte Gottesdienst wurde auf Griechisch abgehalten, einer Sprache, von der ich nur drei Wörter kannte: *Ti Kanis* (Hallo), *Efhkaristo* (Danke) und den von meiner Yiayia immer wiederholten Satz „Trink deine *gála*!" (Milch). Der Gottesdienst begann um 23.00 Uhr, und ich wurde geweckt, um mich anzuziehen und am Mitternachtsgottesdienst teilzunehmen. Eine der schönsten Erinnerungen ist, dass ich miterleben durfte, wie die Lichter in der Kirche gelöscht wurden und der Bischof im Kerzenschein drei große Kerzen hielt, die in der Mitte mit einem violetten Band zusammengebunden waren. Dieses gesegnete Bündel wurde in einer Zeremonie verwendet, um das Licht an jeden der Anwesenden weiterzugeben. Die Gemeinde sang und stimmte ein und schuf eine wunderbare Umgebung für das Osterritual.

Ich war noch nicht alt genug, um eine Kerze zu halten, und schon bald ergriff mich eine hypnotisierende Erschöpfung angesichts der Überflutung mit Kerzenwachsdüften, großen Weihrauchschwaden aus schwingenden Räucherwerkhaltern und donnernden, herzergreifenden Gesängen. Mit müden Augen rollte sich mein Körper in der Kirchenbank zusammen, und ich schlief ein, während ich einem sich wiederholenden freudigen Lied lauschte, das mit den Worten „Chri-sto-s A-nes-ti!" (Christus ist auferstanden!)

Dieses jährliche Ereignis fand nicht mehr statt, als meine Yiayia von Michigan nach Florida umzog, und unser österliches Familientreffen geriet in Vergessenheit. Viele Jahre später, in denen ich nicht mehr an den griechischen Gottesdiensten teilgenommen hatte, trat ich zusammen mit meinen Kindern in die griechische Kirche ein. Während ihres ersten Ostergottesdienstes erlebte ich ein überwältigendes Gefühl von willkommener Vertrautheit, als die ganze Kirche von den einzelnen Kerzen und dem Gesang erleuchtet wurde. Und zur festgesetzten Zeit, als meine Kinder zu schlafen begannen, stimmte ich wie selbstverständlich in den Gesang von *Christos Anesti* mit der Gemeinde ein. Ich war fasziniert, als ich hörte, wie ich jedes griechische Wort in voller Tonhöhe und ohne jedes Zögern sang. Ich war gefangen in der Kraft der Essenz des gemeinsamen Singens, völlig mitgerissen und eingetaucht mit allen Anwesenden in diesem schönen Moment nach so vielen Jahren.

Für die Guaraní war das Singen ihrer Geschichte ein sicherer Weg, um die spirituelle Botschaft zu erfassen, zu bewahren und weiterzugeben. Drehen wir die Seiten der Geschichte für einen Moment um und fragen uns, wie die Guaraní die Ankunft der Europäer wahrgenommen haben. Was für ein interessantes Dokument wäre es, die Wahrnehmung der Guaraní zu lesen, eine ganzheitliche Wahrnehmung, die seit Tausenden von Jahren in den Wegen des Waldes, in der Jagd, im Pflanzenanbau und in der Interaktion mit nicht-physischen Dimensionen kultiviert wurde. Vielleicht hat ihre beeindruckende Hörfähigkeit, die aus der mündlichen Tradition stammte und ihre Gehirne, die durch die vorwiegende Kommunikation durch Gesang geschärft worden waren, den Guaraní gestattet, die invasiven, intoleranten Fremden als die Primitiven wahrzunehmen. Wir können jetzt verstehen, was sie meinten, als sie die westliche Welt als geistig blind bezeichneten.

Musik appelliert an die Gefühle. Emotionen kommen aus dem Herzen. Die Wissenschaft beschreibt das Herz als ein elektromagnetisches Feld, das fünfzigmal größer ist als jedes andere Organ des menschlichen Körpers, einschließlich des Gehirns. Das Herz pulsiert dieses starke Feld elektromagnetischer Energie nach außen, und dieses Energiefeld empfängt auch Informationen von anderen pulsierenden lebenden Organismen. Das Herz nimmt wahr und empfängt. Die „Schrittmacherzellen" des Herzens arbeiten alle zusammen und schlagen als eine Einheit, „synchronisiert in ihren harmonischen Schwingungen".[110] Die Zellen stimmen sich aufeinander ab.

> Wenn man eine Herzschrittmacherzelle entfernt und auf einen Objektträger legt, [was eine schreckliche Sache ist], wird sie ihr regelmäßiges Schlagmuster verlieren und anfangen zu flimmern – wild und unregelmäßig zu schlagen, bis sie stirbt. Nimmt man jedoch eine andere Herzschrittmacherzelle und legt sie in die Nähe der ersten flimmernden Zelle, die neben einer nicht flimmernden Herzschrittmacherzelle liegt, hört sie auf zu flimmern und schlägt im Gleichklang mit der gesunden Zelle. Der Grund dafür, dass sich diese Zellen nicht berühren müssen, ist, dass sie ein elektrisches Feld erzeugen, während sie pulsieren, wie alle biologischen Oszillatoren.[111]

Die Guaraní kamen in dem Opy durch ihre Lieder und Tänze am Abend der Taufe meines Freundes schnell als Gruppe in Einklang. Was ich in dem Opy spürte war, dass ich von den Musikinstrumenten in den Rhythmus eingebunden, wie hingezogen wurde und mit der geschlossenen, zusammengehörigen Gruppe um mich herum sang – ein Mitreißen der Herzen. Jeder, der schon einmal ein Live-Konzert erlebt hat, kennt die ekstatische Reaktion des Publikums und das Spiel der Musiker, das ein tolles Gefühl erzeugt.

Wenn eine Person ein magnetisches Herzfeld mit einem Durchmesser von drei Metern hat, wie herrlich ist der Gedanke an oder das Bild von einer großen Gruppe, die sich vom Herzen her bewegt und ein immenses Magnetfeld erzeugt! Diese Einheit durch Gesang oder

Vibration hat zweifellos viel mit der Mitnahme aller Herzen zu tun. Als Gruppe oder homogene Gemeinschaft erzeugen die Guaraní ein starkes elektromagnetisches Feld.

Wir sind alle miteinander verbunden
Der Mensch erlebt den Herzschlag seiner Mutter erstmals im Mutterleib. Mutter und Kind sind mit diesem Rhythmus synchronisiert, der sich nach der Geburt in den körperlichen Handlungen des Fütterns, Haltens, Betrachtens oder Berührens des Säuglings fortsetzt, wobei sein Kopf an der Brust in der Nähe des Herzens ruht. Mütter haben von Natur aus einen singenden, gurrenden Ton, mit dem sie mit ihren Neugeborenen kommunizieren.

Der natürliche Instinkt einer Mutter, zu singen und rhythmische Gurrgeräusche zu erzeugen ist in den ersten Monaten des Lebens wichtig. Aus der Perspektive der Seele zeigt Corinne Heline in *Healing and Regeneration through Color/Music* den Wert des täglichen Badens der neu eintreffenden Seelen mit Musik auf: „Werdende Mütter lernen in diesen heiligen Monaten der Vorbereitung die großen aufbauenden und unterstützenden Kräfte der Musik bei der Formung von Körper und Charakter kennen und erkennen." [112] Heline fährt fort und teilt mit, welche spezifischen harmonischen Töne in den verschiedenen Phasen der ersten Lebensmonate von Vorteil sind. „Dreimal gesegnet sind die ‚kleinen Wanderer vom Himmel', die während der ersten drei Lebensmonate unter den Sterblichen mit Musik in den Tonarten G-Dur, A-Dur und B-Dur umgeben werden können." [113]

Die Lektüre von Hinweis auf die ersten drei Lebensmonate unterstützt das Wissen im Ama-Deus System, da es ein heiliges Symbol gibt, das zur Unterstützung von Neugeborenen verwendet wird. Alberto vermittelte, dass der Zweck dieses heiligen Symbols darin besteht, die ankommende Seele in den ersten drei Lebensmonaten physisch, emotional, mental und spirituell zu unterstützen, indem es sie in Liebe umgibt, während sie sich an die Frequenzen dieser irdischen Dimension anpasst. Auch später, wenn wir Kindern die Sprache beibringen, unterstützt die Forschung die Verwendung von Gesang, anstatt das Alphabet nur verbal zu rezitieren, um es besser behalten zu können.

Die Ama-Deus Kurse, die Alberto unterrichtete, waren von Musik geprägt. Alberto spielte vor allem Musik von *The Mission*, wenn die Teilnehmer während des Unterrichts in der Gruppe übten. Wenn er individuelle Heilungen durchführte, entweder unter vier Augen oder während einer Demonstration in der Klasse, verwendete er gewöhnlich ein klassisches Stück. Gustav Mahler war einer seiner Lieblingskomponisten.

In Albertos Workshops spielte er am Ende jedes Kursabschnitts ein bestimmtes zeitgenössisches Lied, das sich auf die universelle Liebe bezog. Er spielte die Lieder und ermutigte die Teilnehmer zum Singen. Ich kann mich lebhaft daran erinnern, wie er den Kopf zurückwarf, die Augen schloss und mit seiner schönen, vollen, satten Stimme sang: „Menschen, die Menschen brauchen, sind die glücklichsten Menschen der Welt." Er erläuterte nicht die Art und Weise, wie die Guaraní singen. Er sang einfach.

Er brachte ein Lied in die Klasse ein, und seine ansteckende Begeisterung veranlasste alle, mit ihm zu singen. Die Leute lächelten und umarmten sich. Die ganze Gruppe spürte die Einheit und erlebte, wie ihr Geist geweckt wurde.

> Es besteht kein Zweifel daran, dass „Musik eine starke soziale Kraft ist, die Menschen zusammenbringt, sie inspiriert, koordiniert, Ritualen einen Sinn verleiht, Emotionen erzeugt, Glaubenssysteme stärkt, die Gruppendynamik verändert und gemeinschaftliche Energien kanalisiert. Musik hat auch physiologische Wirkungen, die von Rhythmen, Klängen und den erzeugten harmonischen Schwingungen herrühren. Die heilende Kraft, die sie mit sich bringt, muss zwangsläufig aus der Kombination dieser beiden Elemente kommen: das eine erstreckt sich auf die Gemeinschaft und die Umgebung, das andere reicht bis in den Körper selbst." [114]

Klang ist ein kraftvolles Medium, das unser fein schwingendes elektromagnetisches Feld beeinflusst. Da das Universum und alle seine Teile, einschließlich des menschlichen Körpers, durch die Kraft der rhythmischen Schwingung aufgebaut sind, folgt daraus, dass eine wissenschaftliche Anwendung des musikalischen Rhythmus sowohl für die Wiederherstellung als auch für die Aufrechterhaltung des körperlichen Wohlbefindens vorteilhaft genutzt werden kann. [115]

Mit diesem schärferen Wissen kommt unser Verständnis für die schönen Wortseelen der Guaraní, die ihnen im Traumzustand vorgesungen werden, ein Akt, der aus dem fühlenden Herzen kommt. Das Singen mit anderen bringt ein Gefühl des Zusammenhalts in der Gruppe, aber es verbindet uns auch mit dem großen pulsierenden Herzen des Universums, mit der Liebe Gottes.

Henry David Thoreaus Worte beschreiben Albertos Liebe zu den Guaraní und das, was seiner Meinung nach die Welt am meisten braucht: „Alles, was ein Mensch zu sagen oder zu tun hat, was die Menschheit betreffen kann, ist in irgendeiner Form die Geschichte seiner Liebe zu singen, und wenn er Glück hat und am Leben bleibt, wird er für immer verliebt sein." [116] Alberto erkannte mit Sicherheit die potenzielle Kraft einer Heiltradition, die die Liebe als notwendige Komponente für das, was der Menschheit bevorsteht, einsetzt.

Das Volk der Guaraní und andere indigene Völker wissen, dass das Singen mit dem Herzen und das konzentrierte Atmen bei traditionellen Zeremonien wichtige Verbindungen zur göttlichen Präsenz sind. Sie haben gezeigt, dass das Atmen in harmonischer Resonanz und das Singen einige Schlüsselelemente sind, um das Gleichgewicht in einer sich schnell verändernden Zeit zu erhalten. Viele Menschen von heute erkennen diese grundlegenden Praktiken und nehmen sie in ihr tägliches Leben auf. Herzzentrierte Intelligenz ist bei diesen Praktiken unabdingbar. Die Bedeutung des Herzens entfaltet sich global und ist entscheidend für den evolutionären Weg der Menschheit.

Herzintelligenz ist nichts anderes als Liebe

In allen Kulturen gibt es einen gemeinsamen Nenner: ein allmächtiges Gefühl namens Liebe. Kulturübergreifende Schöpfungsgeschichten sprechen von der aktiven schöpferischen Kraft der Liebe. Diese göttliche Liebe zieht sich wie ein roter Faden durch die gesamte Schöpfung. Wir sehen sie in der Natur, wir hören sie in fein geschliffenen Sinfonien, und wir erkennen sie in den Augen der anderen.

Anerkannte Persönlichkeiten aus der Medizin haben die Bedeutung der Liebe hervorgehoben. Dr. med. Andrew Weil schlug vor: „Liebe ist die einzige Quelle für anhaltenden Trost im Leben, und sie ist von solcher Kraft, dass sie wunderbare Heilkräfte im körperlichen, geistigen und spirituellen Bereich hat. Wir müssen versuchen, diese

Kraft zu kultivieren und sie so gewohnheitsmäßig wie möglich zu erfahren."[117]

Dr. med. Bernie Siegel antwortete auf die Frage, warum die Liebe so wichtig für die Heilung ist, mit: „Sie ist das Wichtigste im menschlichen Leben."[118]

Stephen Covey, ein anerkannter Wirtschaftsautor und Führungspersönlichkeit, betrachtet die Liebe als „die höchste Aktivität des Lebens. Sie müssen die göttliche Energie von Gott heranziehen, damit Sie die Kraft haben, diese Art von Liebe zu manifestieren oder auszudrücken".[119]

Das spirituelle Oberhaupt, Seine Heiligkeit, der Dalai Lama, erinnert uns daran, dass „die Essenz aller Religionen Liebe, Mitgefühl und Toleranz ist".[120]

Alberto hatte auf seinen internationalen Reisen das Privileg, verschiedene Heiltechniken kennenzulernen, aber wie die Guaraní beobachtete er und glaubte, dass die wesentliche Zutat oder der rote Faden bei allen Heilungen die Liebe ist. Während eines Internet-Vortrags im Jahr 2008 sprach Gregg Braden über die wissenschaftlichen Entdeckungen der elektrischen und magnetischen Eigenschaften des Herzens, der letzten vierundzwanzig Monate. Er untermauerte diese wissenschaftlichen Erkenntnisse mit Beobachtungen aller indigenen Völker, denen er begegnet war. Ähnlich wie Alberto stellte Braden bei jeder Gemeinschaft, die er besuchte, fest, dass eine gemeinsame Handlung die physische Handgeste oder die Platzierung am Herzen war, und dass eine physische Bewegung am Herzen stattfand, bevor man zu Heilungszeremonien überging.

In ihrem Buch *Eat Pray Love* erzählt die Autorin Elizabeth Gilbert, wie ihr Lehrer Katut ihre Fragen zur Erleuchtung mit einem Bild beantwortete, das er während einer Meditation skizzierte. Das Bild zeigte eine androgyne Figur ohne Kopf, die auf vier Beinen steht und die Hände zum Gebet faltet. Die zusätzlichen Gliedmaßen dienten dazu, sich in die Erde zu erden. An der Stelle des Kopfes befand sich eine Ansammlung von wildem Laub und Farnkraut. Ein lächelndes Gesicht wurde über das Herz gezeichnet und auf diese Weise erklärt:

> Um das Gleichgewicht zu finden, das du dir wünschst, musst du genau das werden. Du musst mit deinen Füßen so fest

auf der Erde stehen dass es dir vorkommt, als hättest du vier statt zwei Beine. Auf diese Weise kannst du in dieser Welt bleiben. Aber du musst aufhören, die Welt mit deinem Kopf zu betrachten. Du musst sie durch dein Herz betrachten ... so wirst du Gott erkennen.[121]

Aus der Erfahrung heraus zu verstehen, dass Liebe ein mächtiges transpersonales Ereignis ist, und dann ist Liebe immer das Potenzial, das die Transformation von dem, was sich als Trennung oder Fragmentierung anfühlt, hin zur Verwirklichung eines Zustands der Ganzheit unterstützt. Das ist die Kraft der Liebe im Heilungsprozess.

Die Guaraní singen immer wieder nach der Liebe Gottes, der Ñandéva, um die Macht oder Kraft anzuzapfen, die alle Menschen bindet, verbindet und eint. Die Guaraní wissen, dass die Kraft, die sie spürten, die Kraft Gottes war. Sie wissen auch, dass alle Menschen Zugang zu dieser Quelle haben. Ohne die Absicht und die Reinheit der Liebe, den Ñandéva, kann es jedoch keine Heilung geben.

Die alten Wege, die uns von den mündlichen und schriftlichen Traditionen überliefert wurden, zeigen, dass die Sprache der Liebe darin besteht, das Heilige im Herzen zu spüren. In gemeinschaftlicher Harmonie schütteten die Guaraní ihr Herz in einem Gesang aus, der so lange andauerte, bis alle ein Gefühl der Verbundenheit verspürten. Diese gemeinschaftliche Verbindung zeigt den Moment an, in dem sie ihre Zeremonie beginnen. Dieser uralte Weg muss allmächtig sein, denn diese Praxis wird seit Tausenden von Jahren aufrechterhalten, nicht nur von den Guaraní, sondern auch von vielen anderen indigenen und mystischen Völkern.

Liebe ist ein heiliger Weg

Ich glaube, dass wir alle mit dem einzigen Ziel geschaffen wurden, zu lieben und geliebt zu werden. Wenn ich an die Liebe denke, führen mich meine Gedanken zur höchsten Quelle der Existenz, die als die Quelle von allem, was ist, verstanden wird. Dann wird die Liebe zur Liebe. Die Liebe ist in allem und ist alle Dinge. Aus einer transpersonalen oder seelischen Perspektive hält die Liebe alles, was existiert, mit der Quelle von allem, was ist, verbunden. Diese Erfahrungen, sich mit einer höheren Quelle oder Gott verbunden zu fühlen, sind die gleichen

Gefühle, die man beim Anblick eines herrlichen Sonnenuntergangs oder eines anderen Naturereignisses erlebt, das eine atemberaubende Herrlichkeit demonstrieren. Diese Erfahrung führt die Sinne in eine Realität, die jenseits des Physischen liegt, und trägt jegliche Bedeutung in eine transpersonale Begegnung.

Mein ganzes Leben lang habe ich den Wunsch, die Liebe zu verstehen, nie aus den Augen verloren. Das war eine lebenslange Suche, die dem Ziel der rastlosen Sucher nach dem Sinn des Lebens nicht unähnlich ist. Meine Kindheit war von Ereignissen umgeben, die diese Frage nach dem Sinn des Lebens immer wieder aufwarfen. Mein griechisch-orthodoxer Vater (der den Namen Cosmos geerbt hat), und meine irisch-katholische Mutter waren sehr verliebt. Genau wie ich sahen sie sich den Herausforderungen ihrer religiösen Mischehe durch Freunde, Familie, Gemeinschaft und natürlich die beiden Religionen ausgesetzt. Aufgrund dieser Erfahrungen verstand ich schon früh, dass Gott nicht nur in einer Kirche zu finden ist. Mein Vater war eine freundliche, sanfte Seele, und meine Mutter war voller Leben und Lachen. Gemeinsam gingen sie als ein wunderbares Team durchs Leben, und wo immer sie hinkamen, steckte ihre fröhliche Freundlichkeit andere an. Jeden Morgen sagte mein Vater zu mir: „Sei freundlich zu deinem Nächsten." Ihre Ehe stand also für Liebe und Schönheit, nicht für Sünde und Zwietracht, und keine Familie, kein Freund und keine Kirche konnte mir das nehmen.

Stattdessen war ich ständig auf der Suche nach dem tieferen Sinn dieser Schönheit, die in unserem familiären Umfeld vorherrschte. Im College traf ich mich an den Wochenenden in einem spirituellen Buchladen in der Nähe des Campus oder suchte im Buchladen der Universität nach Büchern über die Bedeutung der Liebe und die Geheimnisse des Lebens. Alle anderen auf dem College waren auf der Suche nach Liebe, und ich war auf der Suche nach Liebe! Diese lebenslange Suche brachte mich schließlich zu Ama-Deus und an eine neue Schwelle des Verstehens. Ich höre immer noch Albertos Worte in meinen Ohren klingen: „Du kannst nicht heilen, bis du zum ersten Mal liebst. Liebe ist in jeder Heilung, egal welche Technik man anwendet, ohne Liebe ist es unmöglich zu heilen." Ich stelle mir vor, wie der Kazike ihn auf das Herz klopft, und erinnere mich an die wahre Bedeutung dieser Worte.

Meine erste tiefe Erfahrung mit der Liebe war es, meine neugeborenen Kinder zu halten. Diese ankommenden Seelen in den ersten Momenten ihres irdischen Atems zu halten, war tief bewegend und öffnete mein Herz für einen Ansturm von Freude und Anbetung. Dieses Gefühl zu kennen, war mein größtes Verständnis von bedingungsloser Liebe. Das Wissen, dass ich mein Kind über mein eigenes Leben stellen würde, schuf auch meine Sehnsucht, an diesem bedeutenden Gefühl der bedingungslosen Liebe festzuhalten, während ich mich um sie kümmerte.

Die Erfahrung der Liebe ruft den Wunsch hervor, die Quelle als eine kontinuierliche Lebenserfahrung zu erleben. Das Bedürfnis, sich mit anderen zu verbinden, zu lieben und geliebt zu werden während unserer irdischen Erfahrung, ist eine Kraft, die uns zurück zur Quelle führt. In der Geschichte gibt es viele Hinweise auf die Liebe als höchsten spirituellen Aspekt. In Baird T. Spaldings Buch *Life and Teachings of the Masters of the Far East* wird eine Erklärung für die Liebe gegeben:

> Das Universum ist die Gesamtheit aller sichtbaren und unsichtbaren Dinge, die den unendlichen Raum ausfüllen. Das Universum ist das große Ganze, das aus allen seinen Teilen besteht. Man könnte sagen, dass das Universum ein anderer Name für Gott ist... Es ist die Summe allen Lebens, aller Substanz, aller Intelligenz, aller Macht... Es ist alles Liebe, denn es ist in einem einzigen System zusammengebunden und funktioniert als eine einzige Einheit. Die Liebe ist das Integritätsprinzip oder das bindende Prinzip, das das Universum als Einheit erhält und alle seine Vorgänge in vollkommener Harmonie und Regelmäßigkeit in Bewegung hält.[122]

Die alten Essener lehrten, dass jeder Mensch sowohl einen Gefühlskörper als auch einen materiellen Körper hat. „Wenn wir untersuchen, was hinter unseren Handlungen steckt, werden wir sehen, dass es immer ein Gefühl ist. Starke Gefühle und Emotionen führen sofort und automatisch zu Handlungen. Es sind nicht so sehr unsere Gedanken, die hinter unseren Handlungen stehen, sondern Gefühle."[123] In einer der acht Seligpreisungen Jesu heißt es: „Selig sind jene, die reinen Herzens sind, denn sie werden Gott schauen." Das größte Gesetz des menschlichen Gefühlskörpers wird offenbart. Nach den Überlieferungen der Essener:

> Die „Reinen im Herzen" sind diejenigen, die einen reinen Gefühlskörper haben – einen Körper, der von Liebe und nicht von Hass, von Vergebung und nicht von Rachsucht, von Mitgefühl und nicht von Grausamkeit genährt wird. Ein solcher Gefühlskörper wird Gott sehen, denn wer das große Gesetz der Reinheit des Herzens befolgt, befindet sich im Vorzimmer des Himmelreichs.[124]

Diese Beschreibung zeigt eine durchschlagende Synchronizität mit der Lebensweise der Guaraní. Die Geschichte berichtet, dass die Guaraní „von Liebe und nicht von Hass, von Vergebung und nicht von Rachsucht, von Mitgefühl und nicht von Grausamkeit genährt wurden".[125]

Die Guaraní sehen den Sitz der spirituellen oder himmlischen Seele im Herzen, und ihre Art der Realität ist eine Sprache, die aus dieser Herz-Seele Verbindung entsteht. Für sie befindet sich die tierische Seele im Kopf. Das Verstehen und Erkennen des Herzens birgt wahres Wissen, denn darin liegt die spirituelle Seele und die Verbindung zum Geist. Die tierische Seele im Kopf gibt uns Persönlichkeit und eine mechanische Sicht des Lebens, die uns allein nicht zur geistigen Wahrheit führt. Der Kopf, vereint mit dem Herzen, ist die wahre Position für das eigene Leben.

Dein Heiliges Herz

Physisch gesehen entwickelt sich das Herz beim Fötus zuerst, noch vor dem Gehirn, und gibt die Richtung für die Entfaltung unseres „heiligen Tempels" vor, um sich auf die eintreffende Seele vorzubereiten. Das Herz ist autogen, d.h. es schlägt ohne die Anweisung des Gehirns, unabhängig von einem Signal des Gehirns. Das menschliche Herz ist um ein Vielfaches stärker magnetisiert und elektrischer als das Gehirn. Es hat den stärksten magnetischen Impuls von allen Organen.

Stephen Buhner untersuchte in seinem Buch *The Secret Teachings of Plants* wie indigene Völker in ihrer Beziehung zur Natur die Herzintelligenz oder eine herz-zentrierte Wahrnehmung nutzen. Das Buch enthält detaillierte Informationen über das physische Herz, das diese Wahrnehmung unterstützt.

Zwischen 15 und 25 Prozent der Zellen im Herzen sind Nervenzellen. Sie sind den Nervenzellen des Gehirns gleich und funktionieren auf genau die gleiche Weise. Tatsächlich enthalten bestimmte wichtige subkortikale Zentren des Gehirns die gleiche Anzahl von Neuronen wie das Herz. Das Herz verfügt über ein eigenes Nervensystem und ist im Grunde genommen ein spezialisiertes Gehirn, das bestimmte Arten von Informationen verarbeitet. Die Neuronen des Herzens sind, genau wie die des Gehirns, in Ganglien zusammengefasst, kleinen neuronalen Gruppierungen, die durch Axon-Dendriten mit dem neuronalen Netz des Körpers verbunden sind. Diese Zellen sind nicht nur an der physiologischen Funktion des Herzens beteiligt, sondern sie haben auch direkte Verbindungen zu einer Reihe von Bereichen im Gehirn und stehen in einem unvermittelten Informationsaustausch mit dem Gehirn. (Unvermittelt bedeutet, dass es keine Unterbrechungen im Schaltkreis vom Herzen zum Gehirn gibt) ... das Herz hat auch sein eigenes Gedächtnis. Je intensiver die emotionale Erfahrung ist, desto wahrscheinlicher ist es, dass sie im Herzgedächtnis gespeichert wird.[126]

Wie oft sind wir bewusst in unserem Herzen? Es ist einfach, die Aufmerksamkeit vom Kopf zum Herzen zu lenken. Spüren Sie zunächst Ihren Herzschlag nach. Legen Sie Ihre Hände über Ihr Herz und spüren Sie den Rhythmus, der harmonisch im Takt des Universums schlägt. Das körperliche Pulsieren erinnert uns daran, dass unser energetisches Herz unsere resonierende Verbindung zu allem Leben ist.

Diese Nabelschnur zum göttlichen Schöpfer ist unser Gefühl der Zugehörigkeit und der Sehnsucht unseres Herzens, und sie ist auch unser Gefühl der Verbindung, die wir zu anderen Menschen haben. Ist dies das große Netz, von dem die Ältesten sprechen? Wenn ja, stellen Sie sich vor, wir würden so leben, dass unser Kopf von unserem Herzen geleitet wird. Sieben Milliarden Menschen könnten diesen Planeten „entzünden", indem wir eine einfache Veränderung in unseren alltäglichen Handlungen vornehmen. Die Energie der Liebe ist so mächtig, dass ihre Ausstrahlung jede Dimension des Bewusstseins erhellt und alle Schatten beseitigt.[127] Jeder von uns könnte ein Licht für die Welt sein und dazu beitragen, ein neues Bewusstsein zu schaffen. Dieses Füllen unserer Herzen mit einem liebevollen, gegenseitigen Gefühl für den göttlichen Schöpfer ist die Sprache der Liebe und die Sprache, auf die unser göttlicher Schöpfer antworten wird, da wir nach seinem Bild und Gleichnis geschaffen sind.

Stellen Sie sich die wunderbarste bedingungslose Liebe vor, die Sie je erfahren haben. Füllen Sie Ihr Herz mit diesem Gefühl und atmen Sie dieses Gefühl in Dankbarkeit für den göttlichen Schöpfer ein. Wenn Sie spüren, wie Ihr Herz diesen unerschöpflichen Strom empfängt, öffnen Sie Ihr Herz wie eine Blume, die sich der Sonne öffnet, und lassen Sie diese Liebe Ihren ganzen Körper durchfluten. Denken Sie nicht an Liebe, sondern fühlen Sie Liebe.

Die gefühlsbetonte Seite in uns wird vom Herzen gesteuert, die analytische Seite wird von unserem Gehirn. Das Interesse, die Fragen und die erhöhte Sensibilität für die feinstofflichen Felder, die das Gehirn und das Herz umgeben, nehmen nicht nur in der Öffentlichkeit, sondern auch in der Wissenschaft stark zu. In dem Maße, wie die vorherrschende Kultur der heutigen Welt nach diesem Wissen sucht, wird sich ein gemeinsamer konzeptioneller Rahmen für die Sprache der feinstofflichen oder spirituellen Dimensionen von Licht und Liebe entwickeln.

Gegenwärtig ist es ein mechanistisch konditionierter Verstand, durch den wir die Welt wahrnehmen. Dieses Verständnis ist hilfreich, wenn wir uns auf neue spirituelle Werkzeuge einlassen. Anstatt die Werkzeuge mit unseren gegenwärtigen Überzeugungen zu überschatten, hilft ein offenes Herz, die Wahrnehmung zu verschieben, und erlaubt unseren Verstand, sich in neuem Bewusstsein auszudehnen. In dem Maße, in dem wir unser Herz annehmen und uns darin einrichten und unsere Welt aus der Perspektive der Seelenenergie wahrnehmen, wird sich ein spirituell abgestimmter Geist entwickeln.

Der wichtigste Punkt in unserer Entwicklung ist es, das Leben aus einer spirituellen oder energetischen Perspektive zu betrachten und zu kennen. Die Ureinwohner und die Mystiker haben dies verstanden und schützen es mit ihrem Leben, und jetzt entwickeln einige Wissenschaftler eine Sprache für die feinstofflichen Felder. Wir sind fein schwingende

Schwingungskörper aus Licht, die mit den elektromagnetischen Körpern anderer, der Erde und des Universums verwoben sind.

Wenn wir diese Sprache lernen und aus dem Herzen heraus wahrnehmen, wird sich der Schleier der Trennung auflösen. Es gibt keine Trennung in der physischen und der spirituellen Welt. Wenn wir das Leben aus einer energetischen Perspektive betrachten, sehen wir alles Leben als eins, egal ob es sich um die subtilen spirituellen Ebenen oder die dichten physisch-materiellen Ebenen handelt. Eine energetische Perspektive vermittelt einfach ein vollständigeres Bild, und wenn diese Perspektive erst eingenommen ist, folgt daraus, dass alles Leben heilig und eng miteinander verbunden ist.

Die lebende Mystikerin Amritanadamayi (Amma), die oft „die umarmende Heilige" genannt wird und die mir so viel heilenden Trost spendete, indem sie mein Herz berührte, sagte: „Wahre Liebe existiert im Herzen ... Unsere Herzen sind die Schreine, in denen Gott eingebaut werden sollte. Unsere guten Gedanken sind die Blumen, mit denen er angebetet wird."[128] Wie die Guaraní singt auch Amma, bevor sie mit ihrer spirituellen Arbeit beginnt. Das schafft den heiligen Raum, in dem sie diejenigen, die sie aufsuchen, mitfühlend umarmen kann. Während sie singt und sich in ihren glückseligen Zustand begibt, singen und intonieren die Tausende von Menschen, die gekommen sind, um in ihrer Nähe zu sein, mit ihr zu singen. Wenn man sie während dieser Zeit beobachtet, ist es leicht, zu sehen, wie sich während ihres Gesangs diese ekstatischen Zustände in ihr aufbauen und göttliche Liebe aus ihr strömt.

Die Guaraní betonen, wie auch alle anderen indigenen Völker und Mystiker, wie wichtig es in dieser Zeit der Geschichte der Erde für alle ist, sich auf das Leben im Herzen zurückzubesinnen, es zurückzugewinnen. Das, was wir als „neues Zeitalter" bezeichnen, wird hoffentlich in das Zeitalter des Herzens oder des Mitgefühls übergehen, denn „es gibt eine Weisheit der Zeitalter, die mit der Zeit verlorengegangen ist".[129] Diese Weisheit besagt: „Das Herz ist der Ort, dem wir uns täglich stellen müssen, denn dort finden wir uns selbst."[130] Die Liebe umarmt die Welt behutsam und sanft, denn ihre Kinder auf der ganzen Welt hören zu und spüren den Drang, sich der Intelligenz des Herzens zu öffnen.

In der Weisheit eines zeitgenössischen Liedes mit dem Titel *Der Zinnmann* heißt es: „Oz konnte dem Zinnmann nichts geben, was er nicht schon ... hatte."[131] Finde dich in deinem heiligen Herzen wieder; dieses Bewusstsein, unsere Herzen mit Liebe zu füllen und Liebe auszusenden, ist eine Sprache der Gefühle. „Was die Welt jetzt braucht, ist Liebe, süße Liebe, das ist das Einzige, wovon es einfach zu wenig gibt. Was die Welt jetzt braucht, ist Liebe, süße Liebe, und zwar nicht nur für einige, sondern für alle."[132]

Ich habe einmal ein tibetisches Sprichwort gehört – alles Wissen befindet sich im Inneren, in einem Raum, der so weit ist wie eine Ameise, die auf dem Nasenrücken wandelt. Im Inneren liegt das ganze Potenzial für die Schaffung eines heiligen Raums.

1. Der Atem ist der Geist des Lebens
2. Musik ist die Resonanz des Lebens
3. Das Herz ist die vereinigende Kraft des Lebens

Diese drei grundlegenden Elemente kosten nichts und du brauchst keine Genehmigung, um dich für den Frieden zu entscheiden und ihn zu finden. Die Wiederbelebung und Integration dieser Teile von Weisheit in die gegenwärtige Praxis, sie einbinden in die Art und Weise, wie wir Tag und Nacht beginnen, wird unser tägliches Leben wahrhaftig verbessern.

Die Liebe ist der große Anziehungspunkt im großen Netz des Lebens. Jeder von uns ist Teil dieses Netzes. Wenn du nicht das Potenzial hättest, etwas zu verändern, wärst du nicht hier. Wie Gandhi verkündete: „Wenn wir uns selbst ändern könnten, würde sich auch die Richtung der Welt ändern. Wenn ein Mensch sein eigenes Wesen verändert, verändert sich auch die Haltung der Welt ihm gegenüber.... Wir brauchen nicht darauf zu warten, was andere tun." Der Wunsch, sich zu verändern, ist die einzige Voraussetzung, die wir brauchen, um die großartigen Wesen zu finden, die wir wirklich sind.

KAPITEL 10

LIEBE ZUM ZWECK DER HEILUNG

*Wenn Sie das ins Leben rufen, was in Ihnen steckt,
wird das, was Sie ins Leben rufen, Sie retten.
Wenn Sie nicht ins Leben rufen, was in Ihnen steckt, wird
das, was Sie nicht ins Leben rufen, Sie zerstören.*
-Jesus

Der Wunsch nach Veränderung entsteht bei den meisten von uns durch dramatische Ereignisse. Ich hatte ein solches Ereignis als junge geschiedene Mutter, so viel steht fest. Mein Drang, zu heilen und uralte Weisheiten zu lernen, führte mich zu Ama-Deus, einer herz-basierten Methode, um Zugang zur Liebe zu bekommen, einer heiligen Methode, um sich mit unbezwingbarer Liebe in Einklang zu bringen und sich selbst oder andere zu heilen. Ama-Deus geht von der Reinheit der Herzensabsicht aus und bietet die Erkenntnis, dass das Bedürfnis zu lieben und geliebt zu werden die spirituelle Kraft ist, die uns zurück zur Quelle führt.

Ama-Deus ist eine Methode, bei der man sich mit der Quelle verbindet, um die Seele zu heilen. Die Methode fördert unser spirituelles Wachstum und Bewusstsein und unterstützt gleichzeitig unsere körperliche und emotionale Heilung. Ama-Deus ist eine Methode der Energieheilung, die vielen Weisheitslehren und Heilmethoden vorausgeht, die den Menschen heute zur Verfügung stehen.

Mit Ama-Deus erschließen sich die Schüler unmittelbar den Energiefluss der Liebe, indem sie eine spezielle Anrufung lernen. Die

Anrufung hat die Absicht, auf einen Bewusstseinsstrom zuzugreifen, eine ursprüngliche und ungeschaffene Energie, wie der Name Gott der Liebe andeutet. Diese Energie wird von allen, die sie jemals genutzt haben, verstärkt und erweitert. Nach der Anrufung der Energie ist der Schüler in der Lage, diese Energiequelle zur Selbstheilung zu nutzen oder sie durch die Hände oder durch Fernheilung auf andere zu übertragen. Ama-Deus hilft in erster Linie, als sanfte, feinstoffliche Energie zu beruhigen, zu stabilisieren, auszugleichen und Ruhe zu herbeizuführen; sich an die Umstände anzupassen und das anzubieten, was gebraucht wird. Ama-Deus dient dem Zweck, den Heilungsprozess zu unterstützen und wird auch dafür verwendet.[133]

Die Aufmerksamkeit auf den Atem zu richten, das Bewusstsein zur Ruhe kommen zu lassen und dann das Herzzentrum zu spüren, sind die Vorbereitungen für die Anwendung der Ama-Deus Heilmethode. Eine tiefere Wahrnehmung entsteht jedoch, wenn man eine Beziehung zur Energie aufbaut. Der Schüler/Praktizierende ist nicht der Heiler, sondern vielmehr ein Kanal oder ein Gefäß für einen fließenden Energiefluss zum Klienten.

Alberto sagte oft: „Lass los und lass Gott. Kein Heiler sucht sich die Art und Weise aus, wie er heilt; es kommt so, wie Gott es will. Richte es nicht nach deinen Bedürfnissen aus. Du bist ein Kanal, ein Instrument des Friedens und des Lichts: Kenne die Quelle, sei dir über die Quelle im Klaren und nutze sie mit Integrität."[134] Als Praktiker der Energieheilung ist es wichtig, dies zu verstehen und anzuerkennen. Der Heilungsprozess findet zwischen dem Universum und der Seele desjenigen statt, der die Heilung erhält. Der Praktizierende hält lediglich den heiligen Raum.

Deshalb ist es wichtig, dass ein Praktizierender Respekt, Integrität und Liebe hochhält, wenn er einem anderen einen heiligen Raum bietet. Heilung ermöglicht den Zugang zu deinem inneren Selbst, dem inneren Labyrinth. Ama-Deus hilft und unterstützt dich auf deiner inneren Reise der Heilung. Alberto teilte in einem seiner Vorträge mit, dass „Ama-Deus, die Liebe Gottes ... nur durch die Berührung der Fingerspitzen geschieht, es ist eine sanfte Art des Heilens. Sie [die Guaraní] haben mir unglaubliche Dinge beigebracht... und [die Guaraní] sagen, dass diese Behandlung zu Träumen und zu Offenbarungen führt, dass man seinem inneren Selbst begegnen kann".[135] Alberto liebte und respektierte die Weisheit, die durch diese Heilmethode zum Vorschein kam.

Jeder von uns hat die ererbte Fähigkeit, Liebe anzuzapfen. Jeder von uns ist einzigartig in der Art, wie er die Energie in diese Dimension kanalisiert. Es ist wichtig, diese beiden Punkte zu verstehen, denn es gibt kein Richtig oder Falsch; es gibt nur unsere Erfahrung. Mit der Erfahrung, Liebe zu empfangen und dann zu Heilungszwecken weiterzugeben, wächst die Möglichkeit, sich selbst zu erkennen. Ama-Deus ist ein Akt, der allen Seelen die Freiheit bietet, zu sein, wer sie sind, und mit dem Licht und der Liebe des Schöpfers zu fließen.

Aufrechterhaltung der heiligen Tradition

Immer wieder zeigte Alberto, wie wichtig es ist, die Integrität im Umgang mit einer solch heiligen Gabe zu wahren. Zu Beginn eines jeden Kurses machte er deutlich, dass die Informationen und heiligen Symbole nicht mit anderen zu teilen, die nicht an den Kursen teilgenommen hatten. Er fragte, ob jemand mit der Integrität dieser mündlichen Tradition nicht einverstanden sei, und gab dieser Person die Möglichkeit, den Kurs zu verlassen. Auf diese Weise wurden die heilige Bedeutung und die Absicht der Symbole bewahrt. Durch die Aufrechterhaltung einer mündlichen Tradition aus dem Herzen heraus werden die weitergegebenen Informationen nicht zu einer theoretischen Übung, sondern zu einer Art des Wissens, das durch die Erfahrung im Herzen verinnerlicht wird.

Alberto legte Wert darauf, Ama-Deus mit Nachdruck in der traditionellen Art und Weise zu lehren, wie sie die Guaraní sie seit Tausenden von Jahren durch mündliche Überlieferung bewahrt haben. Bei mehreren Gelegenheiten konnte ich erkennen, wie er seine Stimme erhob, wenn er die Fragen der Schüler beantwortete. Seine Antworten waren immer sehr eindringlich und betonten, dass diese Heilmethode heilig gehalten werden müsse und die Informationen nicht weitergegeben werden dürften. Bei einer Gelegenheit machte ein Schüler mit fürsorglichen Absichten Kopien der heiligen Symbole mit Computer. Als er in die Klasse kam und seine Kopien an andere Kursteilnehmer weitergab, reagierte Alberto heftig und beendete die Verteilung der Kopien und wies darauf hin, dass dies keine akzeptable Vorgehensweise sei.

Er sagte: „Ihr müsst das System so lange üben und anwenden, bis ihr keinen Grund mehr habt, auf eure Notizen zu schauen. Diese heiligen

Symbole sollten nicht auf diese Weise zur Schau gestellt werden." Den Guaraní zufolge wurden die heiligen Symbole gehütet und sollten mit Respekt, Integrität und Liebe verwendet werden. Diese Tradition wurde von Alberto aufrechterhalten. Die heiligen Symbole sind uralt und einfach, aber wirkmächtig. Ama-Deus gelangt zu uns, in dem die Methode seit Tausenden von Jahren durch mündliche Überlieferung, die im Herzen bewahrt wird, weitergegeben wird.

Die mündliche Überlieferung ist die elektronische Datenbank der indigenen Völker. Sie verlassen sich auf ein singendes Herz, um heilige Worte zu bewahren und in das Gehirn einzuprägen. Sobald ihnen ein Lied von Gott oder dem großen Schöpfer gegeben wurde, wird es sorgfältig gepflegt und als die höchste Form des Reichtums anerkannt. Die heilige Weisheit soll in diesem Format bewahrt werden, um eine herz-zentrierte Beziehung zwischen allen, die sie nutzen, zu sichern und zu erhalten.

Die mündliche Überlieferung ist ein bewährtes Know-how, das dafür sorgt, dass heiliges Wissen trotz Invasionen, fortgeschrittener Technologie und Veränderungen der Umwelt bewahrt wird. Die Guaraní wie auch andere indigene Völker haben über die Jahrhunderte hinweg bewiesen, dass die mündliche Überlieferung sehr gut funktioniert.

Der westliche Verstand missversteht oft die Schönheit und Wichtigkeit, diese Art der Kommunikation am Leben zu erhalten. Die heutige Welt ist geprägt von Hochgeschwindigkeitstechnologien, die die Menschen physisch voneinander trennt. Liebesbriefe, liebevolle Telefonanrufe, E-Mails oder Textnachrichten zu erhalten, ist sehr erbaulich; können sie aber jemals eine liebevolle Berührung ersetzen, das Gefühl und die Erfahrung, in der Gegenwart eines anderen zu sein, ihm in die Augen zu schauen und in seine Seele zu sehen? Es fehlt der Teil des Menschseins, in dem wir unser volles Potenzial entfalten können. Die mündliche Überlieferung ist für das Ohr bestimmt. Bei der mündlichen Überlieferung steht die Stimme im Vordergrund, wenn es darum geht, die Botschaft zu übermitteln, die von Tönen, Rhythmus und Tonhöhe durchdrungen ist und in resonierenden Frequenzen von Seele zu Seele durch Klang übertragen wird. Technologie könnte niemals das Medium sein, um Liebe zu übermitteln. Die menschliche Interaktion ist das Vehikel der Übermittlung der Liebe in dieser Dimension. Traditionelle, mündliche Lehren sind das Mittel für die Kommunikation von Seele zu Seele.

Wenn Sie mündlich sprechen, bewegt sich die Seele des Erzählers vom Herzen aus und lässt den Atem durch den Kehlkopf strömen, um den Tönen reiche und vielfältige Frequenzen zu verleihen. Mündliche Kommunikation erreicht die Empfänglichkeitsfelder der anderen in vollem Umfang – ein spirituelles Potenzial. Die Frequenzen der Töne in der Stimme tauchen in das elektromagnetische Feld des Menschen mit Farbe und Klang des Lebensatems. Das Herz, das dem Gehirn die Richtung vorgibt, ist weitaus größer als jeder Computer im Vergleich zur physischen Welt.

In der Geschichte der Guaraní geht es um eine Gruppe von Menschen, die einen spirituellen Weg einschlagen wollen, die das Potenzial ihrer Seele entwickeln wollen. Für die Menschen, die aus der vorherrschenden und materiellen Welt schöpfen, wird der spirituelle Weg als ein innerer Vorgang bezeichnet. Diese Bezeichnung „innerlich" kommt einfach daher, dass die materielle Weltanschauung andere Talente und Begabungen, die dem „menschlichen Vehikel" zur Verfügung stehen, nicht gesehen hat. Diese begrenzte Einsicht in die menschlichen Fähigkeiten führt als Folge dessen zu einem begrenzten Verständnis. Ein seelenvoller Gebrauch des menschlichen Instruments erst erschafft das vollständige Potential und sowohl die innere als auch die äußere Perspektive – die Seelenperspektive – kann begriffen werden.

Wegen dieses Verständnisses für die Überlieferung durch mündliche Tradition habe ich bewusst die heiligen Inhalte der eigentümlichen Lehren von Ama-Deus ausgelassen, die nur persönlich, von Herz zu Herz, an diejenigen weitergegeben werden, die sich zu dieser Methode hingezogen fühlen. Die Geschichten werden hoffentlich die Leidenschaft in Ihrem Herzen erwecken.

In den folgenden Beschreibungen aus der praktischen Anwendung der Ama-Deus Praxis wird diese wunderbare Heilmethode daher nur allgemein beschrieben. Auf diese Weise werden die Integrität und der Respekt für diese heilige Methode gemäß Albertos Anweisungen gewahrt, indem die heilige Weisheit im Zusammenhang mit der ursprünglichen Form der mündlichen Überlieferung aufrechterhalten wird. Während eines Kurses werden die Lehren vollständig geteilt.

Kapitel 10 : Liebe zum Zweck der Heilung

Ama-Deus erleben

Das von Alberto entwickelte Kursformat besteht aus zwei Teilen oder Stufen. Die erste Stufe umfasst eine Einweihung und das Teilen der neun heiligen Symbole. Die Einweihung spiegelt Albertos Erfahrung mit den Guaraní wider und ist mit all ihren Details den Teilnehmern eines Kurses vorbehalten. Die Symbole werden geteilt, um die Absicht der Heilung auf die Essenz eines Individuums – die Seelenebene – zu lenken. Diese uralten geometrischen Symbole übertragen gezielte Aufmerksamkeit, um während der Energieheilung ein bestimmtes Ziel zu erreichen. Die Verwendung von Symbolen, die eine bestimmte Absicht in sich tragen, mindert die persönliche Absicht, die der Heiler setzt und macht dadurch den Geist frei, so dass der Schüler/Praktizierende zu einem Kanal für die Heilenergie werden kann.

Jedes der heiligen Symbole in Ama-Deus wirkt bei bestimmten Lebensprozessen, um die Seele bei ihren irdischen Erfahrungen wie Geburt, Übergang und Tod zu unterstützen. Wie wir bereits über die Lebensweise der Guaraní gelernt haben, ist bei ihnen alles Leben heilig und es gibt für alles entsprechende Zeremonien mit Heilungsritualen, die die Gnade Gottes erbitten. Die Lebensweise der Guaraní ist von der Seele her gedacht, und so ist auch die Heilungsmethode aus diesem Gesichtspunkt heraus gedacht.

Vier der neun heiligen Symbole in der ersten Stufe des Kurses sind beispielsweise:

- Eine, die die Absicht anspricht, das Herzzentrum zu stärken und zu erweitern. Wie bereits erwähnt, ist das Herzzentrum von größter Bedeutung.
- Ein heiliges Symbol, um alles zu reinigen, was sich im physischen Körper, dem heiligen Tempel, befindet.
- Ein anderer hilft beim Sterbeprozess, um die Seele in Frieden zu unterstützen.
- Ein heiliges Symbol unterstützt die Seele nach dem letzten Atemzug und hilft ihr, in friedlicher Liebe ins Licht zu gehen.

In dieser ersten Stufe werden Anweisungen unterrichtet, wie man Energie an eine andere Person senden kann, was als Fernheilung oder, wie Alberto sagt, als „Abwesenheitsheilung" bezeichnet wird.

Wenn man spürt, dass man in Resonanz mit dieser Methode ist, dann wird ein zusätzlicher Kurs der zweiten Stufe angeboten. Die Aufteilung des Kursmaterials in unterschiedliche Stufen ermöglicht es den Teilnehmern, die Informationen der ersten Stufe zu verarbeiten und dann weiterzumachen, wenn dieses System ihr Herz anspricht. In der zweiten Stufe werden siebzehn weitere heilige Symbole vermittelt.

Die zweite Ebene befasst sich mit verschiedenen Möglichkeiten, wie man zum Kern persönlicher Probleme vordringen kann, wie z. B. die Wiederholung verstörender Verhaltensweisen und Haltungen. Zwei dieser Symbole greifen auf das Unterbewusstsein zu, um Informationen zu erhalten, eines durch den Traumzustand, das andere durch unsere Vergangenheit. Beide dienen der Linderung und Heilung von Stresssituationen.

Außerdem wird ein Symbol für Süchte verwendet, das seinen Fokus auf der energetischen Heilung eines Suchtverhaltens in der Gesamtheit des Rehabilitationsprozesses hat. Dieser energetische Teil schafft einen ganzheitlichen Ansatz zur Heilung von Süchten. Ein weiteres heiliges Symbol soll den Führern der Welt zum Wohle der gesamten Menschheit helfen.

Die Lehren sind aus der Seelenperspektive heraus konzipiert, und die Teilnehmer bekommen einen Einblick in den spirituellen Bereich der Lebensgewohnheiten der Guaraní. Der Teilnehmer vollzieht während des Kurses eine natürliche Entwicklung hin zu einer Seelenperspektive und damit ist dann auch die Behauptung Albertos bestätigt, der vor der Einweihung behauptet hatte: „Diese [Seelenperspektive] kann dir neue Ansichten, neues Leben, neue Perspektiven bringen."

In meinem ersten Kurs erzählte Alberto, wie man der Seele während des Übergangs helfen kann oder wie man die Seele in Frieden zum Licht führt, wenn der physische Körper sich zurückgezogen hat. Damals fragte ich mich, wann ich diese heiligen Symbole jemals verwenden würde. Natürlich verwendete ich diese Symbole, als ich meine ersten und tiefgreifendsten Erfahrungen machte.

Es begann damit, dass ein gut aussehender Herr an meine Tür klopfte, dessen Psychologe ihn an mich verwiesen hatte. Der Mann war auf der Suche nach einer Massagetherapie, die ihm helfen sollte, mit seinen körperlichen Beschwerden umzugehen, die ihm im Zusammenhang mit seiner AIDS-Infektion entstanden waren. Er fragte mich unverblümt und voller Respekt, ob ich mit ihm arbeiten könne. Zu dieser Zeit beherrschte Angst und Unbehagen die Öffentlichkeit, was den Umgang mit dieser Krankheit betraf. Seine Frage machte deutlich, dass er beabsichtigte, diese Grenze zu respektieren.

Ich hieß ihn in meinem Haus willkommen und bedankte mich für seine offene und respektvolle Art. Wir begannen mit unserer ersten Massagestunde, was sich dann über mehrere Monate zu einer wöchentlichen Routine entwickelte. In dieser Zeit, in der wir uns besser kennenlernten, tauschten wir uns auch über Alberto und das Erlernen von Ama-Deus aus. Alberto würde bald zurückkehren, um zu unterrichten, und meine Massagekunde freute sich darauf, ihn kennenzulernen und den Kurs zu besuchen. Doch dann verschlechterte sich der Gesundheitszustand meines Klienten plötzlich.

Als er schwächer wurde und nicht mehr Auto fahren konnte, besuchte ich ihn alle zwei Wochen zu Hause, um ihn zu massieren. Ich stellte fest, dass sein Übergang kurz bevorstand, und wir vereinbarten, dass wir kurze aber häufige Sitzungen durchführen würden, um seine Schmerztoleranz zu verbessern. Eines Tages betrat ich sein Schlafzimmer und konnte an seinem Gesicht und seiner Körpersprache feststellen, dass er unter immensen Schmerzen litt. Während ich noch überlegte, wie ich unter diesen Umständen am besten mit ihm arbeiten würde, floss plötzlich eine Energiewelle in meine Hände, während das Bild des heiligen Symbols für den Übergang vor meinem geistigen Auge erschien. Diese Aufforderung der Energie bewegte mich dazu, die Übergangsposition einzunehmen, bis die Energie nachließ. Als ich nach dieser kurzen Begegnung die Augen öffnete, sah ich meinen Klienten in einem friedlichen Schlummer; ich begann ihn sanft zu massieren. Als ich nach zwei Tagen wiederkam, war er hellwach und wollte wissen, was in der vorangegangenen Sitzung mit ihm geschehen war.

„Was hast du mit mir gemacht?" fragte er.

Überrascht von der Schärfe seines Tons, fragte ich mich, ob ich ihm etwas angetan hatte, das ihn verletzt hatte. Er fragte abermals in einer noch lauteren Tonlage „Was hast du mit mir gemacht?" Ich stand wie gelähmt da, mein Herz zog sich zusammen und ich fühlte eine Traurigkeit in mir, murmelte und zuckte leicht mit den Schultern: „Ich weiß es nicht." Er fuhr energisch fort: „Als du mich berührt hast, fühlte ich mich so friedlich, ich sah dieses wunderbare Licht und alles, was ich sah, war so schön und da waren überall Blumen." Ich war schockiert, als ich seine Beschreibung hörte, denn seine Schilderung entsprach fast genau den Worten, die ich im Ama-Deus Kurs mit Alberto verwendet hatte!

Während des Unterrichts beschrieb Alberto zunächst die Bedeutung und wie ein bestimmtes heiliges Symbol angewendet werden sollte. Dann demonstrierte er anhand der Symbole einen wirklichen Heilungsvorgang, indem er mich auf einer Massageliege liegen ließ. Am Ende der Demonstration bat er mich, der Klasse meine Erfahrung zu beschreiben. Meine Beschreibung von Albertos Heildemonstration mit dem heiligen Symbol, das eigentlich für Sterbende verwendet wird, glich der Beschreibung von Nahtoderfahrungen. Es war so viel Frieden und Licht um mich herum gewesen. Jetzt hörte ich in fassungsloser Stille, wie dieser Mann meine eigenen Worte wiederholte.

Mein Herz war nicht mehr klein vor lauter Angst, jemanden zu verletzen, sondern groß von der Schönheit, die diese Erfahrung mit sich brachte. Gott wird uns etwas über Gott lehren. Wir können das nicht kontrollieren. Meine Nervosität legte sich, und ich war glücklich über die Erfahrung und dass ich nun wusste, wie wichtig und wie gesegnet der Ama-Deus Prozess ist.

Die Einfachheit und Subtilität von Ama-Deus mag manche dazu verleiten, die Methode als unwürdig zu betrachten, vor allem, wenn man auf der Suche nach einer Methode ist, die instantan tiefgründig, geheimnisvoll oder unverständlich ist. „Vertraue dir selbst. Das ist es, was die Magie ausmacht", hatte Alberto im Unterricht stets wiederholt. In den drei Jahren vor Albertos Tod vertraute ich auf meine Gefühle und bewegte mich mit ihnen, und immer wieder durfte ich eine Erfahrung machen, wie zum Beispiel mit diesem Mann, die mir auf unmissverständlichem Weg das kraftvolle Potenzial jedes der heiligen Symbole zeigte.

Ich bin gefragt worden, welches heilige Symbol mein Lieblingssymbol ist. Ich habe kein Lieblingssymbol, aber es gibt ein Symbol, das ich häufig verwendet habe, um das Herzzentrum zu stärken, zu vergrößern und zu erweitern. Die Erkenntnis, dass das Herzzentrum unsere heilige Verbindung ist, hat mich dazu bewogen, intensiv mit diesem Symbol zu arbeiten und Erfahrungen mit ihm zu sammeln. Nach meinem ersten Kurs nahm ich mir am Nachmittag, wenn meine Kinder schliefen, Zeit, um mit diesem kraftvollen heiligen Symbol zu arbeiten und die Heilung des Herzzentrums zu unterstützen.

Persönliche Erfahrungen führten dazu, dass ich eine direkte Beziehung mit dieser Energie entwickelte. Ich dachte nicht mehr über die unergründlichen Ergebnisse nach, die diese Energie vollbrachte. Vielmehr hatte sich aus meinen Gefühlen und Beobachtungen ein genuines Vertrauen in den Segen und die Herrlichkeit des Göttlichen in Aktion entwickelt. Diese Beziehung inspirierte und unterstützte mich, um mich selbst weiter zu heilen, und verlieh mir die Freude, zu wissen, dass wir nicht allein sind.

Dieses totale Vertrauen brachte viele unterschiedliche Erfahrungen mit sich. Ganz viele unterschiedliche Menschen suchten mich auf, um Heilung zu erfahren. Die Sitzungen dauerten im Durchschnitt zwischen zwanzig Minuten und einer halben Stunde. Selten gab es Sitzungen, die kaum länger als fünf Minuten oder eine Stunde dauerten. Diese Variabilität machte mir auf jeden Fall bewusst, dass etwas Größeres die Kontrolle hatte.

Eine kurze Sitzung fand mit einer Frau statt, die emotionale Heilung brauchte. Zu dieser Zeit lebte und arbeitete ich noch in dem alten Bauernhaus, und mein Heiltisch war in der Mitte des kleinen Wohnzimmers aufgestellt. Nachdem sie mir erklärt hatte, wonach sie suchte, fingen wir mit der Sitzung an.

„Sind Sie mit den Energiezentren in Ihrem Körper, den Chakren, vertraut?" fragte ich.

„Ja. Ich habe schon Energieheilung betrieben und weiß über Chakren Bescheid." „Gut! Nun, ich arbeite meistens folgendermaßen. Ich scanne Ihren Körper mit meinen Händen über den Energiezentren. Wenn ich den Energiefluss in einem bestimmten Bereich spüre, lege ich meine Hände sanft auf Sie, bis der Fluss aufhört. Es kann sein, dass es mehrere Bereiche gibt, mit denen im Laufe der Sitzung gearbeitet wird."

„Okay."

„Alles, was Sie tun müssen, ist sich zu entspannen, Ihre Augen zu schließen und der Musik zu lauschen. Je mehr Sie sich entspannen, desto mehr können Sie empfangen. Ich werde Ihnen sagen, wann die Sitzung beendet ist. Bitte legen Sie sich hier auf den Tisch, und ich werde Sie mit dieser leichten Decke zudecken. Lassen Sie uns dieses kleine Kissen unter Ihre Knie legen, das ist besser für den Rücken."

„Danke. Das fühlt sich gut an."

Nachdem sie sich hingelegt und die Augen geschlossen hatte, machte ich ein klassisches Musikstück von Mahler an, das Alberto während seiner Heilsitzungen verwendete. Ich bereitete mich wie immer auf die Sitzung vor – genau wie Alberto es gelehrt hatte. Während der Sitzungen wurden die Menschen normalerweise immer entspannter, und einige schliefen sogar ein. In dieser speziellen Sitzung war es so, dass die Frau sich anspannte und sich ein paar Mal neu positionierte. Ich stellte mich auf sie ein und nahm meine Hand sanft zurück. Das ging etwa fünf Minuten so weiter und brachte mich schließlich dazu, zu fragen: „Geht es Ihnen gut?"

„Nein, ich habe so große Schmerzen!"

Ich zog sofort meine Hände zurück und sagte: „Sind Sie sicher, dass eine energetische Heilung die richtige Methode ist?"

„Ich habe schon so viele andere Methoden ausprobiert. Ich habe so viele Schmerzen. Ich hatte gehofft, dass diese Methode funktionieren würde. Ich glaube nicht, dass ich diese Sitzung fortsetzen kann." Sie erzählte weiter, dass sie schon so viele andere Methoden bei verschiedenen Menschen ausprobiert hatte, aber nichts schien ihr zu helfen. Ich hatte den Eindruck, dass sie sich eine schnelle Lösung für ihren emotionalen Schmerz erhoffte, und schlug vor, dass ihre Heilungsthemen am besten durch eine professionelle Therapie angegangen werden könnten. Ihre Antwort deutete darauf hin, dass sie vor professioneller Hilfe davonlief und offensichtlich eine tiefe Angst in sich trug.

Sie wiederholte mehr als einmal: „Ich weiß nicht, warum das weh tut."

Ich erklärte ihr, dass, wenn während einer Heilsitzung Schmerzen oder ein unangenehmes Gefühl auftauchen, dies nicht bedeutet, dass die Energie nicht wirkt, sondern dass es vielmehr eine Reaktion der Person auf die Behandlung ist. Heilenergie wird ein Problem nicht übertünchen. Wir sprachen, was für andere Möglichkeiten sie hatte.

Sie brachte ihr Bedauern darüber zum Ausdruck, dass sie die Sitzung nicht beendet hatte, und wollte mich bezahlen. Aufgrund meiner eigenen Heilerfahrungen konnte ich mit ihr mitfühlen, aber noch wichtiger war, dass ich verstand, wo meine Grenzen als Energiepraktikerin lagen. Ich lehnte die Bezahlung höflich ab und empfahl ihr dringend, sich professionelle Hilfe zu suchen.

Ich habe durch meinen eigenen Heilungsprozess gelernt, dass ein Ego oder ein Teil des Selbst, der tief verletzt ist, oft erst im geheilten Zustand das Licht und dann die Liebe akzeptiert. Wir sind fein schwingende Frequenzen von Lichts. Unser Sein sind schwingende elektromagnetische Felder des Lichts, und es gibt nichts in euch, das für den Empfang des Lichts erweckt werden müsste.

Vielleicht kannst du nun erkennen, wie wichtig es ist, den Unterschied zu machen zwischen Heilmethoden, die mit Licht arbeiten, und solchen, die mit Liebe arbeiten?

Licht kann zu Heilungszwecken gegeben und leicht angenommen werden, da nichts verlangt wird. Wenn jedoch Liebe gegeben wird, wird sie aufgrund ihrer Herrlichkeit gewöhnlich eine Reaktion auf den Empfang der Liebe hervorrufen. In der anfänglichen Heilungsphase ist man nicht immer bereit oder in der Lage, zu reagieren. Wenn man die Heilungsphase durchlaufen hat und das Licht akzeptiert hat und der Heilprozess fortgeschritten ist, wird es leichter, Liebe zu empfangen und darauf zu regieren.[136]

Ich denke gerne darüber nach, dass Licht und Liebe mit der Beschreibung „Wir sind nach dem Bild und Gleichnis Gottes geschaffen" zusammenhängen. Wir sind das Abbild oder „Licht" des ungeschaffenen Lichts und die Entsprechung oder „Liebe", die man nicht beschreiben kann. Obwohl es nicht nachvollziehbar ist, wie sich Licht und Liebe von dem Einen oder der Quelle trennen, ist es für Heilzwecke wertvoll, diese Unterscheidung zu kennen.

Alberto brachte zum Ausdruck, dass er manche Menschen nicht heilen konnte und sie an andere Heiler oder an die medizinische Gemeinschaft schickte. Durch Ama-Deus lernt man als Energiepraktiker, dass Heilsitzungen zwischen der Seele und dem Universum stattfinden und dass der Weg eines jeden Menschen einzigartig ist. Wir müssen die Entscheidungen, die Menschen auf ihrem Heilungsweg treffen, respektieren und sie lieben, ohne ihre Entscheidung zu verurteilen.

Was hat Heilung mit Freiheit zu tun?
Wie oft haben Sie schon gehört, dass Heilung das Geburtsrecht eines jeden Menschen ist und dass jeder die Fähigkeit zur Heilung hat? Wie Sie bereits gelesen haben, haben die Guaraní verstanden, dass jeder Mensch die Fähigkeit hat, Energie für Heilung zu nutzen. Die

Absicht dahinter ist, das heilige Gleichgewicht zu erhalten – ein Licht im Universum zu sein.

Wenn man sich für den Weg der Heilung entscheidet, eröffnet sich die Möglichkeit, den Sinn des Lebens neu zu bewerten. Heilen bedeutet, die Situation, die Leid verursacht, in den Mittelpunkt zu rücken, und zwar nicht als hilfloses Opfer, sondern als ermächtigter Teilnehmer. Beim Kurieren liegt das Augenmerk auf der Beseitigung der Symptome im physischen Körper, während beim Heilen das spirituelle Erwachen des gesamten Selbst im Mittelpunkt steht.

Die großen Lehrer akzeptieren keine Passivität bei denjenigen, die Heilung suchen. „Heilung bedeutet, zu erkennen und zu ändern, was geändert werden muss, um sich auf selbstbestimmte Weise hin zu einem Punkt des Verstehens zu bewegen." [137] Die persönlichen Erfahrungen, die während des Heilungsprozesses gemacht werden, eröffnen ein tieferes Verständnis für unsere Bedeutung im Universum. „Wahre Heilung bedeutet eine Auseinandersetzung mit sich selbst und emotionale Befreiung. Heilen bedeutet, eine Situation zu reparieren oder zu korrigieren, die Leid verursacht und das Wohlbefinden gefährdet." [138]

Ama-Deus ist ein Werkzeug, das den Heilungsprozess unterstützt. „Wenn du das Bedürfnis nach Heilung entdeckst, gehst du den Schritt, der dazu führt, dass negative, lichtverdeckende Emotionen durch eine Emotion ersetzt werden, die das Licht in dir stärkt." [139] Heilung ist immer möglich. Bei der Heilung geht es darum, ganz zu werden.

Im Geist der Heilung gibt es immer ein Geben und Empfangen, eine Einladung, das Bewusstsein auf allen Ebenen zu transformieren. Persönliches Wachstum erfordert Disziplin in spirituellen Praktiken und aktives Zuhören. Was einer individuellen Seele innewohnt, wird durch den Heilungsprozess zum Vorschein kommen.

Durch diesen Prozess werden natürliche Gaben zum Vorschein kommen und es wird deutlich werden, was das Sprichwort „Erkenne dich selbst" bedeutet. Einsicht und geistige Kraft sind Gaben, die nicht für geistigen oder materiellen Gewinn angestrebt, sondern vielmehr mit Güte empfangen werden sollten.

Das Universum entscheidet, wie Energieheilung übertragen wird. Heilige oder spirituelle Menschen haben großen Mut. In der Guaraní Kultur wurde diese Einstufung erst nach der Darbringung von vielen Opfern, Fasten, Gebeten, der Suche nach Visionen, Zeremonien,

Kräutern und natürlich den vielen schönen Wortliedern vorgenommen. Die Guaraní widmen ihr Leben dem Kontakt mit der physischen und der spirituellen Dimension, um der Menschheit zum höchsten Wohle aller zu helfen. Der Titel eines Pajé oder Schamanen wird vergeben und ist denjenigen vorbehalten, die sich einer solchen Verantwortung würdig erweisen. Spirituelle Errungenschaften werden nicht durch ein Zertifikat oder ein Lehrbuch erworben.

Energetische Heilmethoden konzentrieren sich nicht auf die Symptome. Holger Kalweit stellt in seinem Buch *Shamans, Healers, and Medicine Men* fest, dass indigene Methoden nicht auf Symptomen beruhen:

> Sie [beleben] vielmehr das Leben und heilen unsere Beziehung zur Welt – denn was ist Krankheit, wenn nicht nicht die Verstopfung unserer geistigen Poren, eine Blockade einer globalen Wahrnehmung der Welt ... unsere bürokratisierte und materialistische Medizin – dieses mechanische Modell mit einem aktiven Therapeuten und einem passiven Patienten ... diese Art des Heilens gehört dem mechanischen Zeitalter an. Heute jedoch wagen wir bereits den Übergang zur „organischen" Medizin, zur „geistigen Heilung" durch persönliche Transformation, durch die Transformation des Bewusstseins auf allen Ebenen... Wenn wir nach klassischen Vorbildern für diese Art des Heilens suchen, gibt es sie: die Meister der grundlegenden Gesundheit – Schamanen, Urheiler, Urärzte, weise Männer und Frauen.[140]

Malidoma Somé, ein weiser Mann vom Stamm der Dagara, erzählt in seinem Buch *Of Water and the Spirit* eine wunderschöne persönliche Geschichte, die die Rolle der Heilung aus der Sicht der Eingeborenen beschreibt.[141] Somé behauptet, dass seine Ältesten davon überzeugt sind, dass der Westen genauso gefährdet ist wie indigene Kulturen:

> Es besteht kein Zweifel daran, dass die westliche Zivilisation zum gegenwärtigen Zeitpunkt der Geschichte an einer großen Seelenkrankheit leidet. Die fortschreitende Abkehr des Westens von funktionierenden spirituellen Werten,

seine völlige Missachtung der Umwelt und des Schutzes der natürlichen Lebensgrundlagen Ressourcen...Angesichts dieses globalen Chaos besteht die einzig mögliche Hoffnung in der Transformation des Selbst.[142]

Bei der Transformation des Selbst geht es darum, sich selbst zu heilen, um das Gefühl für den Verlust von Zusammenhängen wiederzuerlangen und diese Kenntnisse zum eigenen Nutzen und zum Wohl der Gemeinschaft einzusetzen, etwas wieder „ganz zu machen". Gegenwärtig erleben wir ein Wiedererwachen und eine Rückverbindung des Selbst, um die energetische Welt zu spüren und sich auf sie einzustimmen. Viele begeben sich auf den Weg der Heilung. Heilung erfordert Hingabe und Beharrlichkeit. Wenn wir uns für die Heilung entscheiden, unterstützt uns die Liebe und gibt uns Kraft, unsere Aufgabe zu erfüllen. Diese Unterstützung und Kraft ist spürbar. Wie oft haben Sie zum Beispiel das Gefühl gehabt „in" der Liebe zu sein, was es uns ermöglicht hat, ärgerliche Ereignisse loszulassen oder negative Situationen abzuwehren? Stattdessen nehmen wir heutzutage oft eine Haltung der Gleichgültigkeit oder Lässigkeit ein. Aber warum? Die Liebe hebt uns nicht nur auf, sondern trägt uns auch durch den Heilungsprozess.

In den vier Jahren nach meinen großen, lebensverändernden Ereignissen, bevor das Wissen von Ama-Deus zu mir kam, entschied ich mich, aktiv einen Weg der persönlichen Heilung zu gehen. Mit dem Gelübde an Gott, mich aus der Niedergeschlagenheit zu erheben, kam auch die Bitte um geistige Hilfe. Von diesem Moment an, in dem ich das Gelübde ablegte und um geistige Hilfe bat, habe ich meine Zeit nicht länger unproduktiv eingesetzt.

Meine Kinder waren und sind mein primärer Fokus. Um meine Familie durch diese persönliche Entscheidung nicht zu stören, habe ich ein Programm zur Förderung des Wandels erstellt und diesen Wandel in meiner eigenen Gemeinschaft verfolgt. Dazu musste ich nicht in ein fernes Land reisen, um mit einem Guru zu arbeiten, oder in einen anderen Teil des Landes, um einen berühmten Heiler zu finden.

Bittet und ihr werdet empfangen! Meine erste große Phase der Heilung erfuhr ich durch einen unkonventionellen Ansatz der Psychologie, den ich auf den Rat eines lieben Freundes hin ausprobierte.

Diese Methode befand sich damals in der Entwicklungsphase und wurde von einem praktizierenden Psychologen angeboten. Meine Freundin Katharine arbeitete in der Praxis des Psychologen als Buchhalterin. Als ich ihr skeptisch zuhörte, wie sie mir von dieser Methode erzählte, die nach der Probephase als *seelenzentriertes Heilen* bezeichnet werden sollte, wurden meine Neugier und mein Interesse geweckt, es auszuprobieren.

Als ich eine typische psychologische Praxis betrat, die von einer Gruppe praktizierender Psychologen gemeinsam genutzt wird, wurde ich von einem Wärme ausstrahlenden und freundlichen Mann mittleren Alters begrüßt, der mich in seinen Behandlungsraum führte. Da ich noch nie in Therapie war, hatte ich keine Ahnung, was mich erwarten würde. Es handelte sich um eine Therapie- oder Heilsitzung, die mit dem „höheren Selbst" eines Menschen arbeitet. Mit dem „höheren Selbst" war in diesem Fall der kommunikative Teil der Seele gemeint, und ich vertraute auf die Empfehlung meiner Freundin und ließ mich auf die Situation ein.

Der Psychologe bat mich, auf einem Stuhl Platz zu nehmen und erklärte mir, wie er die Sitzung durchführen würde. „Bitte schließen Sie die Augen und legen Sie Ihre Hände sanft auf die Stuhllehne." Er fuhr fort zu erklären, dass zwei Finger von jeder Hand zur Kommunikation verwendet würden, um so zu verhindern, dass sich das das Bewusstsein einschaltete. Zu Beginn der Sitzung wurde ein Finger als „Ja"-Finger bezeichnet, der andere als „Nein"-Finger, und die ganze Hand zeigte in einer horizontalen Bewegung keines von beiden an. Durch diesen Fingerdialog, der durch das Stellen der Fragen ausgelöst wird und der als Ideomotorik bezeichnet wird, erfolgte die Kommunikation mit dem höheren Selbst durch eine Ja- oder Nein-Antwort.

Die Sitzung begann damit, dass ich von eins bis zehn zählte und zwischen den einzelnen Zahlen wiederholte, dass ein Gefühl der Entspannung in meinen Füßen seinen Anfang nahm und sich die Entspannung in meinem ganzen Körper ausbreitete. Nach dem Zählen war mein Körper tatsächlich entspannt. Dann bat mich der Psychologe, mit meinem höheren Selbst zu kommunizieren. Dabei sollte ich meine Finger als Kanal zum höheren Selbst verwenden. Mein Verstand war in Versuchung, über dieses Prozedere zu lachen. Ich staunte nicht schlecht, als sich meine Finger sich tatsächlich bewegten und Antworten gaben.

Gegen Ende der Sitzung beschlich mich jedoch ein mulmiges Gefühl, und ich schimpfte mit mir selbst, dass ich so viel Geld ausgegeben hatte.

Nach der Sitzung hatte ich es eilig, die Praxis möglichst schnell zu verlassen, und ich stand am Schalter, um meinen Scheck auszustellen, als Katharine auf mich zukam und mit leuchtenden Augen fragte: „Wie ist es gelaufen?"

Ich konnte nur stammeln und war auch nicht in der Lage, den Scheck auszustellen. Erst jetzt konnte ich die Situation richtig deuten. Ich befand mich in einem viel tieferen Zustand, als ich ihn in einer Entspannungssitzung hätte erreichen können. Ich konnte nur lachen und sagen: „Irgendetwas ist passiert, aber ich bin mir nicht sicher, was!"

„Glaubst du, dass du zurückkommen wirst?"

Ich hörte mich selbst „Ja" zu ihr sagen und fragte mich auf dem Weg zu meinem Auto, was während der Sitzung wirklich geschehen war. Eine weitere Sitzung war für eine Woche später angesetzt. Ich hatte das Bedürfnis, dieser Methode eine Chance zu geben, weil ich der Empfehlung meiner Freundin vertraute. In der zweiten Sitzung erlebte ich eine tiefgreifende Erfahrung, in der ich in der Zeit zurückkreiste, und die mich sehr beeindruckte.

Nachdem ich mich für eine weitere Behandlung angemeldet und eine dritte Sitzung besucht hatte, bemerkte meine Mutter schließlich: „Was machst du da? Du hast dich verändert!" Ich hatte mich in der Tat verändert. In nur drei Sitzungen wurde eine große Blockade in meiner Persönlichkeit aufgelöst, die mich mein ganzes Leben lang begleitet hatte. Mein Selbstwertgefühl war so gering, dass meine Mutter immer befürchtete, sie hätte mir etwas angetan. Und so war es nur natürlich, dass sie auf mein verändertes Auftreten oder Verhalten achtete. Meine Angst vor Begegnungen mit anderen Menschen hatte sich gelegt. Ich stand aufrechter und damit größer, fühlte mich beim Gehen wohler und konnte den Menschen in die Augen sehen, ohne dass ich mich unwohl fühlte. Nachdem ich durch die Behandlung diese Ergebnisse erzielt hatte, war es mir egal, wie sich die Methode nannte oder ob die Kommunikation mit den Fingern funktionierte. Ich war begeistert von dem Ergebnis.

Da ich meine Mutter nicht mit einem unkonventionellen Ansatz beunruhigen wollte, erzählte ich ihr nichts von dieser Therapie, vor allem, weil ich sie nicht erklären, geschweige denn selbst verstehen konnte. Doch die Wirksamkeit der Methode wurde deutlich, als ich mit meiner Mutter eine Party besuchte. Als wir zu dieser Gartenparty kamen, begann meine Mutter ein Gespräch mit dem Gastgeber und einigen Freunden, die in der Nähe sta nden. Ich verweilte einen Moment im Eingangsbereich und bahnte mir langsam einen Weg durch die Menge zu dem Platz, an dem meine Mutter in ein vergnügliches Gespräch vertieft war. Als ich mich näherte, hörte ich ihren überraschten Kommentar: „Das ist Beth!" Die Freunde meiner Mutter, die auch meine Bekannten waren, hatten mich von der Ferne nicht erkannt. Mutter drehte sich mit fragendem Gesicht zu mir um: „Kannst du dir vorstellen, dass sie dachten, ich hätte jemand anderen mitgebracht?"

Ich wurde sofort mit Aussagen wie „Du siehst so toll aus, wie geht es den Kindern?" bombardiert. Ich stand entspannt da, ohne verlegen zu sein, und hielt während des lebhaften Geplauders mit Leichtigkeit Augenkontakt. Dieses friedliche Gefühl bei dieser Zusammenkunft von Freunden, die mir vorher äußerst unangenehm gewesen wäre, war eine Bestätigung meiner heilenden Transformation.

Die drei Therapiesitzungen und die Erfahrung der merklichen Veränderung, die in mir vorgegangen war, bestätigten meine Entscheidung, mit dieser Technik weiterzumachen. Die Therapiesitzungen waren nicht billig, und meine Arbeit als Masseurin außer Haus reichte gerade aus, um das Essen auf den Tisch zu bringen und die Miete zu bezahlen. Ich nahm zusätzliche Arbeitsstelle an, um die Sitzungen zu bezahlen. Der Zufall wollte es, dass eine Freundin der Familie für einige Monate eine Unterkunft brauchte, und so ergab sich die Gelegenheit, abends im Supermarkt zu arbeiten, während sie bei meinen Kindern übernachtete.

Drei Jahre wöchentlicher Sitzungen brachten nicht nur Heilung, sondern auch Wissen und Verständnis für meine innere Landschaft – eine Seelenlandschaft. Dabei handelte es sich nicht um Buchwissen. Die Erfahrung der Sitzungen erweiterte mein Verständnis exponentiell, hin zu einem energetischen Bewusstsein. Dieses erweiterte Verständnis war eine Antwort auf meine Gebete und eine Unterstützung für meine Entscheidung, zu heilen; ein Weg entfaltete sich und die Reise begann.

Als Ergebnis dieser Entscheidung für meine Heilung, wurde hier, in meinem eigenen Hinterhof, durch den Heilungsprozess ein Gefüge geschaffen, das es mir erlaubte, das Leben aus einer energetischen Perspektive zu sehen. All das machte mich mit der Bedeutung einer

Seelenperspektive vertraut. Ich war dankbar, aber es gab auch Zeiten, in denen ich mit der Behandlung aufhören wollte. Oder ich hatte das Gefühl, dass alles Quatsch war, und es kam vor, dass ich bereit war, einen platten Reifen als Ausrede zu benutzen, um nicht an den Sitzungen teil nehmen zu müssen. Offensichtlich durchlebte ich die üblichen Widerstände gegen Veränderungen, die hier und da auftauchen. Bei vielen Gelegenheiten war diese Heilungsreise Arbeit. Doch als sich Fortschritte abzeichneten, ging ich diese Verpflichtung ein. Ich war beharrlich.

Diese intensive Erfahrung, die manchmal mühsam und anstrengend schien, legte sicherlich das Fundament für die entscheidenden nächsten Schritte auf meinem Weg zu Ama-Deus. Am wichtigsten ist, dass ich gelernt habe, welchen Wert die Selbstheilung hat. Die Entscheidung eines Menschen für die Heilung ist in dieser zeitlosen Botschaft gut zusammengefasst, die sich angeblich auf dem Grab eines namenlosen anglikanischen Bischofs in der Westminster Abbey (1100 n. Chr.) befindet, das jedoch derzeit auf dem Grabstein als anonym ausgewiesen ist:

> Als ich jung und frei war und meine Phantasie keine Grenzen kannte, träumte ich davon, die Welt zu verändern. Als ich älter und weiser wurde, stellte ich fest, dass sich die Welt nicht ändern würde, also verkürzte ich meinen Horizont und beschloss, nur mein Land zu verändern. Aber auch das schien unbeweglich zu sein. Als ich in meine letzten Lebensjahre hineinwuchs, beschloss ich in einem letzten verzweifelten Versuch, nur meine Familie zu ändern, die mir am nächsten stand, aber leider wollten sie nichts davon wissen. Und jetzt, als ich auf dem Sterbebett lag, wurde mir plötzlich klar: Wenn ich zuerst nur mich selbst geändert hätte, dann hätte ich durch mein Beispiel auch meine Familie geändert. Durch ihre Inspiration und Ermutigung wäre ich in der Lage gewesen, mein Land zu verändern und, wer weiß, vielleicht hätte ich sogar die Welt verändert.

Die Perspektive der Heilung beherrschte mein Denken und floss in alle Bereiche meines Lebens ein. Neben der *seelenzentrierten Heilungstherapie* entwickelte ich ein starkes Interesse an körperlicher Gesundheit. Als ich die Aussage „Du bist, was du isst" hörte, informierte ich mich über die makrobiotische Küche und die heilenden Eigenschaften von Lebensmitteln. Vor allem wollte ich mehr darüber erfahren, welche Nahrungsmittel für meine Kinder wohltuend wären. Bei diesem Studium der Wechselbeziehung zwischen Pflanzen und Lebensmitteln faszinierte mich die Idee des Fastens. Meine erste Fastenperiode dauerte drei Wochen und war sehr anstrengend, vor allem, weil es mein erstes Mal war, aber ich hielt entschlossen durch.

Eines Morgens rief mein Sohn, als ich ihn nach dem Bad abtrocknete: „Mama, dein Atem riecht nach Rosen."

„Wirklich?"

„Mmmmh ja."

Als ich vor dem Badezimmerspiegel stand und mir die Zunge herausstreckte, fiel mir ein strahlendes Rosa auf. Ich bemerkte auch, dass es nicht den üblichen morgendlichen Geschmack im Mund hatte, den man vor dem Zähneputzen üblicherweise hat. Hmm, das muss der Endpunkt des Fastens und all der notwendigen Erfahrungen aus dieser Lektion sein! Dies geschah nur wenige Wochen, bevor ich mich für den Ama-Deus Workshop anmeldete. Im Nachhinein betrachtet, schien dies eine sehr passende Vorbereitung für die Einweihung in Ama-Deus zu sein.

Es gab noch andere Ereignisse, die eng mit meiner bevorstehenden Beziehung zu Ama-Deus zusammenhingen. Eine dieser magnetisierenden Erfahrungen hatte mit Musik zu tun.

Kathy, meine gute Freundin, hatte angerufen und gefragt: „Beth, möchtest du mit mir in die Stadt Holland fahren? Die Fahrt dauert eine Stunde. Dort gibt es eine Frau, die mich gerne bei ihren Nachforschungen unterstützen möchte."

„Klar!" Ich sagte immer „ja" zu allem, was Kathy vorschlug, und stellte es nie in Frage, weil ich so viel von ihr hielt.

„Wann?"

„Ich werde sie anrufen und einen Termin am Abend vereinbaren, klingt das gut?" „Prima!"

Wir unterhielten uns während der ganzen Fahrt über unsere Kinder, und ich stellte während der Autofahrt keine Fragen über das kleine Abenteuer, zu dem wir unterwegs waren. Als wir ankamen, begrüßte uns eine nette, sanftmütige Frau in einem hübschen, gemütlichen Büro. Dann fragte sie: „Und wer möchte zuerst gehen?"

Als ich Kathy ansah, merkte ich, dass sie ein wenig zögerte. „Was sollen wir denn tun?" fragte Kathy.

„Oh, du musst nichts weiter tun, als dich auf einen Tisch zu legen und der Musik zu lauschen. Habt ihr eure Musik dabei?" Kathy und ich sahen uns wieder an und sagten gleichzeitig: „Musik?"

„Ja, ihr solltet Musik mitbringen, die ihr gerne hört." „Nein, wir haben keine Musik mitgebracht."

„Das ist okay, ich habe hier welche, die wir benutzen können. Okay, wer fängt an?" Kathy zögerte immer noch, also sagte ich mutig: „Ich."

Ich betrat einen Raum, der die Größe eines Praxisraumes hatte. Der Raum selbst war hauptsächlich mit einem geodätischen Kupfergerüst mit einer langen Platte in der Mitte ausgestattet. In der Ecke gegenüber dem Eingang stand ein großer Computer.

„Willkommen zu einer Behandlung mit der Genesis Maschine", sagte sie, während ich vorsichtig die vom Boden bis zur Decke reichende Kupferkonstruktion betrachtete, die einem Tetraeder ähnelte. Diese große Struktur sah aus wie ein kupfernes Klettergerüst. „Klettern Sie gerne auf die Polsterung. Man musste vorsichtig durch die Kupferrohre auf eine gepolsterte horizontale Plattform klettern. Ich legte mich auf die Plattform, die sich wahrscheinlich vier oder fünf Meter über dem Boden befand und in der Mitte war der Kupferrahmen.

„Gibt es irgendeine Art von Musik, die du bevorzugst?" „Nein, ich mag fast alles."

„Okay, ich werde einfach etwas für dich aussuchen. Du brauchst dich nur zu entspannen, die Augen zu schließen und der Musik zuzuhören. Ich werde im Zimmer bleiben und den Computer überwachen.

Natürlich hatte ich keine Angst vor dieser Erfahrung, denn ich war mit meiner guten Freundin hierher gekommen.

Sie begann mit einem klassischen Stück, die Lautstärke war in dem kleinen Raum sehr hoch eingestellt, und die Plattform vibrierte in Resonanz mit der Musik. Schon bald wurde ich in einen tiefen Zustand der Entspannung versetzt. Nachdem mehrere Musikstücke erklungen waren, erweckte ein Stück alle meine Sinne durch und durch. Meine Haut hob sich und wurde uneben; mein Herz schien sich zu vergrößern. Meine Augenlider flatterten. Das war so verrückt, und ich fragte mich, warum ich so reagierte, wie ich es tat. Vielleicht hatte es etwas mit der Forschung zu tun. Dann änderte sich die Musik, und alle emotionalen Gefühle und körperlichen Reaktionen entspannten sich. Zwei weitere Stücke folgten, und die Sitzung war beendet. Ich streckte mich ausgiebig, bevor ich von der Plattform herunterkletterte, und zu der Frau sagte: „Das war wunderbar, vielen Dank."

„Also, was war mit *The Mission?*", fragte sie. „Mit was?" antwortete ich neugierig.

„Du hast sehr stark auf dieses eine Musikstück aus *The Mission* reagiert." „Ich kenne diese Musik, von der du sprichst, nicht, ich habe noch nie von The Mission gehört."

„Nun, du hast so heftig reagiert, dass deine Ausschläge auf dem Computer die Skala sprengten."

„Wirklich?"

„Ja, das spezielle Stück, das ich für Sie ausgesucht habe, war das von Indianern gesungene *Ave Maria*."

„Das war Indianergesang? Woher?" „Südamerika."

„Mensch, ich weiß nicht, was ich Ihnen sagen soll. Das *Ave Maria* ist mein Lieblingsstück, das ich in der Kirche singe, aber ich habe nicht registriert, dass es das *Ave Maria* war, sondern nur, wie meine Entspannung unterbrochen wurde!" Das Gespräch fand statt, während ich von dem Gerüst hinabkletterte und wir in den Raum zurückgingen, in dem Kathy wartete. Sie scannte mich ab, wie ich es von ihr kenne, wenn sie jemanden hellsichtig liest.

„Die Nächste!"

Als sie an mir vorbeiging, fragte sie schnell: „Wie war's?"

„Großartig. Entspannend!" antwortete ich.

Später im Auto auf der Heimfahrt stellte ich fest, dass Kathy keine Ahnung hatte, was uns bevorstand, und wollte, dass ich zuerst gehe, damit sie beobachten konnte, was mit mir passieren würde. Wir haben darüber sehr gelacht.

Um es kurz zu machen: Dies geschah zwei Jahre vor meiner Aufnahme in Ama-Deus. Die Musik, die Alberto im Unterricht spielte, war so berauschend, dass ich sie sofort kaufen musste. Er erwähnte im Unterricht den Film *The Mission*. Der Titel kam mir bekannt vor, aber ich konnte mich nicht genau erinnern, woher. Zu Hause, als ich mir das ganze Stück anhörte, erstarrte ich, als ich wieder die Indianer das *Ave Maria* singen hörte, und ich erinnerte mich sofort in allen Einzelheiten an mein Erlebnis auf dieser zwischen Kupferrohren schwebenden Plattform.

Als Alberto darüber sprach, wie wichtig die Musik für die Guaraní ist, betonte er, dass der Gesang sie näher zu Gott bringt. Mir wurde wieder einmal bewusst, wie wichtig es ist, vor den Gelegenheiten, die das Leben bietet, nicht zurückzuschrecken, da wir nicht wissen, wie sie unser Leben bereichern könnten. Dieser Vorfall machte mir deutlich, wie wichtig es ist, das Leben mit all seinen Möglichkeiten anzunehmen, selbst wenn man aus unerfindlichen Gründen mit einem Freund einen kleinen Ausflug macht.

Es gab noch andere Heilpraktiken, die mein Interesse weckten und an denen ich teilnahm. Wenn ich darüber nachdenke, spielten sie alle eine wichtige Rolle beim Verständnis der Rolle der Heilung und des Bewusstseins der Seelenperspektive. Das alles hatte stattfinden müssen, bevor ich Alberto und Ama-Deus kennenlernte. Nachdem ich Ama-Deus erlebt hatte, dachte ich voller Verwunderung über all die Erfahrungen nach, die mich auf diese Phase in meinem Leben vorbereitet hatten. Ich war und bin immer noch engagiert und fokussiert auf die Selbstheilung.

Heilige Weisheit bewahren

Ich kannte Albertos Leidenschaft dafür, diese Heilmethode zu bewahren, und wusste, dass es dabei nicht um ihn selbst, sondern um die Welt ging. Die Welt braucht Liebe. In den Wochen nach Albertos Tod rief mich eine Freundin an, die Alberto eine Unterkunft geboten hatte, als er krank war, und bat mich, mich besuchen zu dürfen. Sie fuhr mehrere Stunden von der Ostküste zu meinem Haus nach Michigan. Dies war ein willkommener Besuch für uns beide, konnten wir uns doch über die letzten Tage mit Alberto aus tauschen. Während des Aufenthalts über ein verlängertes Wochenende rief sie mich eines Nachmittags zu sich ins Schlafzimmer.

„Ich will dir etwas zeigen", sagte sie. Mir wurde das Ausmaß dessen, was geschah, erst bewusst, als sie einige Gegenstände auspackte und auf dem Bett meines Sohnes ausbreitete. Das erste, was sie sagte, als sie mir einen kleinen Beutel reichte, war: „Hier, mach das auf."

Ich öffnete vorsichtig und voller Hochachtung einen kleinen Stoffbeutel mit Kordelzug und fühlte mich etwas unwohl. In meinen

Händen befanden sich zwei Steine, die gerade groß genug waren, um in eine Handfläche zu passen.

„Was fühlst du?", fragte sie.

Ohne jede Erklärung wusste ich, dass es Albertos Steine waren. Ich schloss meine Augen und atmete ein paar Mal tief durch, sah ihr in die Augen und antwortete: „Ich spüre keine Energie."

„Gut! Das habe ich auch gespürt. Die Energie ist weg. Willst du die Steine haben?"

In diesem Moment war ich davon eingenommen, dass sie sie mir anbot. „Ich wusste nicht, dass du diese mitgebracht hast."

„Ich wusste, dass ihr beide eine starke Verbindung hattet. Ich musste dich erst kennen lernen, bevor ich dir verriet, dass sie sich in meinem Besitz befinden. Sie hatte sich freundlicherweise auf den Weg zu mir gemacht, um sich mit mir zu treffen und damit unsere Gefühle über unseren gemeinsamen Verlust zu teilen. Ich hatte keine Ahnung, dass sie mir einige persönliche Besitztümer von Alberto zeigen würde. Ich schaute ihr in die Augen und antwortete schließlich auf ihre Frage, ob ich Albertos Steine annehmen wolle: „Nein, danke."

„Ja, ich stimme dir zu, die Energie ist weg." Sie packte die Steine rasch zusammen und zeigte mir den nächsten Gegenstand, seinen gelben Topas Ring. „Hier, sieh dir das an."

Ich schaute den Ring an, ohne ihn zu berühren, und antwortete: „Danke, das ist wunderbar." Dieser Akte des Teilenwollens war von ihr als freundliche Geste intendiert. Es war jedoch offensichtlich, dass sie erleichtert war, dass ich weder die Steine noch den Ring haben wollte.

Sie räumte die Sachen schnell zurück in die Stofftaschen und zeigte mir dann eine weitere große Kiste: „Hier, diese Unterlagen kannst du haben. Die meisten davon sind auf Portugiesisch. Und hier, bitte behalte seinen Pullover und diesen Schlafanzug." Ich lächelte und hatte kein schlechtes Gewissen, den Ring oder die Steine abgelehnt zu haben. Mein größter Schatz war das Wissen und die Beziehung zu Ama-Deus. Ich spürte einen sanften Frieden in meinem Herzen, weil ich Albertos persönliche Gegenstände nicht angenommen hatte, wie auch ihre Freude darüber, die Gegenstände behalten zu dürfen. Der wertvollste Gegenstand, den Alberto mir hinterließ, war Ama-Deus, und das war in mein Herz gepflanzt worden. Damit war ich sehr zufrieden.

Nachdem sie nach Hause abgereist war, legte ich die Aktenordner mit all seinen Notizen sorgfältig in eine sichere Schublade. Sein Schlafanzug ging an einen engen Freund, der seinen Kurs besucht hatte, und der Pullover wurde schließlich an seine Familie zurückgegeben. Dieser Besuch brachte tiefe Erinnerungen an die drei intensiven Jahre des Lernens und der Anwendung von Ama-Deus hoch, wie Alberto mich auswählte, um viele der heiligen Symbole während des Unterrichts zu demonstrieren und wie ich so die Erfahrung der Symbole machen durfte. Drei Jahre intensiver Arbeit mit Ama-Deus für meine eigene Heilung und der Heilung anderer haben mir einen reichen Erfahrungsschatz an Praxis und Wissen vermittelt.

Als ich mich daran erinnerte, wie Amma mein Herz berührte und meinen Verstand mit „Du sollst es weiterführen" aufrüttelte, genoss ich die wenigen Monate bis zu Albertos Tod. Ich erkannte, wie Alberto mich in seinen letzten acht Monaten auf eine neue Rolle vorbereitet hatte. Während ich trainierte, coachte er mich. Ich hatte alle notwendigen heiligen Symbole, um andere einzuweihen und die Kurse zu leiten. Jetzt bereitete ich mich auf eine neue Reise vor, um die heiligen Lehren zu bewahren und weiterzutragen.

Die Offenbarung und die liebevolle Unterstützung von Amma und die fortgesetzten Träume mit Alberto stachelten mich an, weiterzumachen. Ich dachte an all die Synchronizitäten und die persönliche Heilungsarbeit, die offensichtlich ein Sprungbrett gewesen waren, um Ama-Deus zu empfangen. All dies trug dazu bei, dass ich diese Heilmethode annehmen und anwenden wollte. Bei der Annahme dieser neuen Lehrreise sollte die Weisheit bewahrt werden. Zuerst ging ich akribisch die Akten durch, die alle seine persönlichen Notizen zu den Kursen enthielten. Alle seine handschriftlichen Vorträge wurden übersetzt und die aufgezeichneten Vorträge transkribiert. Ich suchte mehrere Personen auf, die ich sehr schätzte, und bat sie um ihre Aufzeichnungen aus seinem Unterricht, um zu prüfen, ob möglicherweise irgendwelche Informationen fehlen. Auf diese Weise sollte sichergestellt werden, dass die heiligen Lehren so bewahrt würden, wie Alberto sie gelehrt hatte.

Seit 1993 lehre ich dieses heilige Heilsystem im selben Geist, der mir in Respekt, Integrität und Liebe vermittelt wurde. Das Unterrichten wurde zu einer natürlichen Erweiterung meines Herzens und führte zu meiner nächsten Phase des Wachstums. Dieses heilige Wissen mit anderen zu teilen, eröffnete eine ganze Reihe neuer Abenteuer. Ich lernte bald, dass Unterrichten eine machtvolle Aufgabe ist. Die Macht liegt in dem Akt, andere zu ermächtigen, ihre eigenen Selbstheilungskräfte und ihre Einzigartigkeit zu nutzen, um sich selbst und anderen zu helfen. Die Einweihungszeremonie, ein symbolisches Geben und Empfangen, ist bis heute eine der kraftvollsten Handlungen in den Lehren und erinnert mich ständig an die heilige Weisheit, die bewahrt wird. Als der stetige Strom von Kursen in meiner Gemeinschaft sich ausweitete, brachte dies auch internationales Reisen mit sich, was mich in die ganze Welt führte.

Die genauen Lehren sollen von Seele zu Seele in Respekt, Integrität und Liebe weitergegeben werden. Ich habe einige der Intentionen für die verschiedenen heiligen Symbole mitgeteilt, die Bedeutung der Schaffung eines heiligen Raums und der Vorbereitung auf eine Lebenszeremonie sowie das zentrale Motiv für die Anwendung dieser energetischen Praxis – zum Zweck der Heilung. Ohne Frage oder Zweifel ist das Leben eine heilige Reise, wenn wir uns öffnen und unsere Herzen erlauben, die Liebe um uns herum zu spüren. Alberto hatte Recht, als er sagte: „Das Leben aus Liebe und Heilung, der Rest ist nur Warten."

Indem ich das „Warten" akzeptierte, weitete sich die Liebe meiner Beziehung zu Ama-Deus nicht nur auf die Lehre aus, sondern führte mich auch in ein klinisches Umfeld, um an und mit Krebspatienten zu forschen. Ich hätte mir nie zu träumen gewagt, zu lehren oder zu forschen. Aber es ist eine so fabelhafte Reise der Liebe, wenn man seine Absicht im Herzen trägt.

TEIL IV

AMA-DEUS: VOM KLASSENZIMMER IN EIN KLINISCHES UMFELD

◊ ◊ ◊ ◊ ◊

Arapotiyu stand am Rande des Waldes, der das Dorf umgab. Unbemerkt beobachtete er den alternden Pajé, seinen Vater, der in seiner Hängematte lag und den Waldbewohnern die morgendlichen Anweisungen gab. Arapotiyu versetzte sich leicht in seine Vergangenheit und erinnerte sich an eine ähnliche Szene aus seiner Jugend. Seit jenem entscheidenden Tag, an dem der Pfeil die Brust seines Großvaters durchbohrt hatte, war so viel geschehen.

In lebhafter Klarheit erlebte er seine Gefangenschaft und die Begegnung mit dem großen Wesen, das ihm in Gestalt eines Jaguars zu Hilfe kam. Das Wesen hatte ihn aus dem Küstendorf herausgeführt und ihn im Wald freigelassen, damit er seine einsame Reise mit der Geisterwelt beginnen konnte. Dieses wunderbare Wesen war zu einem Zeitpunkt großer Veränderungen früh in seinem Leben zu ihm gekommen, einem Zeitpunkt, der den Beginn seiner einsamen Lehrzeit im Wald markierte.

In den drei Jahren, in denen sein Vater Mbaracambri das Dorf des Waldvolkes umzog, wuchs Arapotiyu zu einem mächtigen Schamanen heran. Um seine himmlische Seele zu nähren, aß er nur Substanzen aus Sonnenlicht, fastete und tanzte stundenlang, damit sein Körper leichter wurde. Er lebte in einem ausgehöhlten Gelass am Fuße eines sehr großen Baumes. Er kommunizierte mit den spirituellen Dimensionen, lernte viele Lieder und besuchte viele Reiche im Universum. Er wurde ein berühmter Karai, ein Prophetenschamane für Dörfer nah und fern.

Nachdem er drei Jahre lang in Einsamkeit gelebt hatte, erhielt er eine Vision, die ihm zeigte, dass er in das Dorf der Küstenbewohner zurückkehren und seine Mutter holen sollte. Er folgte dieser Vision. Als er das Küstendorf betrat, erkannten ihn die Menschen zunächst nicht. Er war groß und ging mit großer Entschlossenheit. Doch sie erkannten ihn als mächtigen Karai an und begrüßten ihn mit großem Respekt. Nur seine Mutter erkannte ihn. Die ganze Zeit über hatte er mit ihr durch den Traumzustand kommuniziert. Als Arapotiyu darum bat, den guten Heiler Yyvkuaraua zu sehen, gab es keinen Widerstand von Tupanchichù, denn alle Dörfer verstanden und respektierten die Macht des Karai. Die Küstenbewohner und ihr Häuptling traten zurück, um Yyvkuaraua passieren zu lassen. Als sie vortrat und den Namen ihres Sohnes aussprach, erinnerte er sich an die zitternde Angst der Küstenbewohner, als sie ihn endlich erkannten.

Arapotiyu führte seine Mutter sicher, zusammen mit den überlebenden Waldbewohnern, zu dem neuen Dorfstandort. Es war schon viele Jahre her, dass er seine Mutter und Leute zurück ins Dorf führte. Jetzt steht er am Waldrand und beobachtet sie, wie sie neben seinem Vater sitzt und in aller Ruhe einen Schilfkorb bearbeitet. Nach der freudigen Wiedervereinigung der Dorfbewohner hatte sein Vater, Mbaracambri, das Dorf noch zwei weitere Male verlegt. Schließlich ließ er sich dort nieder, wo die beiden Flüsse zusammenfließen, in einem unversehrten Raum, so wie es seine schönen Wortseelen erzählten, einem Ort, an dem es für die Waldbewohner kein Übel gab, damit sie ihre Lebensweise beibehalten konnten.

Obwohl er ein einsames Leben führte, behielt Arapotiyu sein Geburtsdorf besonders aufmerksam im Auge. Die Waldbewohner konnten stets damit rechnen, dass sie ihn bei ihren Wanderungen zu Gesicht bekamen, ganz so, als würde er einen guten Weg bahnen. Während des letzten Umzugs sprach Mbaracambri mit seinem Sohn während einer kurzen Begegnung im Wald. Während sie gemeinsam saßen, abseits der vielen Waldbewohner, brach Mbaracambri das Schweigen.

„Dieser Umzug ist besonders langwierig. Ich spüre, dass dies eine meiner letzten Taten sein wird, mein Sohn. Ich hatte eine starke Vision, die einen klaren Raum zeigte, in dem ich die vibrierende Lebendigkeit und Präsenz allen Lebens spürte, von der fruchtbaren, lebendigen Erde bis zu den pulsierenden Himmelslichtern und darüber hinaus."

„ Ja, Vater, auch ich sehe diesen heiligen Raum für die Menschen, um die notwendige Kraft für den kommenden großen Wandel zu sammeln. Um in den Schwingungen der großen Liebe und des funkelnden Lichts zu leben und zu atmen, durch unsere Wortseelen der Dankbarkeit, die uns allen helfen werden, im Einklang mit den sich verändernden Schwingungen von Mutter Erde zu bleiben."

„Mein Sohn, du bist zu einem großen Pajé herangewachsen, ganz so, wie unsere Träume es uns vorausgesagt haben. Mein Herz ist groß, wenn ich mich an die Vision erinnere, die mir von deiner bevorstehenden Geburt berichtete. Vergiss niemals deine Lieder, damit dein Herz stark bleibt." Bei diesen Worten klopfte er Arapotiyu sanft auf die Brust. „Ich stimme mit deinen Bildern von den kommenden seltsamen Zeiten überein. Ich vertraue darauf, dass du jetzt verstehst, dass die Reise immer anders und doch gleich sein wird. Bewahre die Weisheit, die du erlangt hast, sicher in deinem Herzen, denn dort liegt das wahre Paradies."

„Mein lieber Vater, ich liebe deine schönen Wortseelen und höre deine schöne Botschaft. Ich werde entschieden beten, um diesen Weg beizubehalten." Sie begegneten sich Auge in Auge und brachten so ihre Liebe zu einer spirituellen Beziehung zum Ausdruck, die dazu beiträgt, ein friedliches Leben zu führen.

Als er aus seiner Nachdenklichkeit erwachte, lächelte er angesichts der guten Erinnerungen; doch als er seine Mutter und seinen Vater beobachtete, fragte er sich, wie es wohl wäre, einen eigenen Partner zu haben und Vater zu sein. Er lebte nun schon seit vielen Maiszeiten allein im Wald und hatte sich von den gesellschaftlichen Gepflogenheiten seines Volkes losgesagt. Manche bezeichneten sein Leben als Einsamkeit, aber er lächelte wieder, als er sich an das Gefühl erinnerte, das er hatte, als er den Schmetterling auf dem Busch mit den essbaren Beeren landen sah. Er atmete tief durch und entspannte sich in diesem Moment, denn er wusste genau, dass er nicht allein war. Die Welt war erfüllt von himmlischer Musik, und er sehnte sich danach, ihr zu lauschen. Dies war sein Weg.

Das Morgenlicht überbrachte ihm, wie auch bei anderen Gelegenheiten, Botschaften aus der himmlischen Welt. Er war nie weit von seinem Waldvolk entfernt, auch wenn er gerufen wurde, um anderen Dörfern zu dienen. Sein Vater war in die Jahre gekommen, und es lag ein Umbruch in der Luft. Sein jüngster Traum deutete darauf hin, dass er den Waldbewohnern bei Sonnenaufgang eine Botschaft über diesen Umbruch überbringen sollte.

Er brach den Bann der Erinnerung und trat aus dem Wald hinaus auf die Lichtung. Der ältere Pajé verharrte in seiner Hängematte einen Moment lang in seinem Gespräch mit dem kleinen Jungen. Er schaute in die Richtung, aus der sein Sohn aus dem Waldrand trat, und sein Herz füllte sich mit großer Liebe, als er verkündete: „Der gute und gesegnete Karai Arapotiyu ist im ersten goldenen Licht des Morgens in unserer Mitte angekommen!" Alle Dorfbewohner ließen ihre Arbeit ruhen. Einige Frauen rannten los, um den Weg für seine Ankunft zu fegen. So groß waren die Liebe und der Respekt, den sie für ihren Karai empfanden. Ohne ein Wort zu sagen, bewegte sich Arapotiyu anmutig, als würde er auf Luft schweben, auf den älteren Pajé zu. Er begegnete den Augen seiner Mutter und sandte ihr große Liebe, während er sich seinem Vater näherte und ihn umarmte.

Ohne zu sprechen, kannte Mbaracambri den Grund für den Besuch von Arapotiyu. In einer kürzlichen Vision hatten die heiligen Steine zu ihm über kommende Veränderungen gesprochen. Er wusste auch, dass sein Sohn nur selten in Erscheinung trat. Er kam nur, um bei schweren Krankheiten zu helfen oder um schöne prophetische Seelenworte zu sprechen.

Mbaracambri wies den Jungen an, sein neu übermitteltes Lied für Arapotiyu zu singen. Die Waldbewohner versammelten sich um die Pajés und lauschten dem süßen Lied, das gerade im Traumzustand zu dem jungen Lehrling gelangt war. Arapotiyu ließ sich neben seinem Vater nieder und lauschte dem Lied mit geschlossenen Augen. Als das Lied zu Ende war und die Stille des Dorfes in den goldenen Lichtstrahlen hing, die durch das dichte grüne Laub fielen, sang der Irapuru ein Lied aus dem Blätterdach des Waldes. Ein Gefühl durchströmte die Waldbewohner und erzeugte die Liebe und Verbundenheit mit allem Leben, das ihre Herzen mitriss. In diesem Moment durchströmte dieses Gefühl auch das Dorf. Arapotiyu erinnerte sich an die schönen Worte seines Vaters, die ihm sagten, dass das Land ohne Übel im Inneren liegt. Er spürte sich selbst in seinem Herzen, als er zu den Waldbewohnern sprach.

„Es wird eine Zeit kommen, in der die Herzen der Menschen kalt werden, und das Licht in ihrem Inneren wird wie eine Glut in deinem Feuer erscheinen. Aber das Waldvolk, das da lebt, wo sich die beiden Flüsse treffen, wird das heilige Wissen nicht verlieren. So wie die großen Kreise die Universen drehen, wird es sehr viele Monde, Jahreszeiten und Generationen der Dunkelheit geben. Es wird den Anschein haben, als ob die Erdbewohner seelisch krank sind. Mbiroy wird hinter einer Wolke verschwunden zu sein scheinen. Menschen des Waldes, bleibt stark, ihr müsst das heilige Wissen durch eure schönen Lieder weitergeben. Einige werden ins Dorf kommen und versuchen, eure Wortseelen zu verändern. Bleibt stark mit euren Liedern und heiligen Wegen, denn es gibt kein Ende der Seele und kein Ende der schönen Wortseelen. Der Tod ist, wie ihr wisst, nur eine Bewegung in die himmlische Welt und wird in Ñande Rus großem Plan verwendet. Wenn ihr euch an diese Wahrheit haltet, braucht ihr euch keine Sorgen zu machen."

„Aje racó, ja, in der Tat" polterte es durch die Waldbewohner als Antwort auf die schönen Wortseelen.

„Durch diese Dunkelheit hindurch sind eure Lebenslinien zu Ñande Ru die Lieder. Haltet sie in euren Herzen lebendig, in jedem Atemzug. Es wird Menschen geben, die in euer Dorf kommen, die kein Lied in ihrem Herzen haben. Ihr werdet sie daran erkennen, dass sie außerhalb ihres Herzens nach schönen Worten suchen. Ihre Herzen haben nur einen Funken von Licht. Die Dunkelheit beherrscht ihren Verstand. Ihre Herzen sind sehr klein geworden und haben nur noch einen kleinen Funken von Licht. Und so erkennen sie das große Licht nicht, das in ihrem Herzen wohnt. Lass dein Herz zu ihren *tauben und kalten Herzen sprechen, aber teile deine Lieder nicht. Hört auf ihre Wege, aber schweigt über die Lieder in eurem Herzen. Lass das heilige Wissen nicht von deinen Lippen weichen."*

Während er die Botschaft seines Traumes offenbarte, wandte er sich direkt an Mbaracambri. Er blickte seinem Vater in die Augen und fuhr fort: „Bewahre den wahren Weg des Waldvolkes in deinem Herzen, bis die heiligen Steine ausgegraben sind. Mein Vater, Mbaracambri, wird das Wissen über den Hüter der Steine an den Jungen weitergeben, der das Lied erhalten hat. Er wird seinerseits das Wissen weitergeben. Unzählige Maisperioden lang werden unsere zukünftigen Vorfahren zur rechten Zeit die heiligen Steine ausgraben. Dies wird das Ende des großen Zyklus der Dunkelheit anzeigen. Zum richtigen Zeitpunkt wird der Steinhüter durch seinen Gesang wissen, wann er die Steine ausgraben und sie demjenigen überreichen muss, der den Weg für den Eintritt in einen neuen großen Zyklus öffnen wird. Dies ist der Plan von Ñande Ru. Haltet die heiligen Wege ein und bewahrt die Harmonie mit dem Plan."

Wieder antwortete die Gemeinschaft der Waldbewohner mit leidenschaftlicher Stimme: „Aje, racó, ja, in der Tat!" und „Emaé, du siehst!"

„Die Götter haben mir in einer Vision gezeigt, wie ich die heiligen Steine erhalten werde, aber nicht bei dieser Versammlung, sondern am Ende dieses dunklen Zyklus. Von nun an werde ich nicht mehr nur aus einem Dorf kommen, sondern aus vielen Dörfern, auch aus solchen, die uns fremd erscheinen, mit kalten und leblosen Herzen. Dieses Dorf der Waldmenschen aber wird mir immer am nächsten sein." Sanft erhebt sich Arapotiyu und öffnet seine Arme für das Dorf der Waldmenschen.

„Meine liebe Waldfamilie, kennt die euch zugewiesene Rolle, die Ñande Ru von euch verlangt hat. Geht den Weg, der uns in dieser Vision gezeigt wird. Bei der Ausgrabung der heiligen Steine, wenn der dunkle Zyklus zu schwächeln beginnt, wird ein neuer Zyklus großen Lichts die Erde durchdringen, und alles Leben, das hier enthalten ist, wird sich vom Glanz angezogen fühlen.

Wir sind alle ein Volk mit Ñande Ru; auch diejenigen, die scheinbar kein Lied in ihrem Herzen haben, denn sie werden aus ihrem Tiefschlaf erwachen und sich daran erinnern, wer sie sind.

„Das Öffnen und Teilen der Kräfte und der Macht der Liebe in eurem Herzen wird die Glut des Lichts in den Erdenmenschen entfachen. Die Freigabe des Wissens, das du in dir trägst, wird das Licht entzünden, und ein

neues Erwachen wird sich durchsetzen. Dieses neue Leben wird aus der heiligen Richtung des aufsteigenden Lichts in großen Wellen zu uns kommen und das Land des Bösen vertreiben. Wie sich einst die Dunkelheit leicht ausbreitete, so wird sich jetzt die Liebe ausbreiten wie die Reben im Wald, die die Erde umkreisen und ihr bei der Transformation helfen. Spürt keine Zweifel. Bleibt standhaft, denn es gibt andere wie uns, die auf der Erde positioniert sind und ebenfalls damit beauftragt wurden, das heilige Wissen zu schützen. Auch sie haben ihre Wege, mit den himmlischen Wesen und Ñande Ru zu kommunizieren. Auch sie werden sich öffnen, so wie die Blume das goldene Licht des Tages begrüßt, wenn es wieder einmal soweit ist, und das heilige Wissen teilen.

„*Unsere Wortseelen sagen uns, dass das Land ohne Übel in euch ist. So wie du die Saat deines Mais für die nächste Nahrungssaison bewahrst, so bewahre auch dein Herz in starkem Zustand. Geht nach innen und sucht euer Lied, damit ihr stark bleibt im leuchtenden Licht, in den Wegen der Waldmenschen. Wenn du die heiligen Wege bewahrst, wird eine Zeit kommen, in der das Land ohne Böses von einer großen Anzahl von Menschen so sehr gewünscht und projiziert wird, dass die Liebe wie die großen Flüsse auf dieser schönen Erde fließen wird.*"

Arapotiyu begann ein Lied zu singen: „Ein Paradies erwartet diejenigen, die das Lied hören. Die Waldmenschen begeben sich auf eine Reise in den Kreislauf der Dunkelheit. Doch wisst, dass das Licht und die Liebe, die euch sicher führen werden, in eurem Herzen und in euren Liedern sind. Die Waldmenschen werden eine Reise antreten, deren Anfang und Ende unterschiedlich und doch gleich sind." Als Arapotiyu diese letzten Worte sang, die sein Vater und Großvater in ihren Liedern lebendig hielten, bestätigt er dies mit einem Blick in die Augen des alternden Pajé, der noch immer seine starke Vision aufrecht erhielt und das Dorf der Waldmenschen brach in Gesang aus.

Arapotiyu spürte sofort eine Kraft in Verbindung mit den Augen seines Vaters. Er atmete tief ein und spürte, wie sich sein Körper entspannte, während er in eine tiefere Trance glitt.

„*Ich höre schwach den Gesang des Dorfes. Jetzt scheine ich zu fallen.*" *Ein wunderschönes Leuchten kam auf ihn zu, und seine Ohren strengten sich an, um die schwachen Klänge eines Liedes zu hören. Als er es erkannte, rief Arapotiyu aus: „Oh, dieses süße Lied habe ich schon vor langer Zeit gehört! Ich habe deine süße Gegenwart schon so lange nicht mehr gesehen. Mein Herz ist so erfüllt von Freude.*"

„*Du bist angekommen, Arapotiyu. Du hast deinem Volk einen großen Dienst erwiesen. Du wirst jedoch gebeten, noch eine weitere Reise anzutreten.*" *Er sah zu, wie sich das schöne Leuchten in das allzu bekannte Bild der großen Katze verwandelte. Dann tanzte sie um ihn herum, als wollte sie mit ihm spielen, doch bevor er reagieren konnte, legte sie die Ohren an und stieß einen durchdringenden Schrei zusammen mit ihrem Atem in großer Lautstärke aus. Die Kraft ihres Atems traf ihn kalt ins Herz, erschütterte ihn augenblicklich und warf ihn zu Boden.*

Als er seine Augen öffnete, fand er sich auf der Erde neben einem großen Feuer liegend wieder. Er spürte die Wärme des Feuers auf seiner Haut, und als er mit dem Gesicht auf dem Boden lag, atmete er einen erdigen Geruch ein. Er umklammerte die Erde in seinen Händen, um seine Umgebung zu ertasten, und drückte sich dann mit den Armen in eine sitzende Position hoch. Als er die Erde in seinen Händen betrachtete und dann seine Augen kreisen ließ, um sich zu orientieren, wie er es oft tat, wenn er sich zwischen den Dimensionen bewegte, stellte er fest, dass die Waldbewohner anders und doch irgendwie gleich waren. Der ältere Pajé ergriff als erster das Wort.

„*Bist du wieder hier bei uns?*", *fragte der ältere Pajé leise. Er versuchte, seine Stimme zu finden, da er immer noch zwischen den Welten schwebte, schloss die Augen und antwortete:* „*Bin ich schon lange hier? Es ist jetzt kalt.*"

„*Ja, du hast gesungen und getanzt bis tief in die Nacht. Bald wird es Morgen sein.*"

„*Ich hatte eine sehr bewegende Vision. Es schien, als würde ich ein früheres Leben mit den Dorfbewohnern sehen. Dann kehrte die große Katze zurück und sagte, es gäbe noch eine weitere Reise.*"

Der ältere Pajé lächelte und sagte: „*Das ist gut, mein Sohn. Ich habe darauf gewartet, diese Botschaft zu hören.*" *Während er noch auf dem Boden lag, öffnete er seine Augen und sah, wie der ältere Pajé einen kleinen Stein in jede Hand legte.* „*Nimm diese heiligen Steine und teile die Liebe, den Ñandéva, mit der Welt. Unsere Wortlieder, dein Kommen zu unserem Waldvolk, wo sich zwei Flüsse treffen, und diese heilige Vision markieren die Zeit, die wir mit allen Dörfern teilen müssen.*" *Als der Älteste sich bückte, um ihm beim Aufstehen zu helfen, sahen sie sich wieder in die Augen, und der Älteste fuhr fort:* „*Wir werden mit dir zusammenarbeiten, wenn du deine Reise beginnst, denn auch das steht in unseren Liedern. Denke immer an die Ñandéva, wenn du dieses Dorf verlässt, und von hier aus immer weiterziehst.*" *Während der ältere Pajé dies sagte, klopfte er Alberto auf die Brust, an derselben Stelle, an der die große Katze ihren kräftigen Atem geblasen hatte.*

Alberto war zu Tränen gerührt über die Freundlichkeit der Waldbewohner, über ihre Liebe zu ihm und die Weitergabe ihrer heiligen Bräuche. Als er nun in die nur allzu vertrauten Augen des Pajé blickt, wurde er von der beschwörenden Klarheit seiner Vision gefangen genommen.

KAPITEL 11

DAS WISSEN INTAKT HALTEN

Wer heiliges Wissen hütet, missbraucht es nicht.
Wir müssen uns für alles, was wir tun, verantworten.
                    -Bärenherz

Wie erstaunlich! Vierundzwanzig Jahre nach meinem Abschluss unterrichte ich Energieheilung in meiner alten High School. Das Gebäude der High School befindet sich auf einem mehrere Hektar großen, wunderschönen Waldgebiet innerhalb der Stadtgrenzen. Das vertraute Gefühl des spirituellen Hintergrundes wohnt immer noch in diesen Mauern und war eine wunderbare Umgebung für eine Privatschule.

1970 machte ich meinen Highschool Abschluss an einer reinen Mädchenschule, die vom Dominikanerinnenorden geleitet wurde. Die Gebäude dienten auch als Mutterhaus des Ordens in den Vereinigten Staaten. In jüngster Zeit hatte der Rückgang des Interesses an Privatschulen die Schule zur Schließung gezwungen. Die Verwaltung, die das Gebäude übernommen hatte, sanierte es, eröffnete es neu und vermietete es als Versammlungsraum für Vorträge und Workshops; ein wunderbarer Rahmen für den spirituellen Ama-Deus Workshop, den ich 1994 veranstaltete.

Während meines dritten Kurses, etwa in nach der Hälfte des Kurses im Dominikanischen Zentrum, stellte ich mich gerade fünfzehn Leuten vor, als eine Nonne, die kaum einen Meter groß war, mutig aus dem hinteren Teil des Raumes auftauchte

„Was unterrichten Sie hier?" fragte sie, während sie mit dem Finger auf mich zeigte. Alle drehten sich schnell auf ihren Stühlen um, um zu sehen, von wem und woher diese Stimme kam. Während sie den Mittelgang entlang nach vorne ging, sprach sie weiter: „Ich habe das Schild da draußen gelesen, und wisst ihr, was Ama-Deus bedeutet?"

Ich lächelte, eine echte Dominikanernonne, die immer unterrichten möchte! Doch ich hatte keine Zeit zu antworten, denn sie platzte heraus: „Das ist Latein und bedeutet, Gott zu lieben!"

„Ja, Schwester, das ist genau die Bedeutung, die wir verwenden und teilen."

„Also sagen Sie mir, was Sie da tun?"

Ich konnte spüren, wie die Teilnehmer sich anspannten und den Atem anhielten, als sie die Frage der Nonne hörten. Die energetische Heilung hatte in unserer Stadt noch nicht so richtig Fuß gefasst. Nachdem ich einige Jahre vor meiner Einführung in Ama-Deus Reiki gelernt hatte, warnten mich andere Reiki Praktizierende, ich solle einfach sagen, es sei eine Entspannungstechnik. Andernfalls würde ich von der Gemeinschaft ausgegrenzt und stark kritisiert werden.

Nachdem ich den Ama-Deus Kurs besucht hatte, war die Erfahrung jedoch so stark, dass ich mich nicht verstecken wollte. In mir wuchs der starke Wunsch, ehrlich zu erklären, um was es sich handelte, wenn ich gefragt wurde. In mehreren Gesprächen antwortete ich anderen im Vertrauen: „Ich habe keine Angst zu sagen, worum es bei dieser Praxis geht." Dann lachte ich und sagte: „Wenn Sie mich verklagen wollen, besitze ich nur ein altes Pferd und einen Massagetisch!" Die Leute kicherten über meine Bemerkungen.

In aller Offenheit gab ich der Nonne eine kurze, sanfte Erklärung, und meine Stimme war das einzige Geräusch in dem stillen Raum. Schwester Consuela stand auf, schaute mir ins Gesicht, und die sitzenden Studenten hörten gespannt zu. Sie antwortete mir direkt, indem sie mir in die Augen sah: „Ich weiß alles über die heilende Kraft der Liebe durch meinen Dienst. Ich habe die meiste Zeit meines Lebens in New Mexico verbracht und bin mit den Praktiken der spanischen Ureinwohner und der indigenen Bevölkerung sehr vertraut. Ich würde gerne an dieser Sitzung teilnehmen. Darf ich?"

„Natürlich, Schwester", antwortete ich mit überraschter Freude. Alle im Raum entspannten sich, und ein strahlendes Lächeln erschien auf ihren Gesichtern.

Kein Grund zur Frage nach dem Warum, einfach sein

Indem ich die Reise von der Ebene der Praktizierenden zur Ebene der Lehrenden annahm, lernte ich weiterhin, wie wichtig es ist, andere und mich selbst zu lieben. Der erste Ama-Deus Kurs, den ich gab, war für enge Freunde, die die Gelegenheit verpasst hatten, von Alberto zu lernen. Ich bereitete mich auf diesen Kurs genauso sorgfältig vor, wie ich mich auf jede andere Präsentation vorbereitet hatte. Meine tiefgreifende Lektion nach diesem ersten Kurs war wieder einmal, dass ich nicht die Kontrolle habe. Es wäre also keine Vorbereitung notwendig gewesen. Meine Aufgabe bestand einfach darin, die Informationen weiterzugeben und präsent zu sein.

Meine Rolle als Vermittlerin oder Lehrerin bestand darin, offen, liebevoll und präsent zu sein, um die Menschen dort abzuholen, wo sie sich auf ihrem Weg befanden, und sie zu stärken. Nachdem ich die Informationen weitergegeben hatte, bestand meine Rolle darin, zuzuhören und die Menschen zu ermutigen, damit sie ihre eigene Beziehung zu der Energie entwickeln konnten. Gott lehrt dich über Gott. Ihre Heilung und ihr Vertrauen in diese herz-basierte Methode boten ihnen Erfahrungen, aus denen sie ihre eigenen Schlüsse ziehen konnten. Jeder Mensch ist einzigartig und braucht ein sicheres, liebevolles Umfeld, um sich der Kraft der Liebe bewusst zu werden. Nach diesem ersten Kurs bot jeder einzelne Kurs unzählige Gelegenheiten, Liebe zu teilen und zu empfangen. Ich musste nur anwesend sein und mich für die Umstände öffnen.

Zu Beginn meiner Lehrtätigkeit stellte ich fest, dass sich viele Menschen für den Kurs anmeldeten, um zu erfahren, wie sich diese Methode von anderen Heilmethoden unterscheidet. Ausgehend von meinen eigenen Erfahrungen mit anderen Heilmethoden und dann mit Ama-Deus war es ganz natürlich zu sagen, dass alle Heilungen aus derselben Quelle kommen. Es gibt keine Unterschiede im Kern der einzelnen Heilmethoden. Was die Methoden unterscheidet, sind die Absichten, die verschiedenen Anwendungen und die kulturellen Aspekte.

Nach mehreren Jahren der Lehrtätigkeit bemerkte ich einen neuen Trend, der die Teilnehmerzahlen dominierte. Diesmal meldeten sich erfahrene Praktiker anderer Heilmethoden an, die an der Erweiterung ihrer persönlichen Werkzeuge interessiert waren. Interessanterweise nahmen diese Teilnehmer die Ama-Deus Methode sofort mit großem Respekt und neuem Enthusiasmus für Energieheilung an. Ich spürte, dass dies an der Perspektive lag, die Ama-Deus vermittelt.

Ich habe bei diesem neuen Trend ein gemeinsames Phänomen beobachtet. Erstens, als die Menschen die Absicht für jedes heilige Symbol in Ama-Deus lernten, erfuhren sie starke Erkenntnisse und Bewusstsein für Heilung auf Seelenebene. Die Guaraní sehen das Leben aus dieser Seelenperspektive; daher zeigen die Symbole die energetische Seelenperspektive ihres Weges an. Die Schüler gehen mit einem neuen Bewusstsein nach Hause und sehen Lebenssituationen in einem anderen Licht.

Zweitens gab es in jedem Kurs ausgiebige Diskussionen über Aspekte des Lebens, die mit den einzelnen heiligen Symbolen verbunden waren, sei es Tod, Geburt, Reinigung des physischen Körpers, Heilung von Drogen, Auffinden des Kerns eines Problems durch frühere Leben oder die Erforschung erdgebundener Geister. Diese Diskussionen regten die Lernenden dazu an, den inneren Wert der persönlichen Heilung zu überprüfen und zu erkennen, wie sie mit schwierigen Klienten und Familienmitgliedern arbeiten können. Vor allem aber überprüften die Teilnehmer ihre Überzeugungen über das Leben aus einer materiellen Perspektive im Vergleich zu einer energetischen Perspektive.

Meine Stärke in dieser neuen Rolle als Lehrerin kam von der Energie.

Eine Woche vor einem geplanten Kurs spürte ich, wie meine Energie wuchs und sich ausdehnte, als ob das Universum den Klang und die Schwingung für das Ereignis vorgeben würde.

Das Format für die Weitergabe der spirituellen Heiltechnik Ama-Deus entspricht genau dem Format, das ich mündlich von Alberto Aguas erhalten habe, einschließlich seiner persönlichen Notizen. Ich habe während der vielen Kurse und Gespräche mit Alberto aufmerksam zugehört, und alles hat sich in mein Herz eingegraben.

Während meiner Unterrichtszeit bei Alberto kam ich nie auf die Idee zu fragen, warum die Themen in seinem Unterricht auf eine bestimmte Weise angeordnet oder formuliert waren. Damals hatte ich nicht die bewusste Absicht gehabt, Ama-Deus zu lehren. Meine starke Verbindung war das Geschenk und der Fokus, ich habe nie versucht, die Liebe Gottes zu definieren. Ich hatte einfach ein großes Verlangen, mich zu öffnen, um diese ewige Gegenwart von Liebe und Licht zu erfahren.

In der Rolle des Lehrers stammten die Ressourcen zur Beantwortung von Fragen über Ama- Deus aus Albertos Geschichten, meiner direkten Erfahrung mit Alberto und meinem Heilprozess. Die wichtigste Ressource ist jedoch meine kontinuierliche Beziehung mit der Energie. Und so empfehle ich den Schülern oft, zu vertrauen und Antworten im Innern zu suchen, während sie ihre persönliche Beziehung zur Quelle dieser Heilmethode aufbauen, denn jeder von uns ist ein einzigartiges Instrument, ein Dirigent und ein Transformator dieser heiligen Energie für unsere irdischen Erfahrungen.

Alle Kurse waren wirklich unvergesslich. Jedes Mal, wenn ich Ama-Deus unterrichte, freue ich mich über eine tiefe Verbindung in meinem Herzen mit allem Leben. Zu lehren bedeutet, die Liebe in einer Guaraní-Tradition zu teilen, die seit über sechstausend Jahren bewahrt wird.

Die Rolle der Lehrerin stärkt

Am Anfang unterrichtete ich wegen der Verantwortung für meine beiden Söhne nur in meiner eigenen Gemeinde. Als sie älter wurden, begann ich zu reisen und erweiterte die Unterrichtspläne wegen Anfragen in die nördliche Hemisphäre. Schließlich füllte sich mein Terminkalender schnell und ich unterrichtete auch in der südlichen Hemisphäre und in mehreren europäischen Ländern.

Ama-Deus unterrichtete ich nun auch in neuen Städten und Umgebungen. Dabei hielt ich Ausschau nach Menschen, die Alberto gekannt hatten. Seine Freunde nahmen Kontakt mit mir auf, nachdem sie von den geplanten Kursen in ihren Städten erfahren hatten. Die meisten von Albertos Freunden wussten nicht, dass er unerwartet verstorben war. Sie wussten nur, dass er plötzlich seit einiger Zeit keinen Kontakt mehr zu ihnen hatte. In unseren Gesprächen ging es darum, mit dem Verlust eines lieben Freundes abzuschließen und unsere Gefühle zu heilen.

Bei meinen anfänglichen Bemühungen, über Albertos Werk zu schreiben, nahm ich Kontakt zu Konferenzen auf, auf denen Alberto häufig Vorträge gehalten hatte. Schließlich lehrte ich auch dort und knüpfte enge Freundschaften. *Life Spectrums* war eine Organisation, die in Pennsylvania Möglichkeiten für persönliches und spirituelles Wachstum bot, und eine andere war das *International Institute of Integral Human Sciences* (IIIHS) -, die mit den Vereinten Nationen in Montreal, Kanada, in Verbindung steht. Dr. Marilyn Rossner, Hellseherin,

Medium, Lehrerin und Expertin auf dem Gebiet der Parapsychologie, gründete das IIIHS und reist um die ganze Welt, um die Geistige Welt zu entmystifizieren und Liebe zu vermitteln. Alberto, der häufig auf ihren Konferenzen Vorträge hielt und lehrte, war ihr guter Freund.

Als Willkommensgeste lud mich Dr. Rossner ein, Vorträge zu halten und Ama-Deus zu unterrichten, was zu jährlichen Anfragen für Schulungen in ihrem Institut führte. Während dieser Reisen war es mein stetiger Wunsch, sie nach Geschichten zu fragen, die sie mit Alberto erlebt hatte. Mit frohem Herzen fand Dr. Rossner immer reizende Worte, die sie mit mir teilen konnte:

> Als Alberto bei einer unserer internationalen Konferenzen als Hauptredner auftrat, wurden wir alle Zeugen davon, dass Gott Wunder wirkt! Viele Jahre lang haben Alberto und ich auf Konferenzen gemeinsam Zeit miteinander verbracht. Er wollte immer, unter allen Umständen und an allen Orten, nur das Beste für alle. Jetzt, wo wir Zeugen der Tiefe seines Wirkens auf der Erde sind, ist seine Gegenwart noch mehr bei uns. Sicherlich leuchtet Albertos Licht weiterhin von seinem himmlischen Aufenthaltsort aus, und er ermutigt alle, weiterzumachen.

Dr. Rossner erzählte nicht nur viele Geschichten, sondern öffnete auch ihr Archiv mit aufgezeichneten Vorträgen vergangener Konferenzen, um mir bei meinen Nachforschungen über Albertos Leben zu helfen.

Die Teilnahme an *Life Spectrums* war eine weitere wunderbare einwöchige Erfahrung, und ich konnte dort Freunde von Alberto treffen. Der Programmausschuss akzeptierte einen Einführungsvortrag über Ama-Deus für eine Sommerkonferenz. Als ich mich bei den Teilnehmern nach Alberto erkundigte, schienen sie eher vorsichtig und zurückhaltend zu sein, was die Weitergabe von Geschichten anging. Doch nach dem Einführungsvortrag verließ Brian Pierman, der den Kurs beaufsichtigte, um die Qualität zu sichern, weinend den Raum. Er war gerührt von der Erinnerung an einen alten Freund und von der tiefen Weisheit der Lehren, die er uns hinterlassen hat. Brians Bericht über meinen Vortrag scheint positiv gewesen zu sein, da die übrigen Anwesenden mit der Zeit auftauten und sich in meiner Anwesenheit wohlfühlten.

Bei meinem zweiten Besuch ein Jahr später, bei dem ich auf dieser Konferenz einen Vortrag hielt, saß ich am Mittagstisch und hörte zu, wie die Mitglieder der Familie Paul, die im Management von Life Spectrums tätig sind, mit Freude ihre Gedanken und Geschichten über einen liebevollen, talentierten Alberto Aguas erzählten. Als ich später um schriftliche Berichte über Alberto bat, wandte ich mich an Lynn Paul, ein aktives Vorstandsmitglied von Life Spectrums. Sie antwortete begeistert, und folgende Beschreibung von ihr fängt Albertos farbenfrohe Persönlichkeit und seine ehrfurchtgebietende Verbindung mit der Geistigen Welt auf brillante Weise ein:

> 1983 besuchte ich meine erste Life Spectrums Konferenz am Elizabethtown College in Pennsylvania. Dort und auf den folgenden einwöchigen Konferenzen im Juli erlebte ich Alberto bis zu seinem Tod im Jahr 1992. Jetzt, viele Jahre später, kann ich mich immer noch an seine Leidenschaft für das Leben, seine vibrierende Energie und schillernde Persönlichkeit erinnern. Ich habe mich glücklich geschätzt, in seiner Gegenwart gewesen zu sein.
>
> Meine erste Erinnerung war, wie er mit schnellem Schritt den abendlichen Hörsaal betrat, entweder in farbenfroher Kleidung oder in einem weißen maßgeschneiderten Hemd mit engen Hosen und Holzschuhen. Er strahlte Intensität und eine Leidenschaft für den Moment aus, in dem er lebte. Mit einer lauten Stimme, einem Lachen und einer leidenschaftlichen Umarmung begrüßte er alle, die er kannte. Er sprach schnell und zog weiter wie ein Kolibri zu seiner nächsten Süße, die das Leben für ihn bereithielt. Er fiel mir ins Auge; ich spürte seine liebevolle Energie schon von weitem. Ich dachte mir, was für ein schillernder Mensch unter den mehr 600 Teilnehmern der Konferenz. Später erfuhr ich seinen Namen: Alberto Aguas. Alles an ihm schien eine gewagte Aussage zu sein, sogar sein Name. Ich hörte, er sei Brasilianer. Ich fragte mich, ob alle Brasilianer eine solche Leidenschaft für das Leben haben. Als ich mich über ihn erkundigte, erfuhr ich, dass er ein Heiler aus Südamerika war, der von den Indianern im Amazonasgebiet

gelernt hatte. Er setzte sich leidenschaftlich für den Regenwald und dessen Schutz ein.

Ich erinnere mich, wie ich ihn während unseres Heilungsgottesdienstes beobachtete. Ein Kreis von Heilern umgab den Raum. Ein Platzanweiser forderte die Teilnehmer auf, nach vorne zu gehen und den nächsten freien Platz einzunehmen, einen Sitzplatz bei einem offenen Heiler, um durch Handauflegung eine Heilung durchzuführen. Ich beobachtete, wie sich dieser Vorgang entfaltete. Meine Augen blickten auf Alberto. Als er einem Teilnehmer des Retreats die Hände auflegte, neigte sich sein Kopf nach hinten. Es schien, als würde er sich mit der universellen Lebensenergie verbinden. Er lächelte und Strahlen der Freude und Leidenschaft gingen von ihm aus. Für mich war es, als würde ich Zeuge, wie das Göttliche hier auf der Erde seinen Ausdruck findet. Albertos Ekstase war deutlich spürbar. Ich bewunderte seine Freude, seine Leidenschaft, seine Energie, seine Ausstrahlung in diesem Moment. Er war aus vollem Herzen in sein Handwerk vertieft. Es gab keine Schüchternheit, es war, als ob die ganze Herrlichkeit Gottes für alle zu sehen war. Wenn er jemandem die Hände auflegte, konnte man die elektrische Energie, die Schwingungen und die Wärme seiner Hände spüren. Alle Mitglieder des Life Spectrums Komitees wünschten sich, auf dem Stuhl vor Alberto zu sitzen.

Kurz gesagt, Alberto war ein Mann der Leidenschaft, der seine Tiefe des Herzens und des Geistes mit seiner Herzlichkeit und seinem einzigartigen Stil zum Ausdruck brachte. Ich werde mich immer daran erinnern, wie das Göttliche durch ihn in seinen Heilungen zum Ausdruck kam. Als Gemeinschaft von Life Spectrums trauerten wir sehr um ihn und erinnern uns immer noch gerne an ihn. Wir haben das Gefühl, dass er immer noch im Geiste bei uns ist.

Das Zusammentreffen mit Menschen, die Alberto sehr gut kannten, half mir dabei, meine Leidenschaft, Integrität, Respekt und Liebe

für das Teilen von Ama-Deus zu bewahren. Als ich mich in meine Gemeinschaft einbrachte und schließlich in verschiedene Teile der Welt reiste, war das Leben gelinde gesagt bereichernd. Einer meiner herzergreifendsten Kurse fand in Brasilien statt, der mich schließlich zu Albertos Familie führte.

Als die Anfrage über die Ama-Deus Website kam, war ich so begeistert von dieser Anfrage aus Brasilien, dass ich nicht darüber nachdachte, wer diese Person sein könnte, die mich hier anfragte, oder welches Abenteuer vor mir lag. Alles, was ich fühlte, war die Freude, Albertos Heimatland zu besuchen. Ich erzählte meinem Sohn am Telefon von diesem brasilianischen Abenteuer, der mich allerdings schnell wieder zur Vernunft brachte.

„Mama, du kannst nicht allein in dieses Land fahren! Du weißt nicht, wer die Person ist, die als Gastgeber für den Kurs fungiert. Du hast ihn gerade erst im Internet kennengelernt!" „Hmm, da hast du Recht." „Du kannst nur gehen, wenn ich mit dir gehe."

Das klang nach einem großartigen Plan. Also wurden die Reise und der Ama-Deus Kurs in die Frühjahrsferien seines Colleges gelegt. Bei unserer Ankunft in Brasilien fühlten wir uns sofort wohl bei unserem äußerst liebenswürdigen Gastgeber Christian. Wir erfuhren, dass er ein bescheidener, liebevoller und spirituell bewusster Mensch ist. Seine Aufmerksamkeit für jedes Detail unserer Reise übertraf unsere Erwartungen. Christian organisierte einen Wochenendkurs in einer wunderschönen kleinen Stadt am Meer südlich von Rio de Janeiro. Auch zwischen uns entwickelt sich eine wunderbare, lang andauernde Freundschaft.

Christian hatte dafür gesorgt, dass uns eine Fulniô-Schamanin bei unserer Ankunft im Ozeanhotel und im Kursraum empfing. Unter freiem Himmel sahen wir zu, wie sie zahlreiche köstliche, traditionelle Gerichte aus Maniok über einem offenen Feuer zubereitete. Das letzte Gericht war eine Nachspeise, Maniok mit Bananen. Mit vollen Bäuchen schliefen wir friedlich ein und ließen uns von einer sanften Meeresbrise wiegen.

Am nächsten Morgen erwachten wir zu uns unbekannten Geräuschen und Meeresgerüchen; das Morgenlicht glitzerte auf dem smaragdfarbenen Meer. Alles schien magisch zu sein. Die Brasilianer, die an dem Kurs teilnahmen, waren offen, liebevoll und mit Leidenschaft bei der Sache. Dieser Ama-Deus Kurs, der von Alberto in Zusammenarbeit mit den Guaraní gestaltet worden war, war meines Wissens der erste Workshop auf brasilianischem Boden. Er war bereichernd und aufschlussreich, und die Brasilianer waren nicht wenig erstaunt darüber, dass eine weiße Frau ein Stück ihres Erbes zu ihnen brachte. Im folgenden Jahr kehrte ich nach Brasilien zurück, um zu unterrichten und auch um mehr über Albertos Hintergrund zu erfahren und zu forschen, um die Informationen aus seinen Vorträgen und Notizen zu vervollständigen und nach seiner Familie zu suchen. Nach mehreren vergeblichen Versuchen, sie ausfindig zu machen, brachte ein letzter Anruf drei Tage vor meinem Rückflug den Erfolg, als wir Albertos Bruder am anderen Ende der Leitung hörten. Ich flog gleich am nächsten Tag zu einem geplanten zweistündigen Treffen mit Albertos Familie in ihrem Haus. Die Familie Aguas öffnete mir ihr Herz und erzählte mir ihre Geschichten und zeigte mir Familienfotos von Alberto. Aus dem zweistündigen Treffen wurde ein ganzer Tag mit netten Gesprächen, einem gemeinsamen Essen in Albertos Lieblingsrestaurant und einer Tour durch die wunderschöne Stadt, in der sie wohnten. Meine freundlichen Gastgeber mussten mich schnell zum Flughafen fahren, damit ich meinen Flug nicht verpasste. Ich verließ sie mit Freude im Herzen und mit der Absicht, im nächsten Jahr wiederzukommen.

Bei diesem zweiten Besuch bei der Familie ein Jahr später bekundeten sie ihr Interesse, Ama-Deus zu lernen, und so planten wir für einige Monate später einen weiteren Besuch mit Christian als Übersetzer. Er nahm sich eine Auszeit von seiner Arbeit, um mich zum Haus der Familie zu begleiten. Die Familie nahm Ama-Deus liebevoll auf, was den Weg für persönliche Gespräche über Alberto und seine Beziehung zu seiner Familie eröffnete.

Eine süße Geschichte stammt von Albertos Nichte Angelica über eine Erinnerung aus ihrer Kindheit. Sie erzählte von einer Party, als sie zwei oder drei Jahre alt war. Sie lebte damals in Londrina, einer Stadt in der ländlichen Gegend rund um Parana, und nahm an einem Fest teil, bei dem viel fotografiert wurde. Sie erinnerte sich daran, wie ihr Onkel Alberto mit einer ausgebrannten Blitzlampe aus einer Kamera spielte und wie erstaunt alle über sein Schauspiel waren. Alberto kam zu ihr und hielt etwas in seiner Hand versteckt. Er überraschte sie mit einem Licht, das aus seiner Hand kam. Sie öffnete seine Hand und fand die durchgebrannte Blitzbirne. Sie nahm ihm die Glühbirne aus der Hand, um zu versuchen, Licht zu machen, aber es passierte nichts. Sie erinnerte sich: „Ich war erstaunt, dass eine Blitzlampe in der Hand von jemandem funktionieren konnte, obwohl sie in einer Kamera nicht mehr funktionierte. Als ich die Blitzbirne in meiner Hand hielt, passierte nichts. Das ist eine Geschichte, die ich nie vergessen werde. Außerdem haben wir ein Bild im Haus meiner Eltern, auf dem sich eine Lampe hinter ihm befindet. Onkel Alberto hat eine Menge „saudades" hinterlassen, Lehren der Liebe für alle, er war ein fantastischer Mensch, der nur Gutes tat."

Ich verließ ihr Haus mit einer vollständigen Erklärung und einem starken Gefühl dafür, warum Ama-Deus in Brasilien nicht gelehrt worden war. Alberto war sowohl um den Schutz seiner Familie als auch den der Guaraní besorgt. Ein Teil von Albertos Beziehung zu den Guaraní bestand in seinem Anliegen, ihr Land zu schützen, was ihn bei der brasilianischen Regierung in Ungnade fallen ließ. Die Ausweitung des Ama-Deus Unterrichts auf einen anderen Kontinent schützte die Beteiligten in Brasilien und brachte den Guaraní Aufmerksamkeit und Geld aus einem anderen Land.

Ich hätte mir nie träumen lassen, wie wertvoll diese Erfahrung des Lehrens und Bewahrens einer heiligen mündlichen Praxis ist. Die Guaraní leben immer noch in Unbeirrbarkeit, ein Leben der Gegenseitigkeit in Liebe zu ihrer spirituellen Reise. Ich liebte es auch, diese heiligen Informationen weiterzugeben, und war begeistert zu beobachten, wie Ama-Deus durch die Reaktion von Menschen auf der ganzen Welt erblühte, da die Menschheit zu der Kraft dieser alten Weisheit erwachte.

KAPITEL 12

EINE NEUE REISE IN EIN FREMDES LAND

In allen Heilungen steckt Liebe, ganz gleich, welche Technik man anwendet.
-Alberto Aguas

Wenn ich über meine Erfahrungen mit Ama-Deus nachdachte, wurde mir klar, dass meine persönliche Heilung die Schritte gewesen waren, die mich auf die Rolle der Lehrerin vorbereitet hatten. Dann verlor ich meinen Lehrer, ein weiterer Schritt auf meinem Seelenweg. Meine Reise, Ama-Deus zu lehren, entfaltete sich; ich gewann Klarheit über den Zweck der Heilung und stärkte meine Beziehung zu den spirituellen Reichen.

Das Unterrichten und Leiten von Heilsitzungen brachte mir schließlich die Gelegenheit, Ama-Deus in einem klinischen Umfeld zu praktizieren – ein ungewohntes Terrain, das ein erstaunliches Maß an Wachstum mit sich brachte. Zunächst musste ich mich an die Umgebung gewöhnen und mich dann auf neue Art und Weise mit dem Personal und den Patienten auseinandersetzen – all dies empfand ich als großartiges Lernen. Zu gegebener Zeit legte die medizinische Einrichtung den Grundstein für die Durchführung von Forschungsarbeiten und den Einsatz von Ama-Deus als Intervention. Das hat meine kühnsten Träume übertroffen. Hier ist die Geschichte.

Vier Jahre lang war ich in privater Praxis als Energiepraktikerin,
Ausbilderin für Ama-Deus im Dominikanischen Zentrum und Massagetherapeutin für postpartale Klientinnen eines örtlichen Gynäkologen tätig. Durch harte Arbeit fasste ich in einem örtlichen

Krankenhaus Spectrum Health Fuß und schuf einen Bereitschaftsdienst für diesen Gynäkologen, der den ersten ganzheitlichen Massagetherapiedienst für Patienten im Krankenhaus anbot. Die Massagetherapie wurde als Geschenk für frischgebackene Mütter und ihre Babys angeboten. Ein Jahr nachdem wir diese Dienstleistung angeboten hatten, bat das medizinische Personal der pädiatrischen Onkologieabteilung diese Therapie auch für die hospitalisierten Kinder anzubieten. Die ständige Zunahme der geplanten Sitzungen im Krankenhaus sowie die ständige Buchung von Ama-Deus Wochenendkursen und schließlich die privaten Heilsitzungen hielten mich sehr beschäftigt.

Dann unterbreitete mir das örtliche katholische Krankenhaus, Saint Mary's Health Care, ein wunderbares Angebot. Der Geschäftsführer des Krankenhauses bat um ein Treffen mit mir, um die Entwicklung eines Geist-Körper-Seele Programms zu besprechen. Zu diesem Zeitpunkt war ich nicht daran interessiert, ein weiteres Krankenhausprogramm zu übernehmen, da ich in dem Krankenhaus am anderen Ende der Stadt bereits gut etabliert war. Auf das Drängen eines guten Freundes und örtlichen Philanthropen hin akzeptierte ich ein Treffen im katholischen Krankenhaus. Ich akzeptierte nur, um höflich zu sein. An dem Treffen nahmen der Vorstandsvorsitzende und der stellvertretende Betriebsleiter des Krankenhauses teil und erläuterten Einzelheiten des Programms, das sie umzusetzen gedachten. Meine bisherigen Erfahrungen mit Krankenhausverwaltungen hatten gezeigt, dass sie jeglichen ganzheitlichen Programmen grundsätzlich skeptisch gegenüberstehen. Diese beiden Führungskräfte wollten jedoch eine stärker auf den Patienten ausgerichtete Pflege schaffen; außerdem verstanden sie die grundlegende Bedeutung des Begriffs *ganzheitlich*. Was für eine wohltuende Abwechslung! Meine übliche Vorbereitung auf ein solches Treffen bestand darin, Begriffe zu erklären und die Vorteile und den Nutzen von ganzheitlichen Dienstleistungen in Krankenhäusern darzulegen. Meine bisherigen Erfahrungen bei Treffen waren im Wesentlichen, dass ich eine Verteidigung der Vorteile einer hochmodernen, ganzheitlichen Praxis durchführen musste. Es gab einfach nicht genügend substanzielle Informationen im Hinblick auf die klinischen Standards, noch hatte irgendeine Modalität die Strenge der klinischen Studien durchlaufen.

Dieses Treffen erwies sich jedoch als erfreulich und es fand ein anregendes Gespräch statt. Beide Verwalter waren sachkundig und hatten sich gründlich über die Möglichkeiten integrativer Therapien im Krankenhaus informiert. Es herrschte kein herablassender oder unbeholfener Ton, sondern es wurde lediglich darüber diskutiert, wie ein ganzheitliches Programm umgesetzt werden könnte.

Doch selbst inmitten dieses wunderbaren Gesprächs hatte ich nicht den Wunsch, das Krankenhaus zu wechseln. Ich liebte die Freiheit, für mich selbst zu arbeiten, meine eigene Praxis zu führen, Wochenend Workshops zu leiten und für den Gynäkologen Dr. Fred Rohn Bereitschaftsdienst zu haben. Dr. Rohn hatte mir den Weg für meinen ersten Schritt in das heutige klinische Umfeld geebnet. Er bezahlte mich dafür, dass ich all seinen frischgebackenen Müttern nach der Geburt eine Massage anbot. Was für ein Novum war das! Ich wollte weder meine Loyalität zu ihm noch den Weg aufgeben, den er und ein paar engagierte Ärzte in diesem Krankenhaus bereits eingeschlagen hatten. Warum habe ich nicht einfach nein gesagt?

Dort saß ich in dem großen Büro des leitenden Angestellten des katholischen Krankenhauses. Ich packte den letzten Versuch aus und gab den beiden eine einseitige Beschreibung des Ama-Deus Kurses. Ich dachte, das würde sie definitiv von einer Partnerschaft mit mir abhalten. Dann könnte ich in Ruhe gehen. Ich reichte den Flyer an den Geschäftsführer weiter und sagte: „Bevor wir weitere Gespräche führen, möchte ich, dass Sie über alles Bescheid wissen, was ich anbiete. Ich praktiziere und lehre eine Methode der Energieheilung. Sie haben sicher schon von dem Reiki Heilkreis für Krebspatienten gehört, der in dem anderen Krankenhaus geschlossen wurde."

„Ja, wir haben davon gehört."

Ohne ein weiteres Wort zu verlieren, nahm er mir das Papier aus der Hand. Der Geschäftsführer las den Werbeflyer aufmerksam. Ich senkte den Blick und konzentrierte mich auf meine Atmung, in der Erwartung, dass ich gleich von diesem Mann Worte der Verabschiedung hören würde. Ich atmete tief durch und hatte das Gefühl, die zahlreichen Appelle des unterstützenden Philanthropen und meines neuen Stiefvaters, eines früheren Vorstandsmitglieds, Genüge getan zu haben. Mit gutem Gewissen dachte ich, dass ich mein einfaches Leben weiterführen könnte, das ich zeitlich so organisiert hatte, dass ich meinen beiden Söhnen die nötige Aufmerksamkeit schenken konnte.

Der Vorstandsvorsitzende sah auf, ebenso wie ich, und hielt zwei Sekunden lang inne, lehnte sich in seinem Sitz vor und sah mir direkt in die Augen, während er das Papier an seinen Vizepräsidenten weiterreichte. Er antwortete aufmerksam: „Ich hoffe, Sie werden das eines Tages hier unterrichten."

Ich war sprachlos. Hatte er wirklich verstanden, dass es sich um Energieheilung handelte? Viele Menschen in unserer Stadt bezeichneten Energieheilung als das Werk des Teufels. Bevor ich meinen Mund öffnen und antworten konnte, bat er um ein zweites Treffen.

„Ich möchte, dass Sie einen Vorschlag für ein Programm ausarbeiten und uns zusammen mit dem Vorschlag die Vorstellung Ihres Gehalts nennen."

„Einen Entwurf?"

Er unterbrach mich, bevor ich nach weiteren Einzelheiten fragen konnte. „Nicht zu ausführlich", sagte er, „nur eine Skizze, wie Sie ein ganzheitliches Programm umsetzen würden. Reichen zwei Wochen aus, um den Vorschlag auszuarbeiten?"

Ich antwortete roboterhaft: „Ja, ich werde den Vorschlag vorbereiten und meine Bedingungen innerhalb von zwei Wochen für das nächste Treffen festlegen." Was kam da aus meinem Mund? Seit der Geburt meines zweiten Sohnes hatte ich mich lange Zeit von solchen beruflichen Verpflichtungen ferngehalten.

„Großartig." Der Geschäftsführer wandte sich an seinen Vizepräsidenten: „Würden Sie das arrangieren?" Dann wandte er sich wieder an mich und sagte schnell: „Ich würde Sie bitten, die anderen Arbeitsstellen zu verlassen, bevor Sie unser Angebot annehmen."

Ich entgegnete schnell: „Bitte bedenken Sie, dass der von Ihnen ins Auge gefasste Starttermin mit den Verpflichtungen, die ich gegenüber anderen Menschen habe, vereinbar sein muss."

„Auf jeden Fall", sagte er, während er sich von seinem Stuhl erhob und damit anzeigte, dass die Sitzung beendet war.

Wir trennten uns, indem wir Höflichkeiten austauschten. Ich ging zu meinem Auto und fragte mich, was um alles in der Welt passiert war. Warum war ich so bereit, ein weiteres Treffen zu akzeptieren? Und doch fühlte ich mich leichter! Ich kicherte darüber, wie meine Lehre von Ama-Deus sich so entfaltete, wie Amma es vorausgesagt hatte. Ich konnte es kaum erwarten, diese Neuigkeiten mit meinen engen Freunden zu teilen! Doch die Vorstellung, einen strukturierten Arbeitsalltag im Büro zu haben, war entsetzlich. Ich hatte noch nicht endgültig zugesagt. Das half mir dabei, meine Gefühle in Anbetracht dieser möglichen Veränderung zu beruhigen.

Als ich die Einzelheiten des Treffens im engen Familienkreis besprach, waren alle sehr glücklich und unterstützten das Vorhaben und ermutigten mich, diesen Schritt zu gehen und das Angebot zu akzeptieren. Vor allem meine Jungs waren begeistert. Sicherlich würde es einfacher sein, ihren Freunden die Arbeit im Krankenhaus zu erklären, als ihre Mutter als Energiepraktikerin zu bezeichnen.

Die beiden Führungskräfte waren beeindruckend in ihrer aufrichtigen, von Herzen kommenden Entschlossenheit, ein Programm zu entwickeln. Der Vorstandsvorsitzende kam ohne Umschweife auf den Punkt. Es ging ihm ganz klar darum, jetzt ein Programm zu schaffen. Noch hatte sich niemand sonst mit einer solch mutigen Aktion hervorgetan. Nicht in unserer Stadt. Was meine endgültige Entscheidung beeinflusste, waren meine Söhne; beide Jungen waren in einem Alter, in dem es möglich war, dass sie nach der Schule für ein paar Stunden für sich selbst verantwortlich sein konnten.

Beim nächsten Treffen nahm ich die Stelle bei Saint Mary's an. Mein Entwurf für das Treffen enthielt jedoch keinen Plan, der Energieheilung vorsah. Ich hoffte, dass ich die Möglichkeit haben würde, dies zu einem späteren Zeitpunkt nachzuholen. In unserer Gemeinschaft gab es zu viele Ängste im Zusammenhang mit der Praxis der Energieheilung.

Mit im Boot sitzen

Der eigentliche Erfolg dieses ganzheitlichen Krankenhausprogramms ist auf die Leitung der oberen Verwaltungsebene zurückzuführen, einer Handvoll Ärzte, darunter eine Hausärztin, Dr. Susan Radecky, die das Facharztprogramm leitete. Sie verstand und erkannte den Nutzen ganzheitlicher Praktiken von Grund auf. Diese Gruppe von Krankenhausmitarbeitern hatte sich bereits regelmäßig getroffen, bevor ich eingestellt worden war. Ihr aufrichtiges Bestreben, ein neues Umfeld mit einer stärker auf den Patienten ausgerichteten Pflege unter

Einbeziehung ganzheitlicher Therapien zu schaffen, war ein weiterer triftiger Grund, warum ich die Stelle annahm.

Vor meinem ersten Schritt, ganzheitliche Praktiken zu entwickeln und anzuwenden, hätte ich mir nie träumen lassen, dass ich eines Tages so unschätzbare Erfahrungen machen würde. Jeder Beteiligte konnte für sich etwas mitnehmen: die Patienten mit ihrer Geschichte, die Krankenschwester oder der Arzt mit ihrer mitfühlenden Fürsorge und Offenheit, die Krankenhausverwaltung und ich auch. Das Universum wirkte liebevoll Wunder. Schließlich wurde das Krankenhaus zu einer Forschungsstätte für meine Doktorarbeit, und wir praktizierten und lehrten Ama-Deus. Wer hätte jemals gedacht, dass das eines Tages möglich wäre? Ich zumindest nicht, so viel ist sicher! Das Universum erfüllt nicht immer meine Erwartungen, denn das Leben ist eine heilige Reise der Entdeckung des Selbst. Ich habe schnell gelernt, dass ich, wie bei Ama-Deus, keine Kontrolle habe. Ich war einfach nur dabei und musste nur anwesend sein.

Liebevolle Berührung im klinischen Umfeld

Meine ersten Tage vor Ort bestanden aus einem völligen Eintauchen in die Verwaltungsstruktur des Krankenhauses und die Navigation der Patienten durch die klinischen Verfahren. Darüber hinaus musste ich an den wöchentlichen Sitzungen der vom Vizepräsidenten für Operationen geleiteten Task Force teilnehmen. Ziel dieser Arbeitsgruppe war es, eine Struktur für die Umsetzung eines Programms für Körper, Geist und Seele zu schaffen. Der erste Schritt war mein Programm, das auf die stationäre Unterbringung ausgerichtet war. Später wurde zusätzlich ein ambulantes Programm aufgelegt.

Wir diskutierten über verschiedene ganzheitliche Dienste und darüber, welche davon integriert werden sollten, wie z. B. Massage- und Musiktherapien. Von Seiten der Verwaltung und der Ärzte wurden alle möglichen Befürchtungen geäußert. Einer fürchtete die Praxis der Meditation, andere lehnten die Chiropraktik ab. Ihre Ängste zu verstehen, half mir in den ersten Tagen, mich auf diesem neuen Terrain zurechtzufinden.

Schließlich einigte man sich auf eine erste Runde von Modalitäten. Die Massagetherapie war die erste Praxis, die wir mit meiner Anstellung im Krankenhaus einführten. Musik und Akupunktur sollten die nächsten Programme sein. Als das Thema Energieheilung aufkam, meldete ich mich schnell zu Wort und schlug vor, diese Therapie in Erwägung zu ziehen, nachdem diese ersten Programme etabliert waren und angenommen worden waren. Ich habe der Gruppe gegenüber meine Meinung deutlich zum Ausdruck gebracht. Es wäre weder respektvoll noch höflich, dem medizinischen Team diese Modalität zum jetzigen Zeitpunkt vorzustellen. Es ist für das medizinische Personal schon sehr weit hergeholt, Massagen einzuführen, was die greifbarste der ganzheitlichen Praktiken ist. Mein Ziel ist es, zumindest eine neutrale Basis mit den Ärzten zu etablieren. Ich erwarte nicht, dass sie alle diese Praktiken akzeptieren. Außerdem suche ich nach einer gemeinsamen Basis, auf der wir eine Ergänzung zur Behandlung der Ärzte schaffen können. Niemand erhob Einwände gegen meinen Plan.

Mein erstes Ziel war es, die Massagetherapie erfolgreich in die Abteilung für Frauen und Kinder zu integrieren. Ich kannte diese Abteilung bereits aus meiner klinischen Erfahrung aus meiner vorherigen Anstellung. Das medizinische Personal war höflich, aber ängstlich. Niemand wollte mit mir ein Gespräch führen oder war bereit, kostenlose Schultermassage anzunehmen. Die Massagetherapie war in unserer Stadt nicht weithin bekannt und bereitete einigen Leuten Unbehagen, wenn man Massagen zur Diskussion stellte.

Schließlich meldete sich eines Tages die Sekretärin der Abteilung zu Wort: „Ich nehme eine!" Was für eine Erleichterung, dass endlich jemand mit mir sprach. Die Sekretärin der Abteilung hatte keine Angst vor dem Wort Massage. Sie sagte einfach: „Oh, das ist so wunderbar. Das können Sie den ganzen Tag machen!" Während ich ihre Schultern massierte, rief sie den anwesenden Assistenzärzten und den im Pausenbereich sitzenden Krankenschwestern zu: „Ihr verpasst wirklich etwas." Ich konnte sehen, wie die Köpfe der Leute über Tabellen oder Essen gebeugt waren, während sie so taten, als seien sie beschäftigt, aber sie versuchten dennoch, unter ihren Unterlagen herauszulugen. „Na ja", fuhr sie fort, „wenn ich es mir recht überlege, bin ich froh, dass ihr keine wollt, dann bleibt mehr für mich!" Ich segnete sie für ihren Mut und ihre Freundschaft.

Mein erster richtiger Patient kam unerwartet. Ich saß mit meiner neu gewonnenen Freundin, der Sekretärin, auf der Schwesternstation. Ich hatte gehofft, bald zumindest mit den Massagen für Frauen nach der

Geburt beginnen zu können. Dazu brauchte ich jedoch eine Überweisung vom Arzt und eine willige Patientin. Ich wartete geduldig auf mögliche Gespräche, während die Ärzte ihre Morgenvisite machten. An diesem Morgen bemerkte ich, wie ein Arzt und eine Krankenschwester, die ein ernstes Gespräch zu führen schienen, auf mich zukamen.

„Würden Sie gerne mit einem Patienten arbeiten?" fragte mich der Arzt in zurückhaltendem Ernst.

Ich antwortete mit vielleicht etwas zu viel Enthusiasmus: „Ja!"

Der Arzt erklärte in ruhigem Ton: „Nun, wir haben einen Fall von fötalem Absterben in der achtundzwanzigsten Woche. Die Mutter ist ängstlich und trauert. Vielleicht kann eine Massage ihr dabei helfen, sich zu entspannen."

„Natürlich, ich würde gerne mit ihr arbeiten." Ich freute mich so sehr, endlich einbezogen zu werden, aber ich war mir über die volle Tragweite eines fötalen Abbruchs nicht im Klaren. Das Ärzteteam nannte mir die Zimmernummer der Patientin, und die Krankenschwester begleitete mich zu ihrem Zimmer, wo sie mir in aller Ruhe die Bedeutung des fötalen Abbruchs erläuterte. Ich rechnete mir die Situation aus, als ich die Tür aufstieß. Es war die erste Schwangerschaft der Mutter, und sie trug immer noch das Kind in sich, von dem sie gerade erfahren hatte, dass sie es verloren hatte. Sie war im siebten Monat schwanger, und es war eine Woche vor Weihnachten. Ich atmete tief durch, um mich zu beruhigen und zu konzentrieren, und entdeckte die Patientin, die in der hintersten Ecke des Raumes stand. Sie drehte sich um und schaute mich mit verängstigten, großen Augen an. Mein Mitgefühl nahm überhand als ich diese verängstigte junge Mutter sah. Sie war so allein. „Hallo, ich bin Beth. Hatten Sie schon mal eine Massage?" „Nein."

„Möchten Sie es versuchen?"

„Ja."

Ich hatte erwartet, dass sie nein sagen würde und war froh über ihr „Ja". „Okay, lassen Sie mich Ihnen helfen, es sich hier auf dem Bett auf dem Rücken bequem zu machen."

„In Ordnung."

Ich half ihr, ins Bett zu klettern, wickelte die Laken liebevoll um sie und legte ein Kissen hinter ihre Knie, um es ihr bequem zu machen. Ich positionierte mich an ihren Füßen, die am weitesten von ihrem Gesicht entfernt waren, in der Hoffnung, dass sie sich so bei der ersten

Berührung wohler fühlen würde. Ich zog das Laken hoch und massierte ihre Füße, während ich in beruhigendem Ton sprach und ihr empfahl, die Augen zu schließen und sich auf ihren Atemrhythmus einzustellen. Ich spürte, wie meine Berührung sie sofort entspannte, während sie meine Vorschläge zur Atmung befolgte.

Dann tastete ich nach Akupunkturpunkten in der Nähe ihrer Knöchel, die die Wehen unterstützen; ich schloss die Augen und synchronisierte meine Atmung mit ihren. Ich öffnete mich dem Energiefluss, während ich rhythmischen Druck ausübte.

Kurz nach diesem rhythmischen Druck in der Nähe ihrer Knöchel antwortete sie: „Ich fühle diese Bewegung, die mein Bein hochkommt, und sie geht durch meine Gebärmutter ... oh, sie geht das andere Bein wieder runter!"

„Wirklich?" Angenehm überrascht von dieser schnellen Wirkung, antwortete ich: „Hmm, das ist gut. Bleiben Sie entspannt und konzentrieren Sie sich auf Ihre Atmung."

Ich unterstützte sie weiterhin mit meinen Händen und meiner Stimme, und in den nächsten Minuten rief sie aus: „Ich spüre, wie die Wehen einsetzen."

„Wunderbar", antwortete ich in stiller Freude und Verwunderung.

Die Entspannung, die liebevolle Berührung und der Energiefluss trugen dazu bei, ihr den Raum für emotionale und geistige Klarheit zu geben. Ihre Augen wurden weicher, und sie ging mit Gelassenheit und Entschlossenheit ihre Situation an.

Diese bisher einzige, erste Massage auf der Entbindungsstation löste eine Flut von Reaktionen des medizinischen Teams aus, und es entwickelte sich eine wunderbare Beziehung zwischen diesem überweisenden Arzt, den Krankenschwestern und mir. Wir entwickelten eine spezielle Routine für die Wehenmassage und ein Massageverfahren für die Zeit nach der Geburt, das die Krankenschwestern unbedingt erlernen wollten, um ihre Patientinnen besser versorgen zu können. Ich brachte den Krankenschwestern eine einfache Fußmassage bei, damit sie ihre Patientinnen bei des Entspannung unterstützen konnten. Bei ungewöhnlichen, schwierigen Fällen waren nun meine Therapiestrategien gefragt. Und was noch wichtiger war: Das Personal auf der Entbindungsstation akzeptierte mich als Teil des Teams. Wir hatten einen großartigen Anfang.

Kapitel 12: Eine neue Reise in ein fremdes Land

Der Erfolg meiner Behandlungen sprach sich herum. Sich wiederholende Szenarien, die der Anfrage des Arztes auf der Entbindungsstation ähnelten, hallten durch alle Abteilungen des Krankenhauses. In kürzester Zeit wollten die dort arbeitenden Krankenschwestern wissen, wie sie ihren Patienten helfen konnten, z.B. bei der Vorbereitung auf eine Operation, nach einer Operation, bei Schmerzkontrolle, Übelkeit, Angstzuständen und bei Frauen in den Wehen. Das Krankenhauspersonal sprach mich auf dem Flur an, unterhielt sich mit mir im Aufzug und kam in der Kantine auf mich zu. Was für eine wunderbare Veränderung der Einstellung im Vergleich zu den ersten Wochen, die ich auf der Entbindungsstation verbracht hatte!

Einen Tag nach der Explosion dieses neu entstandenen Interesses hielt mich eine Krankenschwester auf dem Flur an und stellte sich mir vor. Sie fragte mich, ob ich etwas über Energieheilung wisse. Ich wurde plötzlich ganz aufmerksam, hob die Augenbrauen und bejahte.

Sie fuhr fort: „Es gibt mehrere Krankenschwestern aus dem Krankenhaus, die sich nun schon seit über einem Jahr treffen. Wir diskutieren über ganzheitliche Pflegepraktiken und sind sehr an der Energieheilung interessiert. Wir würden uns freuen, wenn Sie bei unserem nächsten Treffen dabei wären."

Ich antwortete enthusiastisch: „Ja!"

Diese berufstätigen Frauen, die sich über ganzheitliche Pflege informieren wollten, erfuhren, dass in den neunziger Jahren landesweit mehr als dreißigtausend Krankenschwestern mit Therapeutic Touch™ arbeiteten, einem energetischen Heilprogramm, das von einer Krankenschwester für Krankenschwestern im klinischen Umfeld entwickelt worden war. Diese Krankenschwestern wollten auch etwas lernen und baten mich voller Enthusiasmus um einen Kurs in Ama-Deus. Ich hätte mir nie träumen lassen, dass dies so schnell geschehen würde. Meine neue Reise durch das Krankenhaus wurde zu einem wahren Freudenritt. Ich fühlte mich mit diesen Krankenschwestern verbunden, die mich lehrten, dass Krankenschwestern die besten Verbündeten für die Integration ganzheitlicher Therapien sind.

Die erfolgreichste Integration meiner Dienstleistungen in meinem ersten Jahr im Krankenhaus erfolgten unerwartet mit Krankenschwestern in der Neugeborenenabteilung. Von der Entbindungsstation aus machte ich die nächsten Fortschritte bei der Integration der ganzheitlichen

Therapien in der Neugeborenenabteilung. Auf der Entbindungsstation waren einige der Massageanfragen auf Frauen gerichtet, die wegen vorzeitiger Wehen Bettruhe hatten. Die Massage wurde angeordnet, um ihren Körper zu entspannen und ihren emotionalen und mentalen Stress zu lindern. Bei dieser Patientengruppe unterrichtete ich sie auch über die positiven Auswirkungen von Berührungen auf die Bindung zu ihren Neugeborenen. Ihre tiefgreifenden persönlichen Erfahrungen mit Berührungen nach wochenlanger Bettruhe vermittelten ihnen ein Verständnis dafür, wie Berührungen das Gehirn ihres Babys, seine sozialen Reaktionen und die Bindung fördern würden.

Gleichzeitig wurde die Begeisterung für ganzheitliche Praktiken immer größer, und der Geschäftsführer war bereit, die nächsten administrativen Schritte zu unternehmen, um die Kassen für die angebotenen Dienstleistungen zahlen zu lassen. Er arrangierte ein Treffen mit drei Versicherungsträgern, die klar machten, dass klinische Studien erforderlich waren, damit die Kostenerstattung übernommen werden konnte. Als Ergebnis des Treffens schickte mich der Geschäftsführer zum *Touch Research Institute* (TRI), um mich darin zu schulen, wie man Forschung in Bezug auf Berührungen im klinischen Umfeld durchführt. Die Erfassung des positiven Nutzens von Berührung in einem klinischen Umfeld würde den Antrag auf Kostenerstattung unterstützen. Das Programm am TRI bot Vorlesungen über die Planung von Kliniken sowie praktische Übungen in der Standardversorgung und beinhaltete auch eine Berührungsroutine für Neugeborene.

Nach dieser Fortbildung kehrte ich mit neuem Enthusiasmus an meinen Arbeitsplatz zurück. Mir ging es nicht nur darum, durch Forschungen klinische Ergebnisse zu erzielen, sondern ich wollte auch an der Neugeborenenstation mitarbeiten. Diese Schulung öffnete in unserem Krankenhaus die Tür dafür, mit den Neugeborenen durch Berührung zu arbeiten und den Eltern die zusätzlichen Vorteile von Berührungen für das Neugeborene zu vermitteln. Darüber hinaus wollten die Krankenschwestern, die eine positive Reaktion auf die Behandlung durch Berührung beobachteten, unbedingt selbst lernen, wie sie mit den Säuglingen arbeiten können. Alle haben von diesem Prozedere profitiert: die Krankenschwestern, die Eltern und ganz sicherlich die Kinder.

Ich liebte es, in der Neugeborenenabteilung mit den zarten und zerbrechlichen neu ankommenden Seelen zu arbeiten. Eines Tages schaute ich mir die Neugeborenen an und bemerkte ein besonders unruhiges Kind. Mit einem fragenden Blick zur zuständigen Krankenschwester sagte sie: „Kokainbaby". Dieses Baby befand sich nicht im Stadium eines voll ausgetragenen Säuglings, was bedeutete, dass es entweder ein frühgeborener oder ein reif-geborener Säugling war. Ein Neugeborenes im Stadium eines Frühchens durfte ich mit meinen Methoden nicht behandeln, das war tabu. Mein Training bei TRI fand nur mit Babys statt, die voll ausgetragen waren.

Dennoch hatte ich das starke Gefühl, diesen ängstlichen Säugling berühren zu müssen. Ich wandte mich an den Neonatologen und fragte: „Herr Doktor, darf ich mit diesem Säugling arbeiten?" Ich war mir nicht sicher, wie dieser Arzt reagieren würde. Er hatte erst vor kurzem die Leitung der Abteilung übernommen. Sein erster Schritt hatte darin bestanden, mich zu bitten, mich nicht in die Abteilung einzumischen, da er behauptete, es gäbe keine Forschungsergebnisse, die den Nutzen meiner Arbeit dokumentierten. Auf meine Ermunterung hin sah er sich jedoch die TRI Forschungsberichte über Berührungen bei Neugeborenen an. Dann traf er eine Entscheidung. Ich erhielt einen professionellen Anruf von ihm, in dem er mir mitteilte, dass er die Forschungsergebnisse nicht mit seinen Überzeugungen übereinstimmten. Ich durfte jedoch in seine Abteilung zurückkehren und meine Arbeit fortsetzen. Bisher hatte er meine Anwesenheit und meine Arbeit in seiner Abteilung höflich zur Kenntnis genommen, ohne dass es bis zu diesem Zeitpunkt zu einem ausführlichen Gespräch gekommen war. Die Bitte, diesem Säugling zu helfen, war meine natürliche Reaktion auf die Gegebenheiten. Seine Antwort: „Zeigen Sie mir ein Baby, mit dem Sie nicht arbeiten können." Die Antwort war freundlich und kam ohne Zögern. In diesem Moment wusste ich, dass er mich genau beobachtete und er Berichte seines medizinischen Teams über meine Aktivitäten erhalten hatte.

Ich schrubbte meine Hände und Arme sauber und näherte mich diesem Säugling, getragen von dem starken Wunsch, seine Seele zu beruhigen, die in den ersten Momenten auf der Erde zu kämpfen hatte. Ich adaptierte meine Berührungsroutine, um das zerbrechliche Kind nicht zu sehr zu stimulieren oder die lebenserhaltenden Maßnahmen in irgendeiner Weise zu stören. Innerhalb der ersten Minute, in der ich mit dem Säugling arbeitete, entspannte sich das Kind. Der Arzt kam herüber, beobachtete mich und sagte: „Ich will nicht wissen, was Sie tun, tun Sie es einfach." Diese Bemerkung verwirrte mich. Ich hatte bei zahlreichen Gelegenheiten beobachtet, dass zwischen ihm und den Patienten Energie floss, wenn er sie berührte und mit ihnen arbeitete. Konnte es sein, dass er ein Verständnis für feinstoffliche Energiefelder hatte? In diesem Moment wurde die Erlaubnis erteilt, mit diesem Kind arbeiten zu dürfen und das war alles, was ich hatte erreichen wollen.

Die fließende Energie war eine willkommene Präsenz in der Krankenhausumgebung. Eine meiner ersten tiefgreifenden energetischen Erfahrungen mit einem Säugling hatte ich mit einer frischgebackenen Mutter gehabt, die ich bei meiner Arbeitsstelle in dem anderen Krankenhaus gemacht hatte. Als ich das Zimmer betrat, um die frischgebackene Mutter nach der Entbindung zu massieren, fand ich eine verzweifelte Mutter im Bett mit einem unruhig weinenden Säugling vor. Bevor sie sich vorstellte, bat sie mich, ihr Baby zu halten.

Ich ging zu der Mutter im Krankenhausbett, umarmte ehrfürchtig das weinende Neugeborene und hob es in meine Arme. Sofort strömte eine Flut von Energie durch mich hindurch. Ich wandte mich dem Stubenwagen zu, atmete tief ein, und vor meinem geistigen Auge erschien ein Bild des heiligen Symbols für Neugeborene. Für einen kurzen Moment sah und fühlte ich die Gegenwart dieser Seele. Während dieses kurzen Prozesses erschlaffte der Säugling auf dramatische Weise in meinen Händen, was mich erstaunte.

Als ich der Mutter den Rücken zuwandte, hörte ich sie sagen: „Was haben Sie gerade mit meinem Baby gemacht?"

Ich war mir nicht sicher, wie ich antworten sollte, aber ich gab eine einfache, ehrliche Antwort, als ich mich der Mutter zuwandte und ihr in die Augen sah. „Liebe Frau, Sie haben ein wunderschönes Baby." Mir war nicht klar, dass diese Frau sensitiv war und die Fähigkeit besaß, energetisch zu deuten, was gerade passiert war. Ihre natürlichen Fähigkeiten ermöglichten ein wunderbares Gespräch während unserer gemeinsamen Zeit der Behandlung. Währenddessen schlief ihr Kind friedlich. Auf ihre Bitte hin erzählte ich ihr von Ama-Deus und erklärte ihr das Wissen über die Arbeit mit Neugeborenen bis zu einem Alter von drei Monaten. Alberto lehrte, dass die ankommenden Seelen in den ersten drei Lebensmonaten den Übergang von einer höheren Frequenz in die dichtere Frequenz der Erde vollziehen. Die Bedeutung des Sendens von Liebe in dieser Zeit hilft der Seele, sich körperlich, geistig, emotional und spirituell an die neue Umgebung anzupassen. Das Berührungstraining in Verbindung mit dem Energietraining lieferte unschätzbare Werkzeuge für die Neugeborenenabteilung. Die Kombination aus einem vertrauensvollen Arzt und einfühlsamen Krankenschwestern bildete die Grundsteine für eine hochspezialisierte technische Abteilung, die auch Massagen und andere ganzheitliche Dienstleistungen integrierte.

Schon nach kurzer Zeit nahmen die Krankenschwestern die erlernten Berührungen mit Begeisterung in ihre tägliche Routine auf. Einige Krankenschwestern strebten eine Zertifizierung in Säuglingsmassage an und nahmen sogar an einem Ama-Deus Kurs teil. Schließlich wurde die Massage zu einem festgelegten Prozedere in dieser Abteilung, was zu einem Besuch und anschließend zu einem Foto für einen Artikel im National Geographic führte. Diese Abteilung war die erste im gesamten Krankenhaus, die eine ganzheitliche Praxis mit Anwendern, Eltern, Patienten, Krankenschwestern, Ärzten und der Verwaltung vollständig integrierte.

Die Nachricht von der Ausweitung ganzheitlicher Praktiken in den Geburts- und Neugeborenenabteilungen schürte einen sich ausbreitenden Flächenbrand, der jede Abteilung erreichte. Diese intensive Entwicklung fühlte sich wie eine Fügung Gottes an, und ich durfte daran teilhaben. Darüber hinaus ergaben sich immer wieder ungeplante Gelegenheiten, Ama-Deus anwenden zu können. Die nächste Abteilung, die eine umfassende Anwendung der ganzheitlichen Praxis plante, war die Onkologie. Als mich der erste Telefonanruf aus dieser Abteilung erreichte, vernahm ich eine schwache Stimme.

„Mmmh, wir haben hier einen Patienten, der Sie um Ihre Dienste bittet."

„Okay, ich kann heute Nachmittag da sein. Bitte fordern Sie eine Überweisung vom zuständigen Arzt an."

„Ich bin mir nicht sicher, wie ich das sagen soll."

Ich spürte ihr Unbehagen und fragte: „Gibt es ein Problem?" „Ja, das Pflegepersonal des Patienten fragt nach Ihnen, die Krankenschwester hat Angst, den behandelnden Arzt nach der Zustimmung zu dieser Dienstleistung zu fragen."

„Wenn sie sich nicht traut, sich an ihren Arzt zu wenden, würde ich gerne den Anruf tätigen und alle Fragen beantworten, die der Arzt haben könnte."

„Ich bin mir nicht sicher, ob das so einfach geht. Ich werde mit der Krankenschwester sprechen und sehen, ob sie die Überweisung anfordern wird. Wir melden uns dann wieder bei Ihnen."

An diesem Nachmittag ergriff ich die Initiative und besuchte die Krankenpflegestation, um mich dem Personal vorzustellen. Nachdem ich mich vorgestellt hatte, wurden alle Anwesenden still und senkten die Köpfe, als ob sie beschäftigt wären. Das war für mich sicherlich keine neue Reaktion in einem klinischen Umfeld.

„Haben wir eine Überweisung vom Arzt?" fragte ich.

„Ja, aber nur für eine Massage", antwortete eine Krankenschwester, während sie ihre Krankenakte überprüfte. Ich ging davon aus, dass diese Antwort von der behandelnden Krankenschwester der Patientin kam. Also eröffnete ich das Gespräch. „Hallo, danke, dass Sie sich um die Überweisung gekümmert haben. Können sie mir sagen, ob es für diese Patientin Kontraindikationen gibt?"

„Nun, die Patientin kann nicht sprechen. Es sind ihre Pfleger, die Ihre Behandlung angefragt haben. Sie haben dem Arzt erzählt, dass sie Sie kennen und haben von Ihren Anwendungen geschwärmt. Sie kennen Sie aus dem Dominikanischen Zentrum."

„Wirklich?" Ich fragte mich, wer das sein könnte.

„Sie müssen auch wissen, dass dieser Arzt wegen dieser Bitte nicht besonders glücklich ist. Dieser Arzt arbeitet gerade auch auf der Station." Sie fuhr fort und erklärte mir, was ich mit diesem Patienten alles machen konnte und was nicht. Die ganze Zeit über dachte ich, was für ein Glück ich hatte, den Arzt des Patienten treffen zu können, zumal es am Nachmittag war, denn die meisten Ärzte machen ihre Visite am Vormittag.

„Vielen Dank. Ich werde Ihnen Bericht erstatten, wenn ich fertig bin."

Ich ging in das Zimmer, ohne mir die geringsten Sorgen zu machen. Stattdessen erfreute ich mich an dem Gedanken an diesen göttlichen Eingriff. Wie synchron sich diese Ereignisse zutrugen! Meine erste Überweisung in die onkologische Abteilung kam von den barmherzigen Schwestern, die ich aus dem Dominikanischen Zentrum kannte. Ich hatte von einem Arzt gehört, der in unserer Gemeinde dafür bekannt war, dass er in einem anderen Krankenhaus die Reiki Praktiken für Krebspatienten unterbunden hatte. Ich empfand keine Angst, sondern nur Erstaunen darüber, dass sich mir die Möglichkeit bot, an einer großen Heilung teilhaben zu können. Ich visualisierte eine positive Begegnung mit diesem Arzt.

Als ich im Flur um die Ecke abbog, kam zur selben Zeit eine Dominikanernonne aus dem Krankenzimmer der Patientin, sah mich und rief: „Oh, ich bin so froh, Sie zu sehen. Wir wissen einfach, dass Sie der Schwester helfen können, sich besser zu fühlen." Während sie in einem Ton sprach, der tiefe Dankbarkeit ausdrückte, bemerkte ich, wie sich der Körper des in der Nähe stehenden Arztes anspannte, der am Kiosk in der Nähe der Tür der Patientin stand.

„Schwester, ich freue mich sehr, Ihnen helfen zu können. Ich bin gleich da. Bitte lassen Sie mich zuerst mit ihrem Arzt sprechen."

„Perfekt, wir wollten gerade einen Happen essen gehen."

„Dann werden wir uns sehen, wenn Sie zurückkommen." Dann stellte ich mich vor: „Hallo, Herr Doktor, ich bin die Massagetherapeutin. Ich bin hier, weil Sie eine Überweisung geschrieben haben. Haben Sie irgendwelche Anliegen oder Hinweise, die ich in die Arbeit an dieser Patientin mit einbeziehen sollte?"

Ohne von der Patientenakte aufzublicken, kam seine Antwort: „Solange Sie Ihre Hände auf ihr lassen und sie nicht über ihren Körper heben, habe ich kein Problem."

„Natürlich, ich arbeite immer, indem ich die Patienten berühre. Vielen Dank für die Überweisung. Es hat mich sehr gefreut, Sie kennenzulernen."

Diese einfache, fünfminütige Interaktion öffnete dem Pflegepersonal die Augen darüber, wie die Angst überwunden werden konnte, sich den Zuspruch eines Arztes abzuholen. Unsere künftigen Interaktionen mit diesem Arzt waren beträchtlich erleichtert, und es entstand ein Raum, in dem wir uns neutral und professionell begegnen konnten. Für mich war das ein großer Schritt in Richtung einer Heilung auf allen Ebenen.

Wie in den anderen Abteilungen kam es auch hier zu einer Vielzahl von Überweisungen, nachdem das medizinische Personal in der Onkologie diese Sitzung miterlebt hatte. Dass nun auch die onkologische Abteilung zu meinen Aufgabengebieten gehörte, schien zu bedeuten, dass ich mit neu geborenen Seelen oder Seelen während des Übergangs arbeitete. Jeden Tag arbeitete ich die Überweisungen für die Massagen ab und überlegte, wie ich den wachsenden Anfragen gerecht werden konnte und gleichzeitig noch weitere Abteilungen in unser Programm aufnehmen konnte. Die Gelegenheit, Ama-Deus zu nutzen, bot sich immer wieder, und mein Verständnis für die Macht der Liebe erweiterte sich außerordentlich mit jeder Erfahrung.

Meine Fähigkeit und Leichtigkeit, mit verschiedenen Altersgruppen zu arbeiten, verdanke ich meiner Mutter. Als Einzelkind war ich häufig von Tanten und Onkeln mit dickem irischen Akzent oder älteren griechischen Verwandten umgeben, die sich mit mir auf Griechisch unterhielten, als ob ich sie verstehen würde. Babysitten war mein erster Job gewesen, so machte ich meine ersten Erfahrungen mit der jüngeren Generation. Ich fühlte mich mit jeder Altersgruppe wohl, und das war im Krankenhaus von unschätzbarem Wert. Wenn ich nicht auf der Entbindungsstation mit jemandem in den Wehen oder auf der Neugeborenen-Intensivstation mit um ihr Leben kämpfenden Säuglingen arbeitete, war ich auf der Onkologie mit Ängsten aller Altersgruppen in allen Stadien des Sterbeprozesses konfrontiert.

Eine fünfundzwanzigjährige Mutter, die für eine dreiwöchige Vorbehandlung für eine Knochenmarktransplantation an der Universität von Michigan aufgenommen worden war, wurde zu meinen Patienten hinzugefügt. Die onkologische Abteilung bat um Hilfe, um sie bei der Bewältigung ihrer Schmerzen und ihres emotionalen Zustands zu unterstützen. Wir kamen schnell ins Gespräch, als sie mir von ihrer ersten Erfahrung mit Massagen erzählte. Sie erzählte von ihrer fünfjährigen Tochter und ihrem Mann, die tagsüber bei ihr waren und auch die Nächte mit ihr im Krankenhaus verbrachten.

Eines Morgens, bevor ich ihr Zimmer betrat, machten mich die Krankenschwestern darauf aufmerksam, dass es ihr schwer fiel, sich an die medikamentöse Behandlung zu gewöhnen. Als ich ihre Tür öffnete, fand ich das Zimmer in völliger Dunkelheit vor und hörte sie leise schluchzend im Bett liegen. Sie lag in der Fötusstellung und hatte die Hände über dem Gesicht. Ich rief sanft ihren Namen.

Sie hörte mich und schrie voller Angst: „Ich kann nichts sehen!"

Ich setzte mich auf die Kante ihres Bettes, was gegen die Vorgaben verstößt, aber sie schaukelte sich selbst, und ich fühlte den Drang, sie zu halten. Dann fragte ich: „Darf ich meine Hände auf Ihre Augen legen?"

„Ja", antwortete sie mit zittriger Stimme.

Ich schloss meine Augen und spürte, wie die Energie floss, während ich meine Hände sanft auf ihr Gesicht legte. Bald legte sich ein beruhigender Frieden über uns. Sie atmete leichter, und die Anspannung in ihrem Körper ließ nach. Mit der beruhigendsten Stimme, zu der ich fähig war, bat ich sie, einfach auf ihren Atem zu achten und so lange wie möglich im Stadium der Entspannung zu bleiben. Als ich das Zimmer verließ, war sie schon fast eingeschlafen.

Als ich am nächsten Tag ihr Zimmer betrat, sah ich, dass die Jalousien hochgezogen waren und das Sonnenlicht den Raum erfüllte.

„Hallo", trällerte sie. „Ich kann sehen!"

„Oh, wie schön!"

„Nachdem Sie gestern das Zimmer verlassen haben, öffnete ich die Augen und konnte ein wenig sehen. Ich hatte nicht mehr so viel Angst, und konnte mich so entspannen und bin eingeschlafen. Wissen Sie, Sie sagten, mein Sehvermögen würde zurückkehren, aber ich hatte solche Angst. Sie hielt einen Moment inne und sagte: „Ihre Hände wurden so warm auf meinem Gesicht." „Hmm, das ist schön zu hören. Ich kann Ihnen zeigen, wie Sie das selbst machen können, wenn Sie möchten. Dann können Sie es anwenden, wenn Sie sich auf den Weg nach Michigan machen."

„Ich möchte, dass Sie kommen und eine energetische Heilung durchführen, bitte."

An meinen freien Tagen begleitete ich diese Patientin, zusammen mit anderen Patienten zur Knochenmarktransplantation an die Universität. Einige dieser Menschen lernten Ama-Deus, damit sie sich selbst während der stressigen Tage im Krankenhaus und der ängstlichen Momente zu Hause unterstützen konnten. Andere zogen es vor, einfach nur die Behandlung zu bekommen. Das Personal des Universitätskrankenhauses akzeptierte meine Anwesenheit an und war erstaunt, als es von dem ganzheitlichen Programm unseres Krankenhauses erfuhr. Sowohl die Ärzte als auch die Krankenschwestern waren neugierig und voller Fragen und wollten Einzelheiten über unser integriertes ganzheitliches Programm erfahren. Die gute Nachricht war, dass sie sich von dem Gespräch über energetische Heilung nicht irritieren ließen. Wie erfrischend! Ich machte mir eine gedankliche Notiz, um ein Gespräch innerhalb unseres Teams zu führen. Ich dachte, dass es nach sechs Jahren vielleicht an der Zeit war, die Ausbildung zur Energieheilung in unserem Krankenhaus zu definieren und einzuführen.

Sicherlich war die Berührungstherapie eine Brücke, um im klinischen Umfeld zu zeigen, wie ganzheitliche Therapien den Heilungsprozess beeinflussten, und um eine Diskussion darüber zu beginnen, dass Heilen etwas anderes als Kurieren ist. Kein Patient und keine medizinische Fachkraft war immun gegen die Kraft der liebevollen Berührung. Dieser Baustein der Berührung war ein Sprungbrett für die Anwendung und Akzeptanz der Energieheilung im klinischen Umfeld, wie die folgende Episode zeigt.

An einem Sommertag kam ein neunzehnjähriger Mann mit grippeähnlichen Symptomen in die Notaufnahme des Krankenhauses.

Es stellte sich heraus, dass es sich nicht um eine Grippe, sondern vielmehr um eine aggressive Form von Krebs handelte. Drei Monate später war dieser mutige junge Mann heimgegangen. Während seiner Behandlung im Krankenhaus verschrieb der behandelnde Arzt eine Therapie zur Schmerzkontrolle. So entwickelte sich eine enge Beziehung zwischen mir und ihm und seiner Familie, insbesondere zu seiner Mutter. Als die Zeit gekommen war, eine Entscheidung über die Fortsetzung der lebenserhaltenden Maßnahmen zu treffen, sprach sie offen mit mir über ihre Gefühle. Als sie eines Abends vor dem Haupteingang des Krankenhauses saß, war sie aus verschiedenen Gründen voller Angst, vor allem, weil sie nicht wusste, wie das Abschalten der lebenserhaltenden Maßnahmen vor sich ging und was danach auf sie zukommen würde. Sie bat mich, einfach da zu sein. Ohne zu zögern, kam ich ihrer Bitte nach.

Am nächsten Tag, als sich die Fahrstuhltüren zur Etage öffneten, betrat ich einen Flur, in dem die Familie und Freunde des Patienten in düsterer Stille warteten. Seine Mutter entdeckte mich und winkte mich nach vorne in den Raum. Ich hatte keine Ahnung, was mich erwartete oder was sie von mir erwartete. Ich folgte einfach ihrer Aufforderung und betrat das Zimmer. Die Familie und enge Freunde waren um sein Bett herum versammelt, dicht an seinem Kopf. Sie erzählten sich Geschichten und vergossen Tränen. Das Ärzteteam hatte keine Ahnung, wie lange er nach dem Abbruch der lebenserhaltenden Maßnahmen noch leben würde – eine Stunde, einen Tag oder eine Woche. Dieser Moment war geprägt von Angst, Befürchtungen und Ungewissheit. Ich stand am Fußende des Bettes neben der behandelnden Krankenschwester und schloss die Augen, um ein Gebet zu sprechen.

Kapitel 12: Eine neue Reise in ein fremdes Land

In diesem heiligen Raum hatte ich plötzlich das starke Gefühl, mit einem spezifischen Ama-Deus Symbol zu arbeiten, das Seelen beim Übergang unterstützt. Ich öffnete meine Augen, um zu sehen, was die Krankenschwester tat. Sie schien nicht auf meine Anwesenheit eingestimmt zu sein. Stattdessen kümmerte sie sich um die Monitore und die Bedürfnisse der Familie. Dies war das zweite Mal, dass ich bei einem Übergang körperlich anwesend war. Normalerweise macht man in einer solchen Situation Energieheilung aus der Ferne oder das, was Alberto Fernheilen nannte. Ich nahm einen tiefen, reinigenden Atemzug und verdrängte jeden Gedanken, der mich in meinen Handlungen in diesem Moment gehemmt hätte.

Die Energie floss durch mich hindurch. Ich war eingetaucht in die Herrlichkeit des Gefühls. Es waren keine zehn Minuten vergangen, als meine körperlichen Empfindungen aufhörten. Das war das Zeichen für das Ende der Heilsitzung. Ich öffnete langsam die Augen, sah die Rücken der trauernden Menschen und blickte dann auf den Monitor, der die Lebenszeichen des Patienten anzeigte. Genau in diesem Moment wurde ich Zeuge, wie der rhythmische Herzschlag in eine flache Linie überging. Die Familienmitglieder unterhielten sich noch mit ihm und hielten ihn im Arm, ohne diesen Übergang zu bemerken. Ich wandte mich an die Krankenschwester, obwohl ich mir ziemlich sicher war, was gerade geschehen war und fragte: „Ist er gestorben?"

„Ja", antwortete sie, ohne ihren Blick vom Monitor abzuwenden. Dann trat sie vorsichtig vor, um mit der Familie zu sprechen.

Ich verließ das Zimmer. Die Familienmitglieder waren in diesen letzten Momenten, die so schnell gekommen waren, allein. Ich bewegte mich lautlos durch die Menschen, die auf dem Flur standen, lief an den Aufzügen vorbei und ging auf das Treppenhaus zu, um unauffällig den Ort des Geschehens zu verlassen. In meinem Inneren hatte ich gemischte Gefühle: Ich dachte darüber nach, wie plötzlich all dies auf die Familie zugekommen war, und im nächsten Augenblick fühlte ich Lob und Dankbarkeit gegenüber der göttlichen Gegenwart während dieses friedlichen, liebevollen Übergangs.

Jemand öffnete die Tür zum Treppenhaus mit großem Schwung. „Wo wollen Sie denn hin?" Ich schreckte aus meiner Träumerei auf, drehte mich in der Mitte der Treppe um und sah zu seiner Mutter mit den großen Augen auf. Ich hatte keine Zeit, zu antworten. Sie bat mich: „Ich möchte Sie bitten, zurückzukommen, bitte."

Ich nickte und bejahte: „Okay", ohne mir große Gedanken darüber zu machen, was ihr Appell bewirken könnte. Sie führte mich schweigend vorbei an all den Leuten. Als sie das Zimmer ihres Sohnes betrat, bat sie alle unwirsch, das Zimmer zu verlassen, und erklärte, sie wolle mit ihrem Sohn allein sein. Ihr Mann, ihre Mutter und ich blieben im Zimmer zurück. Sie öffnete ihre Arme und brach schluchzend zusammen und umarmte ihren Sohn am Hals. Ihre Mutter und ihr Mann gingen schweigend auf die andere Seite des Bettes. Bevor ich überhaupt daran denken konnte, was von mir erwartet werden würde, machte die Großmutter eine Handbewegung und sagte: „Bitte tun Sie für ihn, was Sie tun können."

Das war mein Stichwort. Ich wusste, dass ich ohne jegliche Bedenken mit der Heilsitzung beginnen musste, um dieser Seele zu helfen. Dies war meine erste Erfahrung, in der ich in der Gegenwart einer Person, die Ama-Deus und dieses besondere heilige Symbol benutzte, um der Seele nach dem Ableben des physischen Körpers zu helfen. Wieder einmal ging eine starke Energiebewegung durch meinen Körper, als meine Hände sanft auf ihm ruhten. Dann überkam mich ein tiefer Frieden, der sich mit jedem Atemzug um mich herum ausbreitete. Als ich spürte, wie die Energie nachließ, nahm ich langsam meine Hände weg und öffnete meine Augen.

In diesem Moment hörte die Mutter sofort auf zu weinen. Während sie ihren Sohn immer noch umarmte, stützte sie sich auf die Ellbogen, während ihre Arme seinen Kopf umschlossen. Sie schaute mich direkt an, verharrte in einem starren Blick und sagte: „Sie werden denken, dass ich wirklich seltsam bin." Sie hielt inne, dann rief sie aus: „Aber ich … ich spüre Frieden."

Ich sagte sanft: „Ich glaube nicht, dass Sie seltsam sind. Sie fühlen Frieden, weil er im Frieden ist." Diese Antwort habe ich mir nicht ausgedacht oder aus einem Buch gelernt. Meine Antwort kam aus dem Vertrauen und dem Erleben der Beziehung zu der Energie, die für die Heilung bestimmt war.

Als ich in den späten Nachtstunden nach Hause fuhr, war ich verwundert über diese wunderbare Begegnung. Das herrliche Gefühl des Friedens blieb mir noch tagelang erhalten. Nach meinem Verständnis des Sterbeprozesses hat die Seele, sobald sie aus dem physischen Körper entlassen ist, die Wahl, ins Licht zu gehen oder nicht. In Erzählungen höre ich oft von der großen Präsenz des Lichts bei Nahtoderfahrungen, und in der Regel sind geliebte Menschen anwesend, die uns ermutigen, uns dem Licht zuzuwenden.

Alberto sagte, dass der Zweck dieses besonderen heiligen Symbols darin besteht, „der Seele zu helfen, in Frieden zum Licht zu gehen." Die Arbeit mit diesem jungen Mann war ein Geschenk für mich, weil ich diesen intimen Moment mit der Familie teilen konnte. Auch die direkte Begegnung mit der Kraft der Liebe zeigte mir, welche Abhängigkeit wir tatsächlich mit der Quelle aller Heilung haben. Ich erlebte bei der Geburt oder beim Übergang einer Seele die gleichen friedlichen und herrlichen Gefühle. Immer und immer wieder lernte ich mehr über Gott durch die Anwendung von Ama-Deus im Krankenhaus. Es gab Momente, in denen ich Widerstand verspürte, in einer solch sterilen Umgebung zu arbeiten. Dennoch erreichte ich hier weit mehr Menschen, die nie darum bitten würden, aber im Krankenhaus um Energieheilung baten, sobald das Personal den Nutzen suggerierte. In diesen Augenblicken des Bewusstseins konnte ich Alberto zu mir singen hören: „Was die Welt braucht, ist Liebe."

Als ich den Gesamtfortschritt des Krankenhauses für ganzheitliche Therapien überprüfte, konnte ich den Plan zu einem bemerkenswerten Erfolg erklären. Ich konnte kaum noch über die Krankenhausflure gehen, ohne dass medizinisches Personal, Ärzte oder Krankenschwestern Fragen zu ganzheitlichen Therapien stellten oder Patienten an spezifische Hilfe verwiesen. Die Einführung ganzheitlicher Methoden weckte in ihnen nicht nur den Wunsch, ihren Patienten zu helfen, sondern auch die Idee, selbst zu heilen. Einige Fachleute verstanden und akzeptierten sogar das Konzept der feinstofflichen Energiefelder, was schließlich dazu führte, dass sie um eine weitere Ausbildung in Energieheilung baten. All die verschiedenen Anwendungen führten dazu, dass die Mitarbeiter verstanden, wie sie die Therapien integrieren konnten, was zu einem Ausgangspunkt wurde, ihre Patienten liebevoll zu betreuen. Die Liebe ist die größte Unterstützung während des Heilungsprozesses.

Die Zusammenarbeit mit den Mitarbeitern wurde mit der Zeit immer angenehmer. Ich spürte ihre wachsende Fürsorge und Freundlichkeit gegenüber meiner Anwesenheit. Nicht alle waren mit den Praktiken einverstanden, aber eine respektvolle, neutrale Basis wurde definitiv geschaffen. Anrufe kamen jetzt mit Leichtigkeit und nicht mehr zögerlich, wie z.B. einem Anruf bei dem es um eine postoperative Behandlung ging und in dem es hieß: „Beth, diese Frau bittet um etwas, das wir einfach nicht verstehen können, aber wir sind sicher, dass Sie wissen, worum es geht." Scherzhaft fügte sie hinzu: „Wissen Sie, das ist so eine Sache mit der Heilung."

Ich lachte über ihre Bemerkung und sagte, ich sei gleich da. Die Patientin kam gerade aus der Narkose, und die Krankenschwestern waren nicht sicher, was sie sagte. Die Anwendung einer Energieheilung, um die die Frau in ihrem halb-bewussten Zustand gebeten hatte, entspannte die Krankenschwestern und die Patientin.

Diese Geschichten, die sich in einem klinischen Umfeld zugetragen haben, waren tiefgreifende Erfahrungen, wie die Behandlung mit Berührung schließlich zur Energieheilung führte. Berührung war das Medium und die Hände waren Verlängerungen des Herzens. Ich lernte die Macht der Berührung kennen. Niemand war immun gegen Berührung. Durch Berührungen entwickelte ich eine engere Beziehung zum medizinischen Personal und zu den Patienten, was mir dabei half, Aufklärung über den Unterschied zwischen Auskurieren und Heilen zu betreiben. Der Einsatz von Energie erleichtert die Heilung.

Bei der Energieheilung geht es um die Arbeit mit feinstofflichen Energiefeldern, die den physischen Körper umgeben und durchdringen. Wenn diese feinstofflichen Felder harmonisiert und ausgeglichen sind, wird sich der physische Körper, der das dichteste aller Felder ist, entsprechend anpassen. Diese subtilen Energiefelder sind spürbar. Man kann lernen, diese Felder zu fühlen und zu bewerten. Wenn aber diese Felder tatsächlich spürbar sind, dann müsste es eine Möglichkeit geben, ihre Präsenz qualitativ zu quantifizieren. Die Forschung ist das Mittel und das führende Medium des westlichen Geistes, die physische Welt zu verstehen. Einige Krankenschwestern hatten bereits Pionierarbeit auf dem Gebiet der Forschung im Bereich der ganzheitlichen Therapien geleistet, um messbare Ergebnisse zu erzielen und die Wirksamkeit in einem klinischen Umfeld zu validieren. Die kommende Phase, in der wir mit Ama-Deus Forschung betreiben würden, konnte ich nicht voraussehen. Ich akzeptierte einfach den nächsten Schritt auf meiner Reise in dieses seltsame Neuland.

KAPITEL 13

AMA-DEUS UND DIE VERBINDUNG ZUR WISSENSCHAFT

Jeder, der sich ernsthaft mit der Wissenschaft beschäftigt, wird davon überzeugt, dass sich in den Gesetzen des Universums ein Geist manifestiert – ein Geist, der dem des Menschen weit überlegen ist.
-Albert Einstein

Nach sieben Jahren, in denen die Ausweitung und Akzeptanz der ganzheitlichen Pflege im Krankenhaus beobachtet werden konnte, gab es immer noch keine wirtschaftliche Planung, die sicherstellte, dass die Kosten, die durch die ganzheitliche Pflege entstanden, auch ersetzt wurden. Die Versicherung verlangte den Nachweis, dass die ganzheitlichen Maßnahmen einen kosteneinsparenden Faktor darstellten. Die Forschung war die Möglichkeit, um dem medizinischen Personal Beweise zu liefern und die notwendigen Maßnahmen zu ergreifen, damit die Versicherungsträger neue Verfahren akzeptieren würden. Meine Ausbildung am *Touch Research Institute* (TRI) und die Neugeborenenstudie erforderten nach Ansicht der Versicherungsträger eine Replikation der statistischen Daten. Die wachsende Akzeptanz der ambulanten Abteilung Mind, Body, Spirit mit über zwanzig Mitarbeitern und hervorragenden Dienstleistungen erforderte, dass ich eine weitere akademische Ausbildung absolvierte.

Die Zufriedenheit der Patienten im Krankenhaus wuchs durch die Verfügbarkeit der ganzheitlichen Therapien ohne zusätzliche Kosten für sie. Die Modalitäten der Massagetherapie, Akupunktur, Musiktherapie, Tiertherapie und Kunsttherapie wurden ohne Zusatzkosten in den Pflegeplan integriert. Die anekdotischen Beobachtungen des Personals motivierten die Mitarbeiter, mehr über diese Methoden zu erfahren. Schließlich wurde die Energieheilmethode Ama-Deus eingeführt und den Krankenhauspatienten als Therapie angeboten. Die Hoffnung des ehemaligen Geschäftsführers des Krankenhauses, dass Ama-Deus einmal gelehrt werden sollte, wurde nun Wirklichkeit. Obwohl die Kurse nicht in den Räumlichkeiten des Krankenhauses abgehalten wurden, besuchten Ärzte, Verwaltungsangestellte, Krankenschwestern und anderes Krankenhauspersonal Wochenendworkshops und erhielten dort ihr Wissen.

Die von mir am meisten geschätzten Eigenschaften der ganzheitlichen Therapien bestanden darin, dem medizinischen Personal das Bewusstsein und die Erlaubnis zu geben, in einem hochtechnischen, statistischen Geschäftsumfeld vom Herzen her zu leben und zu arbeiten.

In anregenden Gesprächen erfuhr ich, wie auch andere Mediziner aus dem Herzen heraus arbeiteten. Während einer Verabredung zum Mittagessen mit einem Transplantationsmediziner wurde ich beispielsweise neugierig und fragte ihn, wie er sich eigentlich dabei fühlte, ein Organ aus einem Körper zu entnehmen und in einen anderen einzusetzen. Er erklärte mir, dass er jedes Mal, wenn er einem Menschen ein Organ transplantierte, ehrfürchtig betete. Mir wurde klar, dass wir beide mit der gleichen Absicht, nämlich Liebe in die Welt zu bringen, in Resonanz gingen. Dieser Arzt praktizierte, die Dinge herzzentriert zu betrachten, aus Liebe und Respekt für den Körper eines anderen Menschen, den er behandelte.

In der Zwischenzeit bestand mein nächstes Projekt für das Krankenhaus darin, herauszufinden, wie die ganzheitlichen Therapien validiert werden könnten. Im Jahr 2002 nahm ich an der Konferenz der International Society for the Study of Subtle Energies and Energy Medicine (ISSSEEM) teil. Diese Gruppe bestand überwiegend aus promovierten Ärzten und Medizinern und wurde auch von ihnen geleitet. Die akademischen Arbeiten und wissenschaftlichen Präsentationen von Wissenschaftlern aus der ganzen Welt, die sich für das Energiebewusstsein interessierten, waren beeindruckend.

Auf dieser Konferenz erkundigte ich mich nach den Graduiertenprogrammen für das Studium ganzheitlicher Praktiken. Diese

Anfrage führte zu einem Gespräch mit Bob Nunley, dem Dekan für die Zulassung zum Holos University Graduate Program (HOLOS) und Vorstandsmitglied von ISSSEEM. Im Verlauf dieser ersten Anfrage beim Dekan hatte ich mich mündlich dazu verpflichtet, mich für ein Doktorandenprogramm bei Holos einzuschreiben. Eine zusätzliche Ausbildung in einem anerkannten Promotionsprogramm, das auf ganzheitliche Therapien spezialisiert ist, schien mir die richtige Lösung, um unsere Abteilung im Krankenhaus voranzubringen. Dieser Schritt würde die Kluft überbrücken und es möglich machen, die Kostenerstattung zu integrieren.

Ich fragte mich, ob ich so viel Zeit für all das aufbringen konnte und mich gleichzeitig auch ausreichend zu Hause um meine Söhne kümmern könnte. Wie würde es sein, sich auf die akademische Strenge einzulassen? Wie würde ich das bezahlen? Mein Verstand hatte Fragen, wie sich die praktischen Erfordernisse meines Unterfangens unter einen Hut bringen lassen würden. Aber ich zweifelte zu keinem Zeitpunkt daran, dass mein Herz mich auf der spirituellen Reise nach vorne bringen würde, insbesondere dann, wenn es um meine Ama-Deus Mission geht.

Zunächst teilte ich meine Bedenken meiner Familie mit. Mein ältester Sohn besuchte das College, und mein jüngerer Sohn war im letzten Jahr der High School. Beide waren ziemlich unabhängig und ließen eine Lockerung der elterlichen Pflichten zu. Mein Vorgesetzter wurde von meinem Vorhaben in Kenntnis gesetzt. Dann geschah ein Wunder. Das Geschenk eines lokalen Philanthropen finanzierte die akademischen Kosten, und diese finanzielle Unterstützung war der ausschlaggebende Grund, diesen Plan in Angriff zu nehmen. Das bedeutete eine volle vierzig-stündige Arbeitswoche, Reisen an den Wochenenden, um Ama-Deus zu unterrichten, und ein volles Pensum an Arbeit, die eine Doktoratsstudentin zu erledigen hatte. Es gab lange Nächte und hektische Momente, aber die Chance, die mir eine solche Gelegenheit bot und die sich mir so scheinbar mühelos offenbart hatte, trieb mich an.

Während der Orientierungsphase an der Holos Universität bestand meine erste Aufgabe neben der Anpassung der Methode an die akademische Sprache darin, zu entscheiden, welche Heilmethode oder Methode des Eingriffes ich für meine Doktorarbeit verwenden würde. Als die Dozenten uns in diesem ersten dreitägigen Orientierungskurs dazu aufforderten, unsere Thesis zu formulieren, wusste ich nicht, welche Therapie ich für die Intervention verwenden sollte. Ich spielte mit dem Gedanken, mich mit Massage oder Akupunktur zu befassen, da ich wusste, dass diesen Bereichen in klinischen Studien bereits viel Aufmerksamkeit gewidmet worden war. Meine Überlegungen gingen aber auch in Richtung Energieheilung, da diese in unserem Krankenhaus am wenigsten bekannt war. Als ich an der Reihe war, ergriff ich selbstbewusst das Wort und erklärte meine Intervention: „Energieheilung und Krebs."

„Zu weit gefasst", lautete die schroffe Antwort eines Gremiums von Lehrkräften. „Sie müssen das Thema eingrenzen." Mit einem verwirrten Gesichtsausdruck war mir klar, dass ich nicht wusste, wohin ich gehen sollte.

Norm Shealy, MD, der Gründer und Leiter der Schule, sah mich an und sagte: „Beth, warum arbeiten Sie nicht speziell mit Ama-Deus und wählen dann eine bestimmte Krebsdiagnose. Ich würde es sogar begrüßen, wenn Sie speziell mit dieser Heiltradition arbeiten würden, die Sie praktizieren und lehren. Als ich seine Worte hörte, trieben mir pure Freude und völlige Erleichterung die Tränen in die Augen.

Ja, natürlich! Warum nicht? Mein ganzes Wesen explodierte vor Begeisterung. Es gab bereits Forschungen mit Therapeutic Touch und Reiki, und nun also Ama-Deus! Die Erforschung von Ama-Deus würde sicherlich auf Albertos Zustimmung stoßen.

Diese überwältigende emotionale Erfahrung, die ich durch Dr. Shealys Vorschlag machte, erinnerte mich daran, dass ich mich auf einer Reise befand, und die einzige Voraussetzung war, dass ich präsent war und für alle Möglichkeiten offen blieb. Wer hätte gedacht, dass ich, die sich so sehr für Archäologie und alte Kulturen interessierte, nun Energieheilungsforschung in einem klinischen Umfeld betreiben würde! Wie seltsam und wunderbar diese Welt doch ist! Ich war auf dem Weg in den akademischen Bereich, um die Geschichte zu erzählen, wie das Geschenk der Guaraní an die Welt, diese uralte Form der Heilung, auch heute noch gültig ist. Außerdem brauchen die Menschen die Liebe und die Verbindung, die sie mit sich bringt.

Wissenschaft validiert feinstoffliche Felder
Die Energieheilung, eine uralte Kunst des Handauflegens, ist so alt wie Massage und Akupunktur und hat keine religiösen Bezüge. Wie bei der

Massage und der Akupunktur gibt es auch bei dieser Technik kulturelle Besonderheiten. Massage und Akupunktur sind im Amazonasgebiet anders als beispielsweise in Tibet. So wird auch die Energieheilung in den verschiedenen Teilen der Welt unterschiedlich angewandt. Die Absicht, auf Energie zuzugreifen, um Leiden zu lindern, Gleichgewicht zu schaffen und Harmonie zu schenken, bleibt jedoch die gleiche. Östliche Traditionen haben die Oberflächenschichten der Energiemeridiane kartiert. Die Inder haben gezeigt, dass Energiewirbel, die so genannten Chakren, die Tore zu unserem persönlichen Biofeld für energetische Interaktionen sind. Wir sind nicht vom Universum abgeschnitten, während wir durch den Raum wirbeln. Unsere Wirbelsäule fungiert als Antenne, und die eingehenden Informationen werden durch diese Meridiane und Wirbel oder Portale empfangen.

Als Alberto beschrieb, wie Ama-Deus in der Guaraní Gemeinschaft verwendet wurde, beobachtete er ausdrücklich, dass der Pajé oder Schamane erst dann mit der Heilung begann, wenn er oder sie eine bestimmte Schwingung spürte, die von einer Gruppe von Menschen erzeugt wurde. Dies deutet auf ein wissenschaftlich beobachtbares Phänomen hin. Ein solches Phänomen erklärt, wie Energieheilung funktioniert, und liegt im Bereich der Quantenphysik: eine Möglichkeit, die zum Nachdenken anregt und Anlass zu weiteren Studien gibt.

Lynne McTaggarts Buch *The Field: The Quest for the Secret Force of the Universe* beschreibt auf brillante Weise eine wissenschaftliche Perspektive auf Energie, die indigene Gesellschaften und spirituelle Meister seit mehreren tausend Jahren kennen. In ihrem Kapitel Wesen des Lichts findet sich ein ermutigendes Beispiel
das mit Albertos Erfahrung des Fühlens einer spürbaren Vibration übereinstimmt. McTaggerst bezieht sich auf die Arbeit von Herbert Fröhlich, einem herausragenden Physiker und Empfänger der Max-Planck Medaille:

> Er war einer der ersten, der die Idee vorstellte, dass eine Art kollektive Schwingung dafür verantwortlich ist, dass Proteine miteinander kooperieren und die Anweisungen der DNA und der Zellproteine ausführen. Fröhlich sagte sogar voraus, dass bestimmte Frequenzen [heute als „Fröhlich-Frequenzen" bezeichnet] direkt unter den Membranen der

Zelle durch Schwingungen dieser Proteine erzeugt werden könnten... Fröhlich hatte gezeigt, dass, sobald Energie einen bestimmten Schwellenwert erreicht, schwingen die Moleküle im Gleichklang, bis sie ein hohes Maß an Kohärenz erreichen. In dem Moment, in dem die Moleküle diesen Zustand der Kohärenz erreichen, nehmen sie bestimmte Eigenschaften der Quantenmechanik an, einschließlich der Nichtlokalität. Sie erreichen den Punkt, an dem sie im Tandem arbeiten können.[143]

Angesichts der Quantenphysik, die an jedermanns Tür klopft, scheint dies eine plausible Beschreibung dafür zu sein, dass das, was nicht greifbar zu sein scheint, tatsächlich greifbar ist. Kulturen, die Heilmethoden praktizieren, behaupten, dass die Energieheilung Kräfte jenseits des Glaubens und der Erwartung anzieht.[144] Ama-Deus beinhaltet die Lenkung oder Kanalisierung eines Biofeldes oder einer Heilenergie durch eine Person auf einen duldenden Empfänger oder auf sich selbst mit dem Ziel, die Gesundheit zu verbessern. Sara Warber gibt die Definition des energetischen Biofeldes vom *National Institutes of Health Office of Alternative Medicine* als „ein masseloses Feld, nicht notwendigerweise elektromagnetisch, das den Menschen umgibt und durchdringt".[145]

Ein 2005 veröffentlichtes Buch mit dem Titel *The Scientific Basis of Integrative Medicine* von Leonard Wisneski und Lucy Anderson enthält eine umfassende Auflistung von und Verweise auf Forschungsarbeiten zur Energieheilung.[146] Von besonderem Interesse ist die Diskussion über die Arbeit von Dr. William Tiller und Russel Targ. Tiller, ein Wissenschaftler, erforschte die Struktur der Materie in der Abteilung für Materialwissenschaft und Technik an der Stanford University. Er wies einen sehr spezifischen Austausch von elektrischem Strom nach, der stattfindet, wenn Heiler ihre Arbeit verrichten.[147] Targ, ein Physiker des *Stanford Research Institute*, führte von der *Central Intelligence Agency* (CIA) finanzierte Untersuchungen durch und lieferte eine theoretische Grundlage für die Energieübertragung von Mensch zu Mensch. Targs Arbeit bestätigte, wie Informationen auf psychischem Wege erworben werden, was er als Remote Viewing bezeichnete. Er behauptet, dass spirituelle Heiler bei der Erleichterung der Heilung mit ihrem vernetzten und nichtlokalen Geist in Kontakt sind.[148]

Diejenigen, die Energie bewusst zur Heilung einsetzen, behaupten, dass dies nicht auf religiösen Ansichten beruht – es gibt kein Dogma. „Wenn hinter der Energieheilung mehr steckt als der Glaube, dann sollten sich solche Wirkungen mit geeigneten Methoden isolieren lassen." [149] Forschungen wie die von Winkelman und Fröhlich tragen dazu bei, das Wissen über Energieheilung zu erweitern, indem sie eine Brücke zwischen indigenen Traditionen und der Wissenschaft schlagen.

Die zunehmende Anwendung der Energietherapie hat das Interesse der Wissenschaft so weit geweckt, dass sie sich an der Erforschung der Vorteile beteiligt. Diese Bewegung kam genau zum richtigen Zeitpunkt, als ich mit dem Krankenhaus zusammenarbeitete. Diese klinischen Studien zum Energiebewusstsein waren die Unterstützung, um die Tür für die Forschung in unserer Gemeinschaft zu öffnen.

Ama-Deus als Intervention in der Forschung in einem klinischen Umfeld

Meine Forschung mit Krebspatienten für die Ama-Deus Studie erforderte eine große Patientenpopulation für die Teilnahme, um die statistische Signifikanz der Studie zu gewährleisten. Ich entschied mich für Brustkrebspatientinnen, weil es in dem Krankenhaus eine große Patientenpopulation gab. Ich schrieb den Chefarzt der onkologischen Abteilung persönlich an und bat um die Erlaubnis, mit seinen Patienten zu arbeiten, die er auch erteilte.

Kurz darauf bat ein neu eingestellter gynäkologischer Onkologe um ein Treffen mit mir. Er hörte von meiner vorgeschlagenen Studie und bekundete sein starkes Interesse, seine Patientengruppe für meine Forschungsstudie zu berücksichtigen. Er kannte sich mit ganzheitlichen Praktiken aus und zögerte nicht einmal, als ich ihm erklärte, dass die Studienintervention die Ama-Deus Energieheilmethode sein würde. Er setzte sich leidenschaftlich dafür ein, seine Eierstockkrebspatientinnen in die Studie einzubinden. Wie könnte ich einen Arzt ablehnen, der tatsächlich Energieheilung für seine Patientinnen wünscht? Ich stimmte zu, mit ihm und seinen Patientinnen zu arbeiten, und er beauftragte seine Krankenschwester mit der Durchführung der Studie. Sowohl der Arzt als auch die Krankenschwester wurden zu meinen wichtigsten Unterstützern in dieser Studie.

Diese Veränderung erforderte eine neue Literaturrecherche für Eierstockkrebs – eine, die mir die Augen für die Komplexität und Schwere dieser Diagnose öffnete. Es gab keine bekannten Energieheilungsstudien mit dieser Bevölkerungsgruppe in der Literaturübersicht. Ich erfuhr, dass die meisten Frauen im Stadium III oder IV diagnostiziert werden, was auf entnervte und kranke Teilnehmerinnen hindeutet. Als ich die Herausforderung annahm, änderte ich die Hypothese der Studie von Brustkrebs auf Eierstockkrebs wie folgt: Hat Ama-Deus Energieheilung (Behandlung) einen größeren positiven Effekt auf Angst und Depression bei Frauen mit Eierstockkrebs im Stadium III und IV im Vergleich zu einer allgemeinen Entspannung (Kontrolle)?

Diese Hypothese wurde in einem einfachen Crossover-Design getestet, einer Forschungsstrategie, bei der die Teilnehmer beide Behandlungen erhalten, im Gegensatz zu den bekannteren Designstudien, bei denen die Teilnehmer nach dem Zufallsprinzip entweder der Behandlungs- oder der Kontrollgruppe zugeordnet werden. Die Zerbrechlichkeit der Frauen und das hohe Maß an psychischen und physischen Belastungen dieser Patientengruppe war der Grund, warum ich dieses Design wählte.

Bei einem Crossover-Design würden die Teilnehmer nicht nach dem Zufallsprinzip nur eine Intervention erhalten. Jeder Teilnehmer würde beides erfahren, nur zu unterschiedlichen Zeiten, je nach Gruppenzusammensetzung, und wäre seine eigene Kontrolle und würde beide Behandlungen in Anspruch nehmen. Dieses Crossover-Design bestand aus einem siebenwöchigen Interventionsprotokoll. Die Sitzungen begannen mit drei Wochen Behandlung oder Kontrolle, einer einwöchigen Wartezeit, gefolgt von weiteren drei Wochen Behandlung oder Kontrolle. Jede Person wurde nach dem Zufallsprinzip in Gruppe A oder B eingeteilt. Gruppe A begann drei Wochen lang zweimal wöchentlich mit zwanzig Minuten Ama-Deus Heilung, ruhte sich eine Woche lang aus und erhielt dann drei Wochen lang zweimal wöchentlich zwanzig Minuten Entspannungssitzungen. Gruppe B hatte denselben Zeitplan, begann jedoch zuerst mit Entspannungssitzungen, ruhte eine Woche lang und erhielt dann drei Wochen lang Ama-Deus Heilung. Die Entspannungssitzungen bestanden aus einer geführten Meditation mit Skript.

Nach zwei Jahren der Rekrutierung hatten wir vierzehn Teilnehmer, die die Studie abschlossen. Meine Fakultät erlaubte mir, die Studie mit dieser kleinen Stichprobengröße abzuschließen. Anekdotisch haben der behandelnde Arzt, die Krankenschwester und die rekrutierten Energiepraktiker positive Veränderungen beobachtet und von positiven handschriftlichen Notizen der Praktiker berichtet. Wir waren jedoch begeistert, als die Ergebnisse der Studie statistische Signifikanz zeigten. Die statistische Signifikanz, auch wenn es sich nur um eine kleine Stichprobe handelte, zeigte, dass in Gruppe B die Angst durch die Entspannungssitzung verringert wurde. Eine größere statistische Signifikanz wurde nach den Ama-Deus Sitzungen erreicht, was darauf hindeutet, dass die zusätzliche Ama-Deus Energieheilung dazu beigetragen hat, die Eigenschaftsangst zu verringern. Diese statistische Signifikanz zeigt, wie gut die Ama-Deus Energieheilung zur Verbesserung der Gesundheitsversorgung beiträgt. Auf der Grundlage der Überprüfung der Literatur und der Ergebnisse dieser Studie, die Stress und Lebensqualität untersuchte, wurde die Schlussfolgerung gezogen, dass der Stress verringert und die Lebensqualität der Studienteilnehmerinnen erhöht wurde. Die Frauen in der Studie erlebten eine Verringerung von Angstzuständen und Depressionen, die den größten Teil der Varianz in ihrer Lebensqualität ausmachten.

Der kleine Beitrag dieser Studie zur Validierung von Ama-Deus Energieheilung als nicht-pharmakologische Unterstützung für Patienten in ihrem Heilungsprozess ist vielversprechend für den Einsatz in einem klinischen Umfeld. Noch wichtiger ist, dass sie zeigt, wie wir die Patienten auf ihrem oft als hoffnungslos empfundenen Weg unterstützen können.

Als ich die Bedeutung der Endergebnisse sah, erinnerte ich mich an den magischen Moment meiner tiefen Gefühle, als Dr. Shealy mir vorschlug, Ama-Deus als Intervention in Betracht zu ziehen. Diese akademische Reise war ein langer Weg, aber wie begeistert würde Alberto sein, denn auch er wollte die greifbaren Ergebnisse der Energieheilung wissenschaftlich bestätigen.

Im Rückblick hat die gesamte Reise des Krankenhauses, vom ersten Treffen mit dem CEO im Oktober 1996 bis zum Abschluss der bedeutenden Ama-Deus Forschung im Jahr 2008, eine Bewegung geschaffen, die immer noch an Dynamik gewinnt. Ich lernte, meine Ängste abzulegen, denn mir war klar, dass Gott oder das Universum das Sagen hatte. Das fremde neue klinische Umfeld war voller Menschen, die die gleichen Bedürfnisse hatten, aber eine andere Sprache sprachen. Hätte ich diesen Teil meiner Seelenreise nicht angenommen, hätte ich unzählige Gelegenheiten verpasst, Ama-Deus mit so vielen anderen zu teilen. Indem ich mich der klinischen Welt öffnete, wurde ich mit außergewöhnlichen Erfahrungen beschenkt, die alle mein Verständnis von Liebe erweiterten.

Liebe und Heilung in die Gemeinschaft bringen

Ama-Deus zu lehren und mit anderen zu teilen, war ein Höhepunkt in meinem Leben. Die Lektionen und Erfahrungen, die sich aus der Arbeit mit diesen heiligen Lehren ergaben, bildeten eine spirituelle Grundlage, die meinen Weg liebevoll geleitet hat. Das Krankenhaus bot wertvolle Lektionen und Erfahrungen, um herzzentrierte Pflege in meine Gemeinschaft zu bringen. Persönlich habe ich gelernt, offen zu sein und keine Angst davor zu haben, ich selbst zu sein, während ich in einem Umfeld arbeitete, das mit einer anderen Sichtweise in Resonanz stand. Sicherlich bot diese Arbeit eine Herausforderung für mein persönliches Wachstum, doch günstige Bedingungen machten die Ama-Deus Heilmethode in der Forschung und Anwendung wegweisend.

Das Krankenhaus war ein Ort, an dem das Leiden der Menschheit und das medizinische Team, das sich mit großem Engagement um die Leidenden kümmerte, in großer Zahl zusammenkamen. Das Ärzteteam war ein starker Zusammenschluss von Gleichgesinnten, und sie hielten an ihrer Brüderlichkeit fest. Einige der Mediziner waren offen für neue Ideen, vor allem, wenn es eine Möglichkeit gab, den Patienten zu helfen. Andere wiederum hielten unbeirrt an ihrer Sichtweise des Lebens fest, was auch in spirituell ausgerichteten Gruppen vorkommt. Ich habe diese Starrheit der Ansichten und Verhaltensweisen bei vielen Konferenzen, Treffen und Vorträgen beobachtet, während ich Ama-Deus unterrichtete. Wenn das Thema der medizinischen Gemeinschaft zur Sprache kommt, gibt es diejenigen, die sich heftig gegen medizinische Verfahren wehren. Auch einige spirituell orientierte Menschen sind glücklich, wenn sie mit der wissenschaftlichen oder medizinischen Welt zusammenarbeiten. Menschen sind Menschen, unabhängig von ihrer Gruppenzugehörigkeit oder ihrer Mentalität.

Wenn ich eine Gruppe von Menschen erlebe, ist es meine Aufgabe, das Herz in den Vordergrund zu stellen, um die Situation zu verbessern und die Liebe in die Gleichung zu bringen. Wie können wir unser wahres Selbst in jede Umgebung tragen, unabhängig davon, ob sie mit unserer persönlichen Perspektive übereinstimmt? Der Aufenthalt in einem fremden, medizinischen oder wissenschaftlichen Umfeld zeigte mir, wie tief mein spirituelles Fundament verankert war. Meine Öffnung für die Arbeit in einem klinischen Umfeld schuf den Raum, um die spirituelle Welt zum Ausdruck zu bringen, in der ich mich danach sehnte, sie zu verstehen und bewusster zu leben, und um alle Menschen spirituell zu sehen und mit ihnen zu interagieren.

Der medizinische Anthropologe Alberto Villoldo sagte: „Die Realität auf der Ebene des Körpers besteht zu 99% aus Materie und zu 1% aus Bewusstsein. Auf der Ebene des Geistes besteht die Realität aus 99% Bewusstsein und 1% Materie." [150] Meine Herausforderungen waren gewiss da, aber die Ergebnisse brachten mich dem Ziel näher, den Prozentsatz meines Bewusstseins in die geistige Welt zu verlagern. Meine Krankenhauserfahrungen fanden 2008 ein vorläufiges Ende. Die Forschung, die durch Zuschüsse finanziert wurde, lief noch drei Jahre weiter. In der Zwischenzeit wird meine Lehrtätigkeit weiter ausgebaut und wächst weltweit.

Wie wird sich die Reise ab jetzt gestalten?

Nachdem ich das Krankenhaus verlassen hatte und bevor ich mich neu orientierte, um meine Reisen auszuweiten und Ama-Deus zu lehren, verspürte ich das dringende Bedürfnis, das Leben von Alberto Aguas zusammenzufassen, dem Mann, der der Welt mutig und mit voller Hingabe diese auf dem Herzen basierende Heilungspraxis namens Ama-Deus eröffnete. Jetzt war es an der Zeit, Rechenschaft über seine Arbeit abzulegen, ein Buch zu schreiben, etwas Unvorhergesehenes und Ungewohntes – eine neue Reise.

Ich schrieb mit der selbst auferlegten Verantwortung, Alberto und die Guaraní für ihr selbstloses Handeln bei der Bewahrung einer uralten Weisheit zu ehren und die Aufmerksamkeit auf die Geschichte meines Lehrers und sein Bestreben zu lenken, deutlich zu machen, dass die Liebe der einzige Zweck des Lebens ist. Als ich mit dem Schreiben begann, entfaltete sich mit Sicherheit ein neues Gebiet, ein zweiter Zweck des Buches. Der Austausch der persönlichen Geschichten von Alberto, den Guaraní und mir zeigt die große Hoffnung, dass die Liebe in unseren Herzen der Anfang und das Ende aller Reisen ist.

Sein ganzes Leben lang hatte Alberto Aguas keine Angst, die Wahrheit zu sagen und seine erstaunliche Fähigkeit zu heilen mit der Welt zu teilen. Das Schicksal rief, und Alberto antwortete inbrünstig. Wenn er sehen könnte, wie sich Ama-Deus auf der ganzen Welt verbreitet hat, und ich glaube, das kann er, würde er sich sehr freuen. Ihm lag sehr viel an Ama-Deus, dieser herzbasierten Heilmethode. Es lag ihm sehr am Herzen, dass sich alle als Teil dieser Liebe erkennen. Ich höre so oft Albertos Worte in meinem Kopf widerhallen: „Das Leben liegt in der Liebe und der Heilung. Alles andere ist nur Warten."

Wie die Guaraní, die in den langen Jahren der historischen Herrschaft und Invasion nicht den Mut verloren haben, sollten auch wir nicht der Energie der Angst nachgeben. Nimm deine Rassel in die Hand, finde das Lied in deinem Herzen, damit „wir unseren Reichtum nicht daran messen, wie viel wir anhäufen, sondern daran, wie viel wir geben"[151], und zwar von Herzen. Wie in dem Rätsel des alternden Pajé heißt es

"alles wird anders, aber gleich sein".

Es gibt einen Grund, warum es sieben Milliarden Menschen auf der Erde gibt. Stellen Sie sich vor, welchen Grad an Harmonie wir erreichen könnten, wenn nur die Hälfte der Weltbevölkerung sich von ihrer Herzintelligenz aus bewegen würde. Der Fluss der Einheit würde die Schwingungen aller Felder auf einen Punkt anheben, der sicherlich das prophezeite neue goldene Zeitalter einläuten würde. Lasst uns tanzen, um unseren Körpern zu erhellen, lasst uns singen, um unseren Seelen zu erhellen und das Land ohne das Böse in uns zu enthüllen!

Wir alle haben Momente, in denen wir das Gefühl haben, die Welt sei auf dem Weg der Zerstörung, und wir verschließen die Augen vor den globalen Ereignissen, während wir unseren täglichen Aufgaben nachgehen. Der Einzelne steht jeden Morgen auf und versucht, sein Bestes zu geben, doch das Gefühl der Hilflosigkeit gegenüber den globalen Ereignissen lässt uns nicht los. Wenn es stimmt, dass das Land der Guaraní ohne das Böse nicht irgendwo anders ist, dann ist es in uns, genau dort, wo wir im Hier und Jetzt stehen. Dann müssen wir es annehmen, um zu verstehen, wie wir bewusst die Entscheidung treffen können, unsere Welt zu verändern. Diese bewusste Entscheidung ist eine verantwortungsvolle Handlung gegenüber unserer Gemeinschaft und uns selbst, als ein Akt der Gegenseitigkeit.

Betrachten Sie Ihr Leben nicht als eine historische Aufzeichnung, sondern setzen Sie Ihre Liebesreise zusammen. Sie ist da. Bringen Sie Ihre Geschichte voran. Allein der Gedanke an Dankbarkeit für die wunderbaren Ereignisse in Ihrem Leben wird die Liebe in Ihrem Herzen zum Fließen bringen. Diese Veränderung im Herzen ist der erste Schritt zur Schaffung einer harmonischen Welt.

Die chaotischen globalen Ereignisse werden sich in sich selbst falten und aus der Kraft, die der Güte aller Menschen innewohnt, hervorgehen und eine neue Reise, einen neuen Zyklus gebären. Reisen oder Zyklen enden und beginnen; wir müssen nur die Liebe in unseren Herzen erwecken und diesem Weg folgen. *Die Liebe ist der Akt, der die Herzen zur Wahrheit bringt.*[152] Dies zu erkennen und die Aufmerksamkeit auf diese neue Quelle zu lenken, bedeutet, unsere wahre Essenz in unserem heiligen Herzen zu finden.

Dabei geht es nicht um drastische Veränderungen des Lebensstils, sondern um eine einfache Neuausrichtung des Bewusstseins auf das fühlende Herz, das den denkenden Verstand bei allem, was du tust, beaufsichtigt – eine einfache Entscheidung, in deinem Herzen zu leben, dich zu bewegen, zu atmen und aus dem Herzen zu hören. Mit der Zeit wird dies zu herzbasierten Praktiken führen, die das Herzzentrum ausdehnen, verbessern und vergrößern, den heiligen Raum, der mit dem Rhythmus des Universums pulsiert, um dich als Abbild und Ebenbild des ungeschaffenen Lichts und der Liebe lebendig zu machen. Es kostet nichts, es zu tun, und doch würde das Ergebnis dieser Handlung die Welt verändern. Diese Handlung vertreibt Angst, und die Abwesenheit von Angst ist Frieden.

Die Guaraní haben mit diesem Ansatz Jahrhunderte überdauert. In ihrer Geschichte spielten sich verschiedene Szenarien ab, aber am Ende sind sie dieselben liebenden Generationen von Waldmenschen. Ich hoffe, dass diese Geschichte Sie dazu bewegt, Ama-Deus oder eine andere auf Liebe basierende Praxis zu erfahren, so dass Ihre persönliche Reise Ihr Herzlicht für die ganze Welt entzündet. Die Guaraní sind immer noch auf dieser Reise. Dass sie ihr Geschenk der Liebe, Ama-Deus, mit der Welt teilen, ist unsere Gelegenheit, die Liebe in unserem Herzen zu erwecken und uns daran zu beteiligen, Mbiroy, Einheit und Harmonie für alle zu schaffen.

EPILOG

*Was Sie für sich selbst tun, stirbt mit Ihnen;
was Sie für andere und die Welt tun, bleibt unsterblich.*
—Albert Pine

Der sitzende ältere Pajé starrte mit starren, verschwommenen Augen in den Dschungel. Es war viel Zeit vergangen, seit er seine letzten Worte im Schatten der Morgendämmerung gesprochen hatte. Die Sonne begann, die ersten goldenen Strahlen durch das Blätterdach des Waldes zu werfen. Schließlich brach er das Schweigen: „Alberto, sieh hinauf in die höchsten Äste, wo das goldene Morgenlicht durchkommt, …dann siehst du den heiligen Irapuru." Ich setzte mich erwartungsvoll aufrecht hin und folgte seinem Blick zu einem hohen Punkt in den Bäumen. Durch das grüne Laub konnte ich nichts erkennen. Ich spannte meine Augen an, in der Hoffnung, einen Blick auf diesen magischen Vogel zu erhaschen; ich hatte so viele wunderbare Geschichten gehört. „Entspanne deine Augen und benutze dein Gefühl, um den Irapuru zu finden." In diesem Moment, bewegte ich mich, um meine Augen zu entspannen, und sah eine Bewegung im Flug durch die Streifen des Morgenlichts hoch in den Baumkronen. Ich keuchte vor Verwunderung über diese Sichtung. „Die Anwesenheit des Irapuru ist ein sehr gutes Zeichen, das an diesem neuen Morgen nach deiner Vision kommt. Zwei Erntesaisons sind vergangen, seit ihr euch unserem Dorf zum ersten Mal genähert habt. Unsere Träume und unsere Lieder sagten uns, dass du kommen würdest. Als du das erste Mal mit all deinen Kleidern und Konserven kamst, haben wir gelacht und gewartet. Jetzt, wo du uns besuchst, kommst du nur mit einer kleinen Tasche. Du isst unser Essen mit uns. Du betest mit uns in dem Opy. Jetzt hast du endlich diese Traumvision mit Wortseelen. Wir haben auf dich und diese Botschaft aus deinem Traum gewartet." Er hielt kurz inne und richtete seinen Blick wieder auf das Blätterdach des Waldes, als sei er in seinen eigenen Gedanken gefangen, und fuhr fort: „Mit diesem Traum steht es dir frei, dich nach Belieben in

*das Opy zu begeben. Ich werde dem Dorf mitteilen, dass du jetzt an meiner Seite im Opy arbeiten wirst, und gemeinsam werden wir uns verbinden und die Ñandéva, die Liebe, die uns alle verbindet, teilen. Wenn die Sonne heute untergeht, werden wir uns auf heilige Weise auf deine Einweihung vorbereiten. Die Kinder werden für dich ein Lied singen, das den Irapuru imitiert. Trinke viel Wasser, iss wenig und nehme kein Fleisch zu dir."
Wieder hielt der Älteste inne, diesmal sah er mir in die Augen. Vorsichtig atmete ich tief ein und antwortete ehrfürchtig.*

„Ich fühle mich so geehrt, lieber Älteste. Ich bin so bewegt von der Liebe und dem Geben des ganzen Dorfes und von der Weisheit, die ihr tief in euren Herzen tragt. Ich bin bereit, euch zuzuhören und mit euch zu lernen."

„Es ist nicht dieser ältere Pajé, auf den du hörst, mein Sohn. Es ist Ñande Ru, auf den du dich vorbereitest, um offene Ohren zu haben, um in deinem Herzen zu hören. Ñande Ru hat dich durch mich nach deinem Traum berührt und verkündet: ‚Ñandéva'. Deine Traumvision hat dir große Verantwortung übertragen. Das Ungleichgewicht, das wir in unserer Mutter Erde spüren, ist nicht natürlich. Es kommt von den Menschen, und die Menschen müssen ihr Verhalten ändern."

Wieder schien er in Gedanken zu versinken, während er auf seine Hände hinunterblickte. Dann sprach er wieder: „Diese heiligen Steine, die du in deinen Händen hälst, sind ein Zeichen dafür, dass jetzt die Zeit gekommen ist, wieder offen mit der Welt zu teilen. Wir haben die heilige Weisheit über viele Generationen und viele Reisen hinweg in uns bewahrt. Du bist deinem Herzen gefolgt, das dich hierher geführt hat. Deine Traumvision und die Wortseelen der großen Katze haben dir klar gemacht, dass es eine weitere Reise gibt. Diese Traumvision einer Reise ist die gleiche wie unsere, die Ñandéva mit allen Dörfern zu teilen. Behalte sie in deiner Nähe, um dich an die Wortseelen in deinem Traum zu erinnern, den Ñandéva; den wahren Weg der Heilung, der aus dem gleichen Ort in jedem von uns kommt. Er kommt aus dem Herzen. Er kommt aus der Kraft der Liebe. Geht jetzt. Bereite dich auf diesen Abend vor. Deine Ausbildung hat gerade erst begonnen … Ñande Ru wird neue Erfahrungen und neues Leben für dich bereithalten."

In den späten 1980er Jahren tauchte Alberto Aguas mit einem Schatz aus dem Dschungel des Amazonas auf. Der ältere Pajé sagte zu ihm: „Nimm diese heiligen Steine und teile die Liebe, das Ñandéva, mit der Welt." Es war ihm ein großes Anliegen, dass sich alle als Teil dieser Liebe erkennen, dass alle Zugang zu dieser alten Weisheit haben. In den letzten Jahren seiner Lehrtätigkeit verlor er nie seinen Traum aus den Augen, die Liebe mit der Welt zu teilen und alle zu ermächtigen, Katalysatoren für das Erwachen des Herzzentrums zu sein. Diese Reise der Hoffnung und des Vertrauens ist wahrlich eine Geschichte der Liebe.

Ich halte morgens immer noch Ausschau nach dem Rotkardinal und lausche ihm, weil ich meinen lieben Freund vermisse. Mein Herz lächelt, weil ich weiß, dass es keine Abschiede gibt. Ich habe eine unglaubliche Reise unternommen, um Albertos Hintergrund zu erforschen, die Guaraní zu besuchen, auf drei verschiedenen Kontinenten zu unterrichten und Energieheilung in einem Krankenhaus zu praktizieren. Diese Erfahrungen brachten mir ein tieferes Verständnis für Albertos Bestreben, Liebe in diese Welt zu bringen. Auch habe ich meine Leidenschaft gefunden, wie die meines Lehrers, diese wunderbare herzbasierte Heilmethode zu teilen.

Katastrophale Lebensereignisse zwangen mich in die Knie und öffneten mir die Augen für einen Weg der Heilung, und ich denke darüber nach, wie reich mein Leben seit jenem Tag in dem alten Bauernhaus geworden ist, jenem noch nicht so lange zurückliegenden Tag, an dem ich mich verpflichtete, ein Leben in Frieden zu suchen.

Ama-Deus hat meinen Heilungsprozess unterstützt und mir die Möglichkeit gegeben, die Liebe zu erfahren. Diese Erfahrungen verwandelten meinen Glauben an die Liebe in das Wissen, dass Liebe ist. Dieses Wissen hat mein Herz geformt und folglich auch meine Sicht auf die Welt. Es war anders, als ich es mir zunächst vorgestellt hatte, aber letztlich war es dasselbe. Wir sind alle ein alter Stamm, der nach Wiedervereinigung strebt.

Während jeder von euch seine Reise der Heilung fortsetzt, denkt an das heilige Herz. Energie folgt dem Gedanken, und in diesem Augenblick des Gedankens seid ihr dort. Atmet in die Herzgegend; folgt eurem Atem in euren heiligen Raum. Ihr seid dort. Lauscht jetzt auf die schönen Wortseelen des Herzens, nicht auf das kakophonische

Geplapper des Verstandes, und ihr werdet Frieden finden. Neben dem ungeschaffenen Licht und der Liebe ist die Seele die einzige Konstante im Leben. Das Ziel der Heilung ist es, ein Licht im Universum zu sein. Das Ziel des Lebens ist es, zu lieben. Die Liebe ist das größte Geschenk von der Quelle, von allem, was ist. Es ist der große Vereiniger und Harmonisierer, der Ñandéva.

Ama-Deus zapft den Strom des Bewusstseins an, der die Liebe ist, und ist eine Erkundung des Geistes und des Universums, die es dem Leben ermöglicht, zu heilen und geheilt zu werden. Es lädt den Geist ein, tief aus dem Herzen zu atmen und die Seele zu berühren. Es ist eine Geschichte, die in der Vorgeschichte gesungen wurde und auch heute noch gesungen wird.

Ich liebe euch und wünsche euch viel Liebe auf eurem Weg. Sie wird anders sein als die meine, aber die gleiche Liebe, die immer ist.

◊ ◊ ◊ ◊ ◊

Liebe ist die Kraft, die das Universum zusammenhält,
Liebe ist der Akt, der die Herzen zur Wahrheit führt,
Liebe ist der Akt, der allen Seelen die Freiheit
bietet, das zu sein, was sie sind.[153]

ANMERKUNGEN

Freundlichkeit in den Worten schafft Vertrauen, Freundlichkeit im Denken schafft Tiefgang, Freundlichkeit im Geben schafft Liebe.
-Lao-Tzu

Die Zitate, die Alberto im gesamten Text wiederholt verwendet, sind möglicherweise Originalzitate, denn er zitierte oft und gerne andere. Er erzählte auch, dass er sieben Sprachen sprach, und in seinen Notizen wird anhand all der Zeitungsausschnitte, der aus Büchern herausgerissenen Seiten und der Stapel maschinengeschriebener Karteikarten deutlich, dass er ständig auf der Suche war, wie er sich am besten in der englischen Sprache präsentieren könnte. Alle, die ihn kannten und das Privileg hatten, ihn sprechen zu hören, würden zustimmen, dass er immer die besten Absichten hatte, wenn er bestimmte Referenzen verwendete, um sein Publikum zu erreichen.

In seinen aufgezeichneten Vorträgen und persönlichen handschriftlichen Notizen verwendete er die Guaraní-Wörter Ñande Ru für Gott und Ñandéva für Liebe. Dies ist die Art und Weise, wie er die Worte verwendete. Die Verwendung von Ñandéva wurde in Frage gestellt, da dies im Allgemeinen „unser Volk" oder die „echte Guaraní Person" bedeutet. Da ich um seine großen spirituellen Fähigkeiten weiß und in Anbetracht der Tatsache, dass er an der Seite des Pajé arbeitete, vertraue ich auf seine Absichten bei der Verwendung von Ñandéva. Für mich bleibt der Gedanke der Übersetzung und Albertos Durchblick für eine tiefere Bedeutung unseres Volkes bestehen. Wenn wir verstehen, dass Liebe der große Einiger ist, ist Liebe vielleicht auch die richtige Übersetzung.

Die Absicht des Autors für weitere Forschung ist offen. Das am häufigsten geäußerte Interesse der Teilnehmer an Workshops in aller Welt ist das heilige Symbol zur Unterstützung der Heilung von Süchten. Süchte plagen alle Kulturen, und nach Abschluss der Forschung zum

Eierstockkrebs beabsichtigt die Autorin, eine Studie durchzuführen, die dazu beitragen würde, die Aufmerksamkeit auf die Notwendigkeit der Energieheilung im Prozess der Suchtrehabilitation zu lenken.

Natürlich ist die hellste Vision die Weitergabe dieser heiligen mündlichen Lehren, was zur Entwicklung der Internationalen Vereinigung von Ama-Deus® geführt hat. Diese Gemeinschaft wächst stark, wie die weltweite Präsenz von Praktizierenden und Ausbildern zeigt, die durch die Anwendung und Lehre von Ama-Deus die Absicht der Liebe in dieser Dimension mitgestalten und aufrechterhalten. *www.ama-deus-international.com*

Einige haben sich dafür entschieden, diese Lehren auf den elektronischen und gedruckten Weg zu bringen. Diese Entscheidung stellt eine Herausforderung für die Bewahrung einer heiligen mündlichen Tradition dar. Es hat sich bereits gezeigt, dass elektronische Mitteilungen und gedruckte Handbücher aus dem Internet von Albertos ursprünglichen Lehren abweichen, und die Behandlung einiger heiliger Symbole hat sich in eine andere Bedeutung und Verwendung gewandelt. Diese elektronischen Mittel zur Weitergabe der heiligen Weisheit haben sich nicht nur von seinen ursprünglichen Lehren entfernt, sondern sind auch unloyal gegenüber den Guaraní und Albertos Absichten, diese Informationen von Herz zu Herz durch gesprochene Worte weiterzugeben. Um ihre Wünsche zu ehren, ist es unsere dringende Aufgabe, das Format der Lehre durch das gesprochene Wort beizubehalten, um diese Informationen für zukünftige Generationen zu sichern.

Der *Name International Association of Ama-Deus® LLC* und das Buch ist mit einem Markenzeichen versehen und wurde so gestaltet, dass es die ursprünglichen Lehren von Ama-Deus repräsentiert, wie sie von Alberto Aguas beabsichtigt waren, und dass es die heiligen Symbole beibehält. Es gibt gute Gründe und große Weisheit, diese Lehren durch mündliche Überlieferung aufrechtzuerhalten, wie in dem Buch angegeben.

Und schließlich begrüße ich mit offenen Armen jede weitere Geschichte aus Albertos Leben und seinen Reisen oder einfach nur die Kommunikation mit einem Freund. Ich bin sicher, dass dieses Buch Freunde von Alberto erreichen wird, die ich noch nicht gefunden habe. Ich werde sie auf jeden Fall auf der Website veröffentlichen, damit alle sie lesen können.

REFERENZEN

Erstes Kapitel

[1] Eliot, T. S., Die vier Quartette, Harcourt Inc., Orlando, Florida, 1943, S. 49.

Zweites Kapitel

[2] St. Clair, David, Psychic Healers, Bantam Books, New York, 1979, S. 276.
[3] St. Clair, David, Drum and Candle, Macdonald & Co. Ltd., London, 1971, S. 279.
[4]
[5] Ibid., Psychic Healers, S. 284.
[6] Ibid., S. 282.
[7] Ibid., S. 281.
[8] Ibid., S. 282.
[9] Ibid., S. 283.
[10] Hellseherische Nachrichten, September 2, 1978.
[11] Ibid., St. Clair, Psychic Healers, S. 273.
[12] Psychic News, Oktober p14,1978, S. 3.
[13] Ibid., S. 3.
[14] Ibid., Psychic News, Juli 21,1979.
[15] Ibid., St. Clair, Psychic Healers, S. 285-286.
[16] Ibid., St. Clair, S. 290.

Drittes Kapitel

[17] Cosmos, Elizabeth, Ama-Deus Teaching Manual, Grand Rapids, Michigan, 2004, S. 16.
[18] Aguas, Alberto, persönliche handschriftliche Vorträge.
[19] Ibid., Aguas.

20 Vianna, Christian Martynes Barreto, und Krys, Hannah, Seminário Sobre a Técnica Energética Ama Deus, Januar 2005, S.36, registriert beim Ministério da Educação e Cultura, Brasilien.
21 Ibid., Aguas.
22 Ibid., Aguas.
23 Aguas, Alberto. Disc S. 3, der 2 Transkription, 1987.

Fünftes Kapitel

24 Monteiro, J., Hrsg., The Crises and Transformations of Invaded Societies; Coastal Brazil in the Sixteenth Century The Cambridge History of the Native Völker Amerikas, Cambridge, Cambridge University Press. 1999, S. 977.
25 Cushner, N. P., Why Have You Come Here? Oxford, Oxford University Press, 2006, S. 105.
26 Ibid., Monteiro, J., ed., S. 984.
27 Ibid., Monteiro, J., ed., S. 985.
28 Clastres, H., The Land-Without-Evil: Tupi-Guranani Prophetism. Chicago, University of Illinois Press, 1995, S. 14.
29 Nimuendaju, U., As Lendas Da Criation e destruição do mundo como fundamentos da religião dos Apapocuva-Guaraní. São Paulo, Universi dade de São Paulo, 1987, S. 156.
30 Ibid., De Léry, S. 99.
31 Hill, J. D., Hrsg., Rethinking History and Myth Indigenous South American Perspective on the Past, Chicago, University of Illinois Press, 1988, S. 335.
32 Meliá, B., Hrsg., Die Guaraní: Religious Experience: The Indian Face of God in Latin America, New York, Orbis Books, 1996, S. 169.
33 Metraux, A., Hrsg., Die Guaraní. Die tropischen Wälder: Handbook of South American Indians. Washington DC, Smithsonian Institute, 1948, S. 90.
34 Ibid., Clastres, S. 4.
35 Ibid., Reed, S. 27.
36 Ibid., Metraux, S. 80.

37 MacCormack, S., Hrsg., Ethnologie in Südamerika: The First Two Hundred Years. The Cambridge History of the Native Peoples of the Americas, Cambridge, Cambridge University Press, 1999, S. 104.
38 Garavaglia, J. C., Hrsg., The Crises and Transformation of Invaded Societies: The La Plata Basin (1535-1650), The Cambridge History of the Native Peoples of the Americas, Cambridge, Cambridge University Press, 1999, S. 4.
39 Ibid., Metraux, S. 81.
40 Ibid., Keeney, S. 38.
41 Ibid., Reed, S. 109.
42 Ibid., Metraux, S. 89.
43 Ibid., Reed. p. 109.
44 Ibid., Metraux, S. Nimuendaju91, S. 346-347.
45 Ibid., Schaden, S. 222.
46 Ibid., Nimuendaju, S. 302.
47 Schaden, E., Grundlegende Aspekte der Guaraní-Kultur, trans. L. P. Lewinsõhn. New Haven: Human Relations Area Files, Inc., 1969, S. 145.
48 Keeney, Bradford, Guaraní Shamans of the Forest, Pennsylvania, Ringing Rock Press, 2000, S. 88.
49 Nimuendaju, Curt (Unkel), „Die Sagen von der Erschaffung und Vernichtung der Welt als Grundlagen der Religion der Apapokúva-Guaraní". Zeitschrift für Ethnologie, Bd. XLVI: 284-403, S. 308.
50 Ibid., Nimuendaju, S. 370.
51 Ibid., Nimuendaju, S. 305.
52 Ibid., Nimuendaju, S. 307.

Sechstes Kapitel

53 Viveiros de Castro, Eduardo, From the Enemy's Point of View: Humanity and Divinity in an Amazonian Society, übersetzt von Catherine V. Howard, The University of Chicago Press, Chicago, Illinois,1992, S. 264.
54 Ibid., Nimuendaju, S. 304.
55 Ibid., Viveiros de Castro, S. 264.

56 Ibid., Nimuendaju, S. 305.
57 Ibid., Keeney, S. 75.
58 Ibid., Keeney, S. 80.

Siebtes Kapitel

59 Ibid., Nimuendaju, S. 336-337.
60 Ebenda, Metraux, S. 91-92.
61 Ibid., Keeney, S. 56.
62 Ibid., Keeney, S. 77.
63 Ibid., Viveiros de Castro, S. 13.
64 Ibid., Keeney, S. 61.
65 Ibid., Keeney, S. 10.
66 Ibid., Nimuendaju, S. 306.
67 Ibid., Metraux, S. 91.
68 Ibid., Reed, S. 87.
69 Ibid., Reed, S. 88.
70 Ibid., Schaden, S. 163.
71 Ibid., Schaden, S. 80-81.
72 Ibid.,Schaden, S. 103.
73 Ibid., Schaden, S. 78.
74 Ibid., Schaden, S. 248-249.
75 Ibid., De Léry, S. 144.
76 Ibid., Meliá, S. 187.
77 Ibid., Meliá, S. 193.
78 Ibid., Meliá, S. 208.
79 Ibid., Meliá, S. 208.
80 Ibid., Meliá, S. 181.
81 Ibid., Melia, S. 202.

Achtes Kapitel

82 Ibid., Reed, S. 84.
83 Ibid., Schaden, S. 50.
84 Ibid., Meliá, S. 210.
85 Ibid., Meliá, S. 215.
86 Ibid., S. 316-317.

[87] Ibid., Reed, S. 107.
[88] Ibid., Keeney, S. 40.
[89] Ibid., Keeney, S. 43.
[90] Ibid., Keeney, S. 42.
[91] Ibid., Keeney, S. 84.

Neuntes Kapitel

[92] Aguas, Alberto (1986), Aufgezeichneter Vortrag in Montreal Disc Track 2 Transcript 3, S. 3.
[93] Ramacharaka, Yogi, „Wissenschaft des Atems", The Yogi Publication Society, Chicago, 1904, S. 18.
[94] Ibid., S. 17.
[95] Ibid., S. 26.
[96] Aguas, Alberto (1986), Disc-Track-Transkript 31 S. 1.
[97] Aguas, Alberto (1986), Aufgezeichneter Vortrag in Montreal Disc track 3 Transcript 2, S. 2.
[98] Ibid., Nimuendaju, S. 351.
[99] Capinegro, Andy, „Das Wunder des Atems", New World Library, Novato, Kalifornien, 2005.
[100] Ibid, S. 5.
[101] Gioia, Ted, Healing songs, Duke University Press, Durham und London, 2006, S. 24.
[102] Storr, Anthony, „Music and the Mind", Ballantine Books, New York, 1992, S. 1.
[103] Nakazono, Mikoto Masahilo, Der Ursprung der heutigen Zivilisation, Kototama Books, 1990, S. 5.
[104] Ibid. S. 242.
[105] Maman, Fabien, Healing with Sound Color and Movement, Tama-Do Press, S. 61.
[106] Paul, Russill, The Yoga of Sound, New World Library, Novato, Kalifornien, 2004, S. 67.
[107] Maman, Fabien, The Role of Music in the Twenty-First Century, Tama-Do Press, 1997, S. 81.
[108] Minson, Ron, und O'Brien Minson, Kate, Integrierte Hörsysteme Kurshandbuch für Praktiker, Integrated Listening Systems, Inc, 2007, S. 7.

[109] Ibid., S. 7.
[110] Ibid., Buhner, S. 84.
[111] Buhner, Stephen Harrod, S. 85.
[112] Heline, Corinne, Healing and Regeneration through Color/Music, De Vorss Publications, 1995, S. 11.
[113] Ibid., Corinne S. 12.
[114] Ibid., Gioia, S. 42.
[115] Ibid., Heline, S. 15.
[116] Ibid., Buhner, S. 88.
[117] Weil, Andrew, „A Loving Prescription" in Handbook for the Heart: Original Writings on Love, ed. Richard Carlson und Benjamin Shield (New York: Back Bay Books, 1998), S. 112.
[118] Siegel, Bernie, „Love, the Healer" in Healers on Healing, ed. Richard Carlson und Benjamin Shield (Los Angeles: Jeremy P. Tarcher, Inc., 1989), S. 5.
[119] Covey, Stephen, „A Loving Prescription" in Handbook for the Heart: Original Writings on Love, ed. Richard Carlson und Benjamin Shield, New York: Back Bay Books, 1998, S. 112.
[120] Der Dalai Lama „Liebe, Mitgefühl und Toleranz" in For the Love of God: A Handbook for the Spirit, hrsg. Richard Carlson und Benjamin Shield (Novato, Kalifornien: New World Library, 1999), S. 3.
[121] Gilbert, Elizabeth, Eat Pray Love, New York, Viking Penguin, 2006, S. 27.
[122] Spalding, Baird T., Life and Teaching of the Masters of the Far East, California, DeVorss Publications, 1948, S. 140.
[123] Szekely, Edmond Bordeaux, The Essene Jesus: a revaluation from the Dead Sea Scrolls International Biogenic Society, 1977, S. 19.
[124] Ibid., Szekely, S. 19.
[125] Ibid., S. 19.
[126] Buhner, Stephen Harrod, The Secret Teachings of Plants, Bear and Company, Rochester Vermont 2004, S. 82.
[127] Lyricus-Lehrordnung für die Erweiterung des Bewusstseins, http://www.lyricus.org/ links/downloads/energeticheart_epaper.pdf
[128] Amma-Broschüre, Nr. 31, Fußnote 2.
[129] Ibid., Lyricus.

130 Ibid., Lyricus.
131 America (Folk-Rock-Band) „The Tin Man" aus dem Album Holiday, erschienen bei Warner Bros. Juni 1974, http://en.wikipedia.org/wiki/ Holiday_(America_album)
132 David, Hal, Text und Bacharach, Bert, Komponist, „What the World Needs Now is Love", erstmals aufgenommen und bekannt gemacht von Jackie DeShannon, veröffentlicht am 15. April 1965. http://en.wikipedia.org/wiki/What_the_World_Needs_Now_Is_Love

Zehntes Kapitel

133 Ibid., Kosmos, S. 20.
134 Ibid., S. 26.
135 Ibid., Aguas, Alberto (1986) Disc S3. 1.
136 Mackey, Katherine, Gerod, aus einer Vorlesung.
137 Ibid., Mackey, Vortragsnotizen.
138 Mackey, Katherine, Soul Awareness: A Guide's Message, S2012,. 25.
139 Ibid., Mackey, S. 25.
140 Kalweit, S. 2.
141 Somé Malidoma Patrice, Vom Wasser und dem Geist: Ritual, Magie und Initiation im Leben eines afrikanischen Schamanen New York: Putnam, 1994, S. 1.
142 Ibid., S. 1.

Dreizehntes Kapitel

143 McTaggart, Lynne, Das Feld: Die Suche nach der geheimen Kraft des Universums, New York: HarperCollins, S2002,. 226.
144 Crawford, C. C., Sparber, A. G., und Jonas, W. B., „A Systemic Review of the Quality of Research on Hands-on and Distance Healing: Clinical and Laboratory Studies", in „Definitions and Standards in Healing Research", eds. Jonas, Wayne B., and Ronald Chez, Alternative Therapies in Health and Medicine no9,. supplement 3(2003): A96-A104.

145 Warber, Sara, „Standards for Conducting Clinical Biofield Energy Healing Research," in „Definitions and Standards in Healing Research," eds. Jonas, Wayne B., und Ronald Chez, Alternative Therapies in Health and Medicine no. 9, Supplement 3 (2003): A54-A64.
146 Wisneski, Leonard und Anderson, Lucy, The Scientific Basis of Integrative Medicine (New York: CRC Press, 2005), S. 251.
147 Ibid., Wisneski und Anderson, S. 251.
148 Targ, Russell und Katra, Jane, „The Scientific and Spiritual Implications of Psychic Abilities" (Die wissenschaftlichen und spirituellen Auswirkungen psychischer Fähigkeiten), Alternative Therapien in Gesundheit und Medizin 7, Nr. 3 (2001), S. 143-149.
149 Ibid., Crawford, CC., Sparber, A.G., and Jonas. W.B., p.A96.
150 Villoldo, Alberto, DVD für Munay-Ki-Riten.
151 Schaefer, Carol, Grandmothers Counsel the World: Women Elders Offer Their Vision for Our Planet, Trumpeter Books, Boston, Massachusetts, 2006, S. 166-167.
152 Ibid., Mackey, S. 73.

Epilog

153 153 Ibid., Mackey, S. 73.

ÜBER DIE AUTORIN

Elizabeth Cosmos, Th.D., Ph.D., praktiziert seit mehr als dreißig Jahren integrative Therapien. Sie war verantwortlich für die Entwicklung eines umfassenden, krankenhausbasierten Programms für alternative Therapien am Saint Mary's Hospital in Grand Rapids, Michigan, und ist Gründerin der International Association of Ama-Deus, LLC. Über ihre Arbeit wurde in internationalen Publikationen wie National Geographic berichtet.

Beth ist ordinierte Ministerin in der Science of Mind Church für Spirituelle Heilung. Ihre formale Ausbildung umfasst einen Doktortitel vom Holos University Graduate Seminary und einen Bachelor of Science von der Michigan State University. Beth wohnt immer noch in Grand Rapids, Michigan, und reist international, um die Ama-Deus® Heilmethode zu lehren.

www.ingramcontent.com/pod-product-compliance
Lightning Source LLC
Chambersburg PA
CBHW070534010526
44118CB00012B/1132